企业内部控制规范
解读及案例精析

(第三版)

主编 罗勇

副主编 李建华 朱尤生

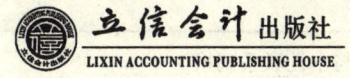

图书在版编目(CIP)数据

企业内部控制规范解读及案例精析/罗勇主编.
—3版.—上海：立信会计出版社，2017.7
ISBN 978-7-5429-5522-7

Ⅰ.①企… Ⅱ.①罗… Ⅲ.①企业内部管理—规范—中国 Ⅳ.①F279.23-65

中国版本图书馆 CIP 数据核字(2017)第 130762 号

策划编辑　余　榕
责任编辑　余　榕

企业内部控制规范解读及案例精析（第三版）

出版发行	立信会计出版社		
地　　址	上海市中山西路 2230 号	邮政编码	200235
电　　话	(021)64411389	传　真	(021)64411325
网　　址	www.lixinaph.com	电子邮箱	lxaph@sh163.net
网上书店	www.shlx.net	电　话	(021)64411071
经　　销	各地新华书店		
印　　刷	常熟市梅李印刷有限公司		
开　　本	787 毫米×1 092 毫米　1/16		
印　　张	19		
字　　数	334 千字		
版　　次	2017 年 7 月第 3 版		
印　　次	2017 年 10 月第 2 次		
书　　号	ISBN 978-7-5429-5522-7/F		
定　　价	39.00 元		

如有印订差错，请与本社联系调换

第三版前言

经济健康发展迫切呼唤加强内部控制。内部控制作为公司治理的关键环节和经营管理的重要举措,在企业发展壮大中具有举足轻重的作用。但从现实情况看,许多企业管理松弛、内控弱化、风险频发、资产流失、营私舞弊、损失浪费等问题还比较突出。为了引导企业进一步加强内部控制,1999年修订的《会计法》,第一次以法律的形式对建立健全内部控制提出原则要求,财政部随即连续制定发布了《内部会计控制规范——基本规范》等7项内部会计控制规范,审计署、国资委、证监会、银监会、保监会以及上海、深圳证券交易所等也从不同角度对加强内部控制提出明确要求。

但是,随着市场经济的发展和企业环境的变化,单纯依赖会计控制已难以应对企业面对的市场风险,会计控制必须向风险控制发展;同时,各部门之间的内控要求也有待于进一步协调,以便为进行内部控制自我评估和外部评价提供统一标准。在广泛征求意见的基础上,2008年6月28日,财政部会同证监会、审计署、银监会、保监会发布了《企业内部控制基本规范》(以下简称《基本规范》),自2009年7月1日起在上市公司范围内施行,并鼓励非上市的大中型企业执行。2010年4月26日,财政部会同证监会、审计署、银监会、保监会又联合发布了《企业内部控制配套指引》(以下简称《配套指引》),连同此前发布的《企业内部控制基本规范》,标志着适应我国企业实际情况,融合国际先进经验的中国企业内部控制规范体系基本建成。《配套指引》包括《企业内部控制应用指引》(共18项)、《企业内部控制评价指引》和《企业内部控制审计指引》,自2011年1月1日起在境内外同时上市的公司施行,自2012年1月1日起在上海证券交易所、深圳证券交易所主板上市公司施行;并择机在中小板和创业板上市公司施行。鼓励非上市大中型企业提前执行。

为了帮助广大企业正确应用《基本规范》和《配套指引》,建立和完善企业内部控制体系,我们组织有关专家、学者编写了本书。本书的写作思路是:第一章对内部控制的基本理论进行探讨,介绍内部控制的产生和发展历程;第二章对《基本规范》进行解读,介绍我国企业内部控制的目标、原则、要求及各项内部控制要素；第三章至第十一章分别对《配套指引》进行详细阐述和解读。

本书的主要特点是：①以内部控制要素为主线，全面介绍企业内部控制的基本理论和操作要点，并重点分析内部控制的关键环节。②以《基本规范》和《配套指引》为依据，在准确解读的基础上，尽量做到通俗易懂，便于操作。③以案例分析为辅助（每章都附有数个经典案例），理论阐述与案例分析相结合，帮助读者理解企业内部控制规范的精华和内容。④以实际操作技术为主体内容，辅之以适度的理论探讨，理论和实际相结合，既具有较强的实践指导意义，也具有一定的学术价值。

本书由重庆工商大学罗勇教授担任主编，负责拟定写作提纲并进行书稿总纂。中国石油重庆销售分公司李建华总会计师、财务资产处朱尤生处长担任副主编。重庆工商大学财务处陈杰和会计学院研究生秦瑞、汤晓娟、冷峥峥、王小容、王浩梁、李敬飞，以及中国石油重庆销售分公司代波、李张林、陈威、夏杰霞、艾馨等同志参与了资料收集、课题研究及书稿撰写工作，黄铭华、黄雪菱、王艳谨、黄容参与了修订工作。在本书的写作过程中，参阅了大量研究文献和案例资料，谨向有关作者表示感谢！立信会计出版社余榕编辑对本书出版付出了大量心血，在此一并致谢！

本次修订是在本书第二版的基础上，按照财政部最新发布的《配套指引》，对原有内容进行补充、完善和提高。具体改动如下：①将原第六章并入了第四章第一节，并在其后增加了"营运控制"的相应内容。②将原第七章改为"全面预算控制"，并删除了第一节的内容。③删除了原第八章第五、第六、第七节。④将原第九章第二节"内部报告"改为"内部信息传递"，第三节"财务报告的编制和披露"改为"财务报告"。⑤删除了原第十章。⑥将原第十一章拆分为两章："内部控制评价"和"内部控制审计"。⑦对原书其他章节中与《配套指引》不相符合之处进行了修订和补充。⑧在原附录后增加了《企业内部控制应用指引》《企业内部控制评价指引》和《企业内部控制审计指引》。本次修订改动较大的章节是第三章至第十章。

由于我们的水平有限，加之时间仓促，书中难免存在不足之处，恳请各位同仁批评指正。

编　者

2017年6月

目　　录

第一章　内部控制概论 ··· 1
第一节　内部控制的基本理论 ·· 1
　　案例 1-1　巴林银行倒闭案 ·· 7
第二节　内部控制的产生和发展 ······································ 11
第三节　我国企业内部控制规范 ······································ 16
　　案例 1-2　美国 Washoe 县内部控制手册 ··························· 19

第二章　内部控制基本规范 ·· 22
第一节　《基本规范》概述 ··· 22
第二节　内部环境 ·· 25
　　案例 2-1　郑百文内控失败案 ··· 27
第三节　风险评估 ·· 28
　　案例 2-2　雷曼内控失败案 ·· 29
第四节　控制活动 ·· 30
　　案例 2-3　邯钢的内部控制活动 ······································ 32
第五节　信息与沟通 ·· 34
　　案例 2-4　邯钢的"信息与沟通"体系 ······························· 35
第六节　内部监督 ·· 36
　　案例 2-5　亚细亚内控失败案 ··· 37

第三章　内部控制环境 ·· 40
第一节　组织架构 ·· 40
　　案例 3-1　从三株的衰微看企业组织架构及运行规范化 ········ 44
第二节　发展战略 ·· 46
第三节　人力资源 ·· 50
　　案例 3-2　杜邦公司的培训体系 ······································ 56
　　案例 3-3　不可忽视的人力资源——离职员工 ··················· 58

案例3-4　通用人力资源管理之道 59
　　案例3-5　沃尔玛的"合伙制"人力资源管理 62
 第四节　企业文化 64
　　案例3-6　松下企业文化 67
 第五节　社会责任 69
　　案例3-7　三鹿奶粉事件折射企业社会责任缺失 74

第四章　资金与资产控制 76
 第一节　资金活动 76
　　案例4-1　他们被股票拉下马 78
　　案例4-2　负债筹资导致神话破灭 80
　　案例4-3　审计显威力　局长落法网 83
　　案例4-4　A公司对外投资失控案 88
　　案例4-5　"全能"会计 91
　　案例4-6　现金支票私自提款 95
　　案例4-7　虚假采购原材料套取现金 97
　　案例4-8　出纳贪污、挪用公款案 98
 第二节　资产管理 99
　　案例4-9　某企业的仓库存货管理 104
　　案例4-10　长安福特公司的固定资产内部控制 110
 第三节　工程项目 115
　　案例4-11　某工程公司科长受贿案 120

第五章　采购与销售控制 123
 第一节　采购业务 123
　　案例5-1　XY公司的采购控制 125
　　案例5-2　某机械厂的采购控制 126
　　案例5-3　仪征化纤的"零库存"采购 129
　　案例5-4　TCL公司的供应商选择之道 130
　　案例5-5　重庆汽摩配套企业的捆绑采购 132
　　案例5-6　关注采购资金的安全 136
　　案例5-7　真假水晶灯 137
 第二节　销售业务 138

案例 5-8　为求暴富买彩票侵吞房租 12 万元 …… 140
案例 5-9　某企业的销售内部控制制度 …… 142
案例 5-10　加油站站长挪用销售款 …… 145
案例 5-11　BBC 公司的应收账款管理 …… 147

第六章　全面预算控制 …… 150
第一节　全面预算概述 …… 150
第二节　岗位分工与授权批准 …… 151
案例 6-1　某公司的预算管理 …… 152
第三节　全面预算的编制、执行与考核控制 …… 153
案例 6-2　大亚湾核电站的预算管理 …… 163

第七章　特殊活动与方法控制 …… 167
第一节　合同管理 …… 167
案例 7-1　BP 石油经销合同纠纷 …… 171
第二节　担保业务 …… 172
案例 7-2　甲公司的担保内部控制 …… 176
第三节　研究与开发 …… 177
案例 7-3　一个家电产品的研发控制 …… 179
第四节　业务外包 …… 180
案例 7-4　通用汽车公司的运输业务外包 …… 185

第八章　信息与沟通 …… 186
第一节　信息系统 …… 186
案例 8-1　一起数额巨大的金融盗窃案 …… 191
第二节　内部信息传递 …… 192
案例 8-2　沃尔玛：企业成功源于沟通 …… 198
第三节　财务报告 …… 199
案例 8-3　由蓝田股份到 ST 生态："蓝田神话"的破灭 …… 207

第九章　内部控制评价 …… 209
第一节　内部控制评价概述 …… 209
第二节　内部控制评价的内容和程序 …… 211

第三节　内部控制缺陷的认定 …………………………………… 212
第四节　内部控制评价报告 …………………………………… 213
　　案例 9-1　大庆油田的内部控制测试 ………………………… 215

第十章　内部控制审计 …………………………………………… 216
第一节　内部控制审计概述 …………………………………… 216
第二节　计划和实施审计工作 ………………………………… 217
第三节　评价控制缺陷 ………………………………………… 220
第四节　完成审计工作并出具审计报告、记录审计工作 …… 220
　　案例 10-1　中石油内部控制审核报告 ……………………… 223

附录 1　企业内部控制基本规范 ……………………………… 225

附录 2　企业内部控制应用指引 ……………………………… 233

附录 3　企业内部控制评价指引 ……………………………… 279

附录 4　企业内部控制审计指引 ……………………………… 284

主要参考文献 …………………………………………………… 294

第一章　内部控制概论

内部控制是目前管理学界的热门话题。美国等许多西方国家出台了多份有关内部控制的权威报告,我国也非常重视内部控制规范的建设工作。完善的内部控制不仅有利于保证国家政策和法规在企业的贯彻实施,保证企业会计信息的真实性,维护企业财产的安全和完整,还有利于企业防范经营风险,促进企业有效经营,提高经济效益。

第一节　内部控制的基本理论

研究内部控制,必须先探讨其基本理论。内部控制的基本理论包括内部控制的含义(本质)、内部控制的目标、内部控制的基本假设、内部控制要素、内部控制的内容与方法、内部控制的种类等问题①。

一、内部控制的含义

什么是内部控制?理论界存在各种观点。由于表述众多,我们仅选择几个权威定义进行分析。

1949年,美国会计师协会的审计程序委员会在《内部控制:一种协调制度要素及其对管理当局和独立审查人员的重要性》的报告中,对内部控制首次作了权威性定义:"内部控制包括组织机构的设计和企业内部采取的所有相互协调的方法和措施。这些方法和措施都用于保护企业的财产,检查会计信息的准确性,提高经营效率,推动企业坚持执行既定的管理政策。"

1992年,美国"反对虚假财务报告委员会"下属的由美国会计学会、注册会

---

① 罗勇.内部控制基本理论研究[J].财务与会计导刊,2004(4).

计师协会、国际内部审计师协会、财务经理人协会和管理会计师协会等组织参与的"发起组织委员会"(COSO)发布报告《内部控制——整体框架》(即"COSO报告")。该报告将内部控制定义为：是受企业董事会、管理当局和其他职员的影响，目的在于取得经营效果和效率、财务报告的可靠性、遵循适当的法规等目标而提供合理保证的一种过程。

我国1997年开始实施的《独立审计具体准则第9号——内部控制与审计风险》的定义是："内部控制是被审计单位为了保证业务活动的有效进行，保护资产的安全与完整，防止、发现、纠正错误与舞弊，保证会计资料的真实、合法、完整而制定和实施的政策与程序。"

2008年6月，财政部等四部门联合颁发的《企业内部控制基本规范》所称内部控制，是由企业董事会、监事会、经理层和全体员工实施的、旨在实现控制目标的过程。

上述四个定义具有几个共同特点：一是都将内部控制解释为一种政策或程序(过程)；二是都在定义中强调了内部控制的目标；三是一般从审计角度界定内部控制。我们认为，这些定义普遍存在以下几个问题：

第一，定义出发点过于狭隘。控制是一个应用非常广泛的概念，有生产控制、人口控制、经济控制、军事控制等，从不同的角度(学科)出发，会给出不同的控制概念。虽然内部控制与审计存在密切的联系，但是，不论从内部控制的产生，还是从内部控制的现实需要来看，内部控制都应该属于管理范畴。"可以肯定地说，内部控制最初是在组织中内生的，而不是外力(外部管制、规范的要求；审计)催生的。"[①]并且，我国建立内部控制制度，制定《企业内部控制规范》的直接目的也不是为了审计需要，而是提高会计信息质量，加强单位内部管理的迫切要求。过去，由于一直把内部控制与审计相联系，企业对建立内部控制制度缺乏积极性，甚至产生抵触心理，这在一定程度上阻碍了内部控制的建立和实施。如果我们从管理学的角度重新认识内部控制，把它作为单位内部管理的手段和方法，相信内部控制必然会得到各单位的高度重视，从而自觉地加强内部控制制度的建设。

第二，没有明确内部控制的主体和客体。任何一种控制系统，都应该既有施控主体，也有受控对象(客体)。一般认为，内部控制的客体是人、财、物及其在经营过程中所形成的一系列组合关系和组合形式，这一点几乎没有争论。存在争论的主要是内部控制的主体问题：第一种观点认为，内部控制主体是单位经营

[①] 方红星.内部控制 审计 组织效率[J].会计研究,2002(7).

者。但是,经营者如何界定,又存在五种观点:① 包括董事长、总经理。② 包括董事会成员、总经理班子。③ 包括董事会成员、总经理班子、党委班子。④ 包括董事会成员、总经理班子、党委班子、监事会成员。⑤ 包括董事会成员、总经理班子、党委班子、监事会成员、工会主席。第二种观点认为,单位内部经营管理者和广大职工群众在内的所有员工都构成内部控制的主体,单位中每一个员工既是内部控制的主体,同时又是内部控制的客体[①]。第三种观点认为,内部控制主体既包括所有者(股东),也包括经营者,分为两个层次[②]。但有的学者将董事会纳入所有者范畴,有的学者则将董事会作为经营者。第四种观点认为,内部控制主体包括股东、经营者、管理者和职工四个层次[③]。

我们认为,要正确认识内部控制的主体,首先必须区分单位内部控制主体和单位外部控制主体。我们可以借鉴财务会计(外部会计)和管理会计(内部会计)的划分方法,股东(或股东大会)属于会计信息的外部使用者,只能作为单位外部的控制主体。股东、监事会、董事会和经理之间的相互关系,通过公司治理结构加以解决。不能混淆公司治理结构和内部控制的关系,不能把内部控制的范围无限扩大化。监事会作为股东监督企业的代表,属于外部监督,也不应纳入单位内部控制主体。董事会虽然是所有者的代表,但同时也是企业的经营者,是企业的法人权力机构和法人代表机构,因此董事会应该作为重要的内部控制主体。另外,企业的经理人、管理者和广大职工也都是内部控制主体。一般认为控制仅指上级对下级的控制,这其实是误解。控制是相互的,上级控制下级,下级(职工)也可以控制上级(经营者和管理者),中国企业提倡的民主理财、群众监督就是一种很好的、以职工作为控制主体的内部控制方式。

第三,忽视了控制主体不同,内部控制目标存在差异的客观现实。内部控制是控制主体意志的体现,控制主体不同,控制目标也会有所不同。并且,控制目标还要受到内部控制环境的影响和制约,即使控制主体相同,控制环境发生变化,内部控制目标也会发生相应改变。例如,以董事会作为控制主体的内部目标和以一般职工作为控制主体的控制目标显然是不同的。在目前所流行的内部控制定义中,都把内部控制目标固定地、不分控制主体地加以笼统表述,似不科学。

综上分析,我们在 2004 年建议将内部控制界定为:内部控制是在一定的环

---

① 课题组.现代企业内控制度:概念界定与设计思路[J].会计研究,2001(11).
② 阎达五、宋建波.双元控制主体构架下现代企业会计控制的新思考[J].会计研究,2000(3).
③ 郑石桥.现代企业内部控制系统[M].上海:立信会计出版社,2000.

境下,单位内部控制主体为了达到其特定目标所采用的一系列管理程序和方法。①《企业内部控制基本规范》的定义与此类似。

二、内部控制的目标

目前会计界对内部控制目标的研究缺乏针对性,一般都在内部控制的定义中对内部控制目标加以笼统阐述。我们认为,由于内部控制主体包括董事会、经理人、管理者和广大职工,其控制目标针对控制主体不同存在差异。

(一)以董事会为主体的内部控制目标

在公司治理结构中,董事会既是股东代表,也是企业的经营决策者,因此,其内部控制的目标既包括对外目标,也包括对内目标,对外目标是实现股东利益最大化(如英国)或利益相关者利益最大化(如日本、德国)②。对内目标则是:保证公司经营的有效性和合法性、保护公司财产安全、保证会计信息的真实和完整。

由于董事会的双重身份,两个目标时常会发生冲突,董事会在内部控制结构中就显得尤为重要。然而,目前董事会在很大程度上掌握在"内部人"手中,经营者实质上控制了董事会,作为股东代表的控制目标很难实现,损害广大股东的利益也就不足为奇。因此,应该对董事会的职责和人员组成进行改革。

(二)以经理人为主体的内部控制目标

经理人受聘于董事会,是经营执行者,是法人的代理人。因此,其内部控制的主要目标就是完成董事会的各项受托责任,包括:保证公司经营的有效性和合法性、保护公司财产安全、保证会计信息的真实和完整。该内容与董事会的内部控制目标基本一致。

(三)以管理者为主体的内部控制目标

管理者是企业内部各个责任中心的负责人,是经营者的受托人。其内部控制的目标主要是完成各项责任目标。

(四)以职工为主体的内部控制目标

职工是企业中委托代理关系的最后一层,其内部控制的主要目标就是完成其岗位责任。

---

① 罗勇.内部控制基本理论研究[J].财务与会计导刊,2004(4).

② 不同国家内部控制环境不同,因此内部控制目标也存在差异。在英、美,企业资本大部来自股市,因此,内部控制目标是股东利益最大化;而在日本和德国,企业的资本主要来自银行和其他非金融机构,因此强调保护所有利益集团的利益。

总之,内部控制体系由上述四个层次共同构成。在四个层次中,以董事会为主体的内部控制处于最高层次,同时,由于董事会是企业的法人代表机构,董事会的内部控制目标代表着企业的内部控制目标,也是其他控制主体的直接或终极控制目标。

三、内部控制的基本假设

目前,管理界尚未提出内部控制假设这一命题。我们认为,内部控制是建立在一定假设基础之上的,这些假设包括控制实体假设、可控性假设、复杂人性假设和不串通假设。离开了这些假设,内部控制就不能存在。

(一) 控制实体假设

控制实体是指内部控制为之服务的特定单位或部门。控制实体假设是对内部控制活动的空间范围所作的限定。它要求内部控制应当以特定单位或部门的人、财、物及其在经营过程中所形成的一系列组合关系和组合形式进行控制。控制实体由于控制主体的不同而不同,可以是企事业单位,也可以是单位内部的某个部门。

(二) 可控性假设

内部控制是控制主体对控制客体所实施的控制。相对于控制主体而言,控制客体必须是可以控制的;否则,内部控制将形同虚设。在确定各级控制主体的控制范围时,只有主体能够控制的对象,才能够纳入内部控制体系。各项内部控制制度都是在这一前提下建立起来的。

(三) 复杂人性假设

内部控制的实质是对人进行约束和激励的一种机制。这种机制必须建立在对人性假设的基础之上。复杂人性假设就是关于人的本质是什么的假设。1965年,薛恩(E. H. Sein)将此前关于人性方面的观点归为三类,即理性经济人假设、社会人假设、自我实现假设。薛恩在分析了这些人性假设理论之后提出复杂人性假设,他认为,人性是复杂的,人们的需要与潜在欲望是多种多样的,而且这些需要会随着各种条件的变动而不断改变。

(四) 不串通假设

内部控制的核心是内部牵制,即不相容职务恰当分离。这样可以避免或减少一人单独从事和隐瞒不合规行为的机会。但是,如果两个或更多的人串通舞弊,则可以逃避控制,使内部控制形同虚设。这既是内部控制的局限之一,也是其建立的基本前提或假设。离开了这一假设,内部控制(特别是内部牵制)根本无法建立。

四、内部控制要素

内部控制的内容,归根结底是由基本要素组成的。这些要素及其构成方式,决定着内部控制的内容与形式。COSO报告认为内部控制框架包括以下几大要素。

(一)控制环境

控制环境提供企业纪律与架构,塑造企业文化,并影响企业员工的控制意识,是所有其他内部控制组成要素的基础。控制环境主要包括:员工的诚实性和道德观;员工的胜任能力;董事会或审计委员会的职能发挥;管理理念和经营方式;组织结构;授予权利和责任的方式;人力资源政策及实施等。

(二)风险评估

每个企业都面临来自内部和外部的不同风险,这些风险都必须加以评估。风险评估指管理层识别和分析对经营、财务报告、合法合规性目标有影响的内部或外部风险,包括风险识别和风险分析。风险识别包括对外部因素(如行业发展、技术进步、竞争、经济变化等)和内部因素(如员工素质、公司活动性质、信息系统处理的特点等)进行检查。风险分析涉及估计风险的重大程度、评价风险发生的可能性、考虑如何管理风险等内容。

(三)控制活动

控制活动是确保管理阶层的指令得以执行的政策及程序,如核准、授权、验证、调节、复核营业绩效、保障资产安全及职务分工等。控制活动在企业内的各个阶层和职能之间都会出现,这主要包括:业务授权控制、职责分工控制、凭证与记录控制、实物控制和独立检查等。

(四)信息与沟通

企业在其经营过程中,需按某种形式辨识、取得信息,并进行沟通,以使员工能够履行其责任。信息系统不仅处理企业内部所产生的信息(主要指相关会计信息),同时也处理与外部的事项、活动及环境等有关的信息(如市场占有率、法规的要求、客户投诉情况等)。企业所有员工必须从最高管理阶层清楚地获取承担控制责任的信息,而且必须有向上级部门沟通重要信息的方法,并对外界顾客、供应商、政府主管机关和股东等做有效的沟通。

(五)内部监控

内部控制系统需要被监控。监控是由适当的人员,在适当及时的基础下,评估控制的设计和运作情况的过程。监控活动由内部审计或相似职能的部门或人员通过定期、不定期地检查和评价来完成,内容涉及内部控制的设计合理性和执行有效性,同时将检查结果与有关人员进行交流,并提出改进建议,以保证内部控制按照设计的要求有效执行,并随环境的变化而不断改进。

案例 1-1

巴林银行倒闭案

成立于1763年的巴林银行集团,拥有如英国女王伊丽莎白二世显贵阶层的客户,是英国伦敦城内历史最久、声名显赫的商人银行集团。然而在欧洲金融界拥有举足轻重地位的这样的银行却因为内部控制的原因,最终栽在一个年龄只有28岁的员工尼克·里森之手。里森是巴林银行的一个区级职员,他在负责巴林银行在新加坡的工作时,既是首席交易员,又是清算部经理。从1992年开始,他利用一个按巴林银行总部规定本该废止但他却私自保留的一个叫88888的账户进行不受任何约束的期货交易,结果造成高达14亿美元的巨额亏损,最后透支的金额超出整个巴林银行几亿美元的资本,将整个巴林银行赔了精光,导致这座曾经辉煌的金融大厦轰然倒塌,最终走向坟墓。毫无疑问,巴林银行内部监督的失败是其倒闭的根源之一。

第一,内部审计监督不力。巴林银行内部虽有审计部门,但其只是调而不查,权威性极差,在里森违规操作期间,巴林银行的内部审计部门对其现象有所发觉且向管理当局也出示过有关报告,但它的行动也仅此而已,在没有引起当局的重视下就此搁置。截止到1993年12月的15个月中,新加坡期货公司的交易活动造成的损失为1900万英镑,但却上报利润900万英镑,如此谎报利润竟未被审计查出。里森为隐瞒损失,用剪刀、胶水和传真假造花旗银行有5 000万英镑存款,内部审计竟然没去核实花旗银行的账目。

第二,企业管理当局监管不到位。在里森进行违规交易所造成的损失达到5 000万英镑时,巴林银行总部曾派人调查里森的账目,资产负债表也明显记录了这些亏损,但巴林银行高层对此视而不见,轻信了里森的谎言。从1993年年底开始,对里森的专门交易负有责任的罗恩·贝克和作为股本产品部门负责人并对股本产品的风险承担责任的玛丽·沃兹,两人对新加坡期货公司的交易性质或是否可能获利都不是真正了解。1994年7月,资产负债表明显记录了里森的损失已达5 000万英镑,但巴林银行高层对此仍视而不见,且巴林银行董事长彼得·巴林发表过一段评语,认为资产负债表没有什么用,因为它的组成在短期间内就可能发生重大的变化。管理高层的疏忽和监管不力是导致巴林银行倒闭的重要原因。

资料来源:彭文峰.论企业的内部控制制度建设——巴林银行倒闭案的再思考[J].湖南商学院学报(双月刊),2008(6)。

五、内部控制的内容与方法

目前,理论界关于内部控制内容的主要观点有三:一是认为包括内部会计控制和内部管理控制,这是一种最常见的划分方法。二是认为包括内部会计控制、内部管理控制和内部业务控制[①]。三是认为包括会计(财务)控制、管理控制、业务控制和规划执行控制[②]。

我们认为,上述观点存在一个共同的缺陷,就是将会计控制和管理控制并列作为内部控制的内容。会计活动本身就是一项管理活动,会计控制本质上属于管理控制,将两者并列是不妥当的。更何况会计控制和管理控制往往难以分割,上述划分无疑"将美玉击成了碎石"。鉴于此,我们根据内部控制的目标不同,将内部控制分为以下三个部分。

(一)信息质量控制

信息质量控制的目标是保证单位会计信息和其他信息的真实、可靠。主要的控制方法包括如下方面。

1. 会计系统控制

会计系统控制就是通过建立完善的复式记账会计核算系统,保证企业遵守国家统一的会计制度,从而提供真实、可靠的会计信息。

2. 内部审计控制

内部审计控制不仅是内部控制的有效手段,也是保证会计信息真实、完整的重要措施。在资产安全控制和经营绩效控制中,也广泛采用内部审计控制方式,因此应当充分发挥内部审计在内部控制中的重要作用。

(二)资产安全控制

资产安全控制的目标是维护企业财产物资的安全、完整。主要控制方法如下。

1. 限制接触控制

限制接触控制是指严格控制对实物资产的接触,只有经过授权批准的人员才可接触、处置资产。主要适用于现金等变现资产,以及各种存货资产。

2. 定期盘点控制

定期盘点控制是指对各项财产物资进行定期盘点清查,进行账实核对。如果账实不符,应查明原因,及时处理。

---

① 张国康,黄金曦,罗彬.内部控制制度[M].上海:立信会计出版社,2003.
② 课题组.现代企业内控制度:概念界定与设计思路[J].会计研究,2001(11).

(三) 经营绩效控制

经营绩效控制的主要目标是保证企业经营的效率与效益。控制方法主要如下。

1. 授权批准控制

授权批准控制是对单位内部部门或职员处理经济业务的权限控制。单位内部某个部门或某个职员在处理经济业务时，必须经过批准才能进行，否则就不能进行。这样可以保证单位既定方针的执行和防止滥用职权。

2. 奖惩激励控制

奖惩激励控制就是通过奖励和惩罚的手段来激励和约束被控制者，使其更好地为实现其控制目标服务。可以通过合理的薪金制度、职务晋升制度等手段予以实施。

3. 全面预算控制

预算管理由预算编制、预算执行、预算控制、预算分析和预算考核等一系列具有顺序的环节组成。一个现代企业，如果想要提高企业经济效益，实现企业管理目标，就需要实行全面预算体系，推行预算管理。

六、内部控制的种类

(一) 按照控制内容分类：一般控制和应用控制

1. 一般控制

一般控制是指对企业经营活动赖以进行的内部环境所实施的总体控制，因而亦称基础控制或环境控制。它包括组织控制、人员控制、业务记录以及内部审计等项内容。这类控制的特征，是并不直接地作用于企业的生产经营活动，而是通过应用控制对全部业务活动产生影响。

2. 应用控制

应用控制是指直接作用于企业生产经营业务活动的具体控制，因此亦称业务控制，如业务处理程序中的批准与授权、审核与复核，以及为保证资产安全而采用的限制接近等项控制。这类控制的特征，在于它们构成了生产经营业务处理程序的一部分，并都具有防止和纠正一种或几种错弊的作用。

(二) 按照控制地位分类：主导性控制和补偿性控制

1. 主导性控制

主导性控制是指为实现某项控制目标而首先实施的控制。例如，凭证连续编号可以保证所有业务活动都得到记录和反映，因此，凭证连续编号对于保证业务记录的完整性就是主导性控制。在正常情况下，主导性控制能够防止错弊的发生,但如果主导性控制存在缺陷,不能正常运行时,就必须由其他的控制措施进行补充。

2. 补偿性控制

补偿性控制就是指能够全部或部分弥补主导性控制缺陷的控制。就上例而言,如果凭证没有连续编号,有些业务活动就可能得不到记录。这时,实施凭证、账证、账账之间的严格核对,就可以基本上保证业务记录的完整性,避免遗漏重大的业务事项。因此,"核对"相对于凭证"连续编号"来说,就是保证业务记录完整性的一项补偿性控制。

(三) 按照控制功能分类:预防式控制和侦察式控制

1. 预防式控制

预防式控制是指为防止错误和非法行为的发生,或尽量减少其发生机会所进行的一种控制。它主要解决"如何能够在一开始就防止错弊的发生"这个问题。例如,业务人员事先作出明确的指示和实施严格的现场监督,就能避免误解指令和发生错弊。

2. 侦察式控制

侦察式控制是指为及时查明已发生的错误和非法行为或增强发现错弊机会的能力所进行的各项控制。它主要是解决"如果错弊仍然发生,如何查明"的问题。例如,通过账账核对、实物盘点,以发现记账错误和货物短缺等。

(四) 按照控制时序分类:原因控制、过程控制和结果控制

1. 原因控制

原因控制也称事先控制,是指企业单位为防止人力、物力、财力等资源在质和量上发生偏差,而在行为发生之前所实施的内部控制。如领取现金支票前的核准、报销费用前的审批等。

2. 过程控制

过程控制也称事中控制,是指企业单位在生产经营活动过程中针对正在发生的行为所进行的控制。如对生产过程中使用材料的核算、对在制造产品的监督和对加工工艺的记录等。

3. 结果控制

结果控制也称事后控制,是指企业单位针对生产经营活动的最终结果而采取的各项控制措施。如对产出产品的质量进行检验、对产品数量加以验收和记录等。

七、内部控制的局限性

内部控制制度虽然在保证会计信息和财产安全等方面具有重要的作用,但

也不容忽视其固有的局限性。

(一) 人为错误或制度缺憾

智者千虑,必有一失。任何"完美的"内部控制系统,都会因设计人经验和知识水平的限制,以及内部控制的成本效益原则而带有缺陷。同时,执行人员的粗心大意、精力分散、判断失误以及对指令的误解等,也可能使内部控制系统陷于瘫痪。正是在此意义上,COSO报告指出:"无论内部控制的设计和实施多么好,也只能合理保证实体目标的实现"。

(二) 越权管理或串通舞弊

控制制度是企业最重要的管理工具,但任何控制制度最终都是靠人来执行的。在某些情况下,对于担任控制职能的人员越权管理,同样可能导致内控制度失效。同时,职责分离、互相牵制是内部控制的基本理念和控制手段,如果企业员工企图共同进行欺诈的话,失窃仍会发生,并且有可能形成内部人控制,即经理人员事实上或者依法掌握了控制权,他们的利益在公司战略决策中得到了充分的体现。

(三) 环境或系统的变化

内部控制可能因经营环境、业务性质的改变而削弱或失效。单位已有的内部控制制度一般都是为那些重复发生的业务类型而设计的,因此,可能会对不正常的或未能预料到的业务类型失去控制能力。企业处在经常变化的环境之中,为便于生存和保持竞争能力,势必要经常调整经营策略,或增设分支机构,或增加新的生产线,这就导致原有的控制制度对新增的业务内容失去控制作用。另外,信息技术的高速发展与普遍应用,也会给企业内部控制系统提出新的问题与挑战。

第二节 内部控制的产生和发展

内部控制是社会经济发展到一定阶段的产物。内部控制产生得很早,但真正得到发展和完善则是在20世纪40年代以后。

一、古代社会的内部控制

(一) 中国古代的内部控制

有史可查的内部控制制度,可追溯到中国的西周时期。据《周礼》记载,西周设置"司会"作为会计系统的主管部门,其下分设司书、职内、职岁和职币四部门。司书负责会计核算,职内(纳)掌管赋税收入,职岁掌管财赋支出,职币掌管余财。

司会对四个部门的资料交互考核,用以提高会计核算的质量,相互牵制,可谓严密。"凡税敛,掌事者受法焉。及事成,则入要贰焉。""凡受财者,受其贰令而书之。及会,以逆职岁与官府财用之出。"凡各部门领取财物,须将支出命令的副本送达职内处。属于贡赋收入的凭证,由掌管仓库的官员制作,一式二简,一简送职内,作为处理收入事项的依据,另一简留存;凡属于财物支出的凭证,由职岁统一颁发,每次亦一式二简,一简留存,另一简给财用者凭以到仓库领用财物。通过严格的凭证制度控制财物的出入。"入、出、余三条线,其控制的严密,较诸现代的出纳,似无逊色。"①可见,当时已经有了内部牵制思想和实践。美国会计史学家迈克尔·查特菲尔德在其名著《会计思想史》中也说:"在内部控制、预算和审计程序等方面,周代在古代世界是无与伦比的。"②

秦国时期,为了防止偷盗销货款,《关市律》规定:"为作务及官府市,受钱必辄入其钱缿(陶制容器)中,令市者见其入,不从令者赀一甲。"从事手工业和为官府出售产品,收钱时必须立即把钱投入缿里,使买者看见投入,从而发挥购买的监督作用。这种古老的控制方法在当时应该是比较有效的。秦国还广泛地实施了定额管理制度,并且"已经相当细致、完备"③。秦律《工人程》是关于官营手工业生产定额的法律规定。如"隶臣下吏、城旦与工从事者冬作,为矢程,赋之三日而当夏二日"。秦国官府审计的有一定地位的人称"下吏"。矢,放宽;程,标准。冬季劳动定额放宽,三天收取夏季两天的产品。这不仅说明已经制定了生产定额,且能随着季节变化而变化。

(二)国外古代的内部控制

在古埃及,财物出入管理制度已经比较完备。每年货币存入国库之时,首先要求记录官在国库外加以记录,然后接受国库出纳官的监察和登记;收获季节一结束,在将谷物搬入仓库之前,应在监督官的眼前包装好,然后由监督官作记录,到运进仓库时,还需经记录官之手,由他登记每批谷物的数量和品种。到仓库领取物资时,必须持有经有权人批准的"应当支付"字样的凭证,"在仓库物资管理上,倘若没有监督官签发的支出命令书,任何东西不得出库。""仓库保管员"登记发出数量并收管好凭证,每日结束时由"仓库管理员"编制报告。经办人、批准人、保管人、记录人、监督人相互分离,相互牵制。

古罗马共和国规定,"在从国库支付金钱之前,要求出具认可书和正式的支

---

① 李孝林.从云梦秦简看秦国的会计管理[J].江汉考古,1984(3).
② [美]迈克尔·查特菲尔德.会计思想史[M].北京:中国商业出版社,1989.
③ 李孝林,罗勇,孔庆林.比较会计史学[M].北京:中国财政经济出版社,2007.

付命令书。"管理现金的官吏不拥有批准支出的权力。两者相互分离、相互牵制。在罗马帝国时期,宫廷库房规定,对于一笔经济业务,应由两名记账员同时各自予以反映,定期把双方记录对比考核,以此审查有无记账差错或舞弊行为,此即"双人记账制",体现了相互牵制的内部控制思想。

二、现代社会的内部控制

学术界一般将现代内部控制的发展阶段划分为四个阶段。

(一)"内部牵制"阶段

20世纪初,西方资本主义迅猛发展,股份有限公司的规模迅速扩大,生产资料所有权与经营权逐渐分离,美国一些企业逐渐摸索出一些组织、调节、制约、检查企业生产经营活动的方法,逐步建立了"内部牵制制度",规定有关经济业务或事项的处理不能由一个人或一个部门总揽全过程。

内部牵制主要是以查错防弊为目的,以职务分离和账目核对为手法,以钱、账、物等会计事项为主要控制对象。正如《柯氏会计辞典》(Kohler's Dictionary for Accountant)将内部牵制定义为:"以提供有效的组织和经营,并防止错误和其他非法业务发生的业务流程设计。其主要特点是以任何个人或部门不能单独控制任何一项或一部分业务权力的方式进行组织上的责任分工,每项业务通过正常发挥其他个人或部门的功能进行交叉检查或交叉控制。"

内部牵制一般可以分为以下四类:① 实物牵制。例如,把保险柜的钥匙交给两个以上的工作人员持有。要打开保险柜,就必须同时使用这两把以上的钥匙。② 机械牵制。例如,银库的大门必须按照既定的程序操作才能打开,否则就无法打开,甚至会自动报警。③ 体制牵制。例如,把每项业务分别安排给不同的部门或人员去处理,从而预防错误和舞弊的发生。④ 簿记牵制。例如,定期将总账和明细账进行核对。

内部牵制的思想建立在以下两个基本的假设基础之上:一是两个或两个以上的部门或人员无意识地犯同样错误的机会相对较小;二是两个或两个以上的部门或人员有意识地合伙舞弊的可能性大大低于单独一个部门或人员舞弊的可能性。

(二)"内部控制制度"阶段

1934年,美国的《证券交易法》,首先提出了"内部会计控制"(internal accounting control system)的概念。它指出:证券发行人应设计并维护一套能为下列目的提供合理保证的内部会计控制系统:① 交易依据管理部门的一般和特殊授权执行。② 交易的记录必须满足GAAP或其他适当标准编制财务报表和落实资产责任的需要。③ 接触资产必须经过管理部门的一般和特殊授权。④ 按适当的时间间隔,将财产的账面记录与实物资产进行对比,并对差异采取适当的补救措施。

1936 年,美国会计师协会发布《注册会计师对财务报表的审查》文告,首次提出:"审计师在制定审计程序时,应考虑的一个重要因素是审查企业的内部牵制和控制,企业的会计制度和内部控制越好,财务报告需测试的范围越小"。内部控制的概念正式出现。

1949 年,美国会计师协会出版了《内部控制:一种协调制度要素及其对管理当局和独立审查人员的重要性》报告,对内部控制首次作了权威性定义:"内部控制包括组织机构的设计和企业内部采取的所有相互协调的方法和措施。这些方法和措施都用于保护企业的财产,检查会计信息的准确性,提高经营效率,推动企业坚持执行既定的管理政策"。该报告从企业经营管理的角度来定位内部控制,已经超出了直接与会计和财务部门功能有关的内容范畴,包括预算控制、标准成本、中期报告、统计分析、培训计划等内容,这种范围和内涵广泛的定义,当时被普遍认为是对认识内部控制这一重要概念的重大贡献,尤其对管理当局加强其管理工作来说,具有极其重要的意义。但是,由于该定义过于宽泛,从内部制度评审作为注册会计师的一种法律责任考虑,提供的指导过少,因此注册会计师要求对内部控制定义进行修改。

1958 年,美国注册会计师协会下属的审计程序委员会颁布了第 29 号审计程序公告(SAP 29),对内部控制定义作了正式修改,把内部控制分为内部会计控制(internal accounting control)和内部管理控制(internal administrative control)。根据公告的定义,内部控制"从广义上讲包括下列既有会计又有管理特征的控制:会计控制包括组织规划的所有方法和程序,这些方法和程序与资产安全和财务记录可靠性有直接的联系,包括诸如授权和批准制度、从事财务记录和簿记与从事经营或财产保管职务分离的控制,财产的实物控制和内部审计。管理控制包括组织规划的所有方法和程序,这些方法和程序主要与经营效率和贯彻管理方针有关,通常只与财务记录有间接的联系,包括如统计分析、时机研究、业绩报告、员工培训计划和质量控制"。

(三)"内部控制结构"阶段

在这一阶段,内部控制的概念开始被审计界广泛接受,并为各国国家审计、内部审计甚至国际审计会计组织所认可和引用。与此同时,会计审计界对内部控制的研究重点也逐步从一般含义向具体内容深化。1988 年,美国注册会计师协会发布的第 55 号审计准则公告(SAS 55)指出:"企业的内部控制结构包括为提供取得企业特定目标的合理保证而建立的各种政策和措施程序",首次以"内部控制结构"(internal control structure)一词取代原有的"内部控制"一词,同时在内容上比以前更实在,条理更清楚。

SAS 55 认为,内部控制结构包括控制环境、会计制度和控制程序三个有机部分:

(1) 控制环境(control environment),是指对建立、加强或削弱特定政策和程序效率发生影响的各种因素,反映了董事会、管理层、股东和其他人员对控制的态度、认识和行动。具体包括:① 管理者的思想和经营作风。② 企业组织结构。③ 董事会及其所属委员会,特别是审计委员会发挥的职能。④ 确定职权和责任的方法。⑤ 管理者监控和检查工作时所用的控制方法,包括经营计划、预算、预测、利润计划、责任会计和内部审计。⑥ 人事工作方针及其执行。⑦ 影响本企业业务的各种外部关系,如由银行指定代理人的检查等。

(2) 会计制度(accounting system),规定各项经济业务的鉴定、分析、归类、登记和编报的方法,明确各项资产和负债的经营管理责任。健全的会计制度应当包括下列内容:① 鉴定和登记一切合法的经济业务。② 对各项经济业务进行按时和适当的分类,作为编制财务报表的依据。③ 将各项经济业务按适当的货币价值计价,以便列入财务报表。④ 确定经济业务发生的日期,以便会计分期记录。⑤ 在财务报表中恰当表述经济业务以及有关的披露内容。

(3) 控制程序(control procedures),是指管理层所制定的方针和程序,用于保证达到一定的目的。它包括:① 经济业务和经济活动的批准权。② 明确各个人员的职责分工,防止有关人员对正常业务进行图谋和隐匿各种错误和弊端。职责分工包括:指派不同人员分别承担批准业务、记录业务和保管资产的职责。③ 凭证和账单的设置和使用,应保证业务和活动得到正确的记载。例如,在销售业务中对发货凭证进行预先编号,以控制发货业务。④ 财产及其记录的接触使用,要有保护措施。例如,接触电脑程序和档案资料要经过授权批准。⑤ 对已登记的业务及其计价要进行复核。例如,常规的账证、账账、账表、账实复核,银行存款余额调节表的编制,电算化控制等。

(四)"内部控制框架"阶段

进入 20 世纪 90 年代以后,内部控制的研究进入了一个崭新的阶段。1992 年,美国"反对虚假财务报告委员会"下属的由美国会计学会、注册会计师协会、国际内部审计师协会、财务经理人协会和管理会计师协会等组织参与的"发起组织委员会"发布著名的 COSO 报告。该报告指出内部控制是以下五要素的有机结合:控制环境(control environment)、风险评估(risk assessment)、控制活动

(control activity)、信息与沟通(information and communication)和监督(monitoring)。五个相互联系的要素共同构成一个整体的框架：以控制环境为基础，风险评估为依据，控制活动为手段，信息与沟通为载体，监督为保证。

1996年，美国注册会计师协会发布第78号审计准则公告(SAS 78)，全面接受了COSO报告的内容，将内部控制重新定义为："由企业的董事会、管理层和其他人员实现的过程，旨在为下列目标提供合理保证：① 财务报告的可靠性。② 经营的效率和效果。③ 遵循适用的法律、法规"。

第三节 我国企业内部控制规范

20世纪90年代起，我国政府开始加大企业内部控制的推行力度，先后颁布和修订了一系列相关的法律、法规，强调内部控制的重要性，要求企业建立、健全相应的内部控制体系。

一、我国企业内部控制规范的制定历程

1996年12月26日，财政部颁布《独立审计具体准则第9号——内部控制和审计风险》，要求注册会计师审查企业的内部控制风险，并对内部控制的定义、内部控制的内容(包括控制环境、会计系统和控制程序)等作出了规定。内部控制一般应当实现以下目标：① 保证业务活动按照适当的授权进行。② 保证所有交易或事项以正确的金额，在恰当的会计期间及时记录于适当的账户，使会计报表的编制符合会计准则的相关要求。③ 保证对资产和记录的接触、处理均经过适当的授权。④ 保证账面资产与实存资产定期核对相符。

1997年5月16日，中国人民银行颁布《加强金融机构内部控制的指导原则》，该指导原则将内部控制定性为金融机构的一种自律行为，是金融机构为防范风险，完成各项既定工作目标，对内部各职能部门及其工作人员的业务活动进行风险控制、制度管理、相互制约和内部稽核等方法、措施和程序的总称。

1999年12月2日，中国证监会发布《关于上市公司做好各项资产减值准备等有关事项的通知》，要求公司应建立健全有关提取坏账准备、短期投资跌价准备、存货跌价准备和长期投资减值准备等各项资产减值准备和损失处理的内部控制制度。证券监管部门将对上市公司内部控制制度的建立、健全和执行情况，以及董事会和监事会履行相关职责情况进行重点检查。对操纵利润和提供虚假财务信息的公司及其负有相关责任的公司董事、监事，将视检查情况依法作出处罚。通知要求公司严格执行财政部发布的《股份有限公司会计制度有关会计处

理问题补充规定》(财会字[1999]35号),并于董事会通过1999年年度报告前建立健全内部控制制度。

2000年12月2日,中国证监会发布《公开发行证券公司信息披露编报规则》(第1号)。规定商业银行和证券公司应建立健全内部控制制度,并在招股说明书正文中专设一部分,对其内部控制制度的完整性、合理性和有效性作出说明。商业银行还应委托所聘请的会计师事务所对其内部控制制度及风险管理系统的完整性、合理性和有效性进行评价,提出改进建议,并以内部控制评价报告的形式作出报告。内部控制评价报告随招股说明书一并呈报中国证监会。

1999年10月31日颁布、2000年7月1日实施的《中华人民共和国会计法》明确规定:各单位应当建立、健全本单位内部会计监督制度,单位内部会计监督制度应当符合下列要求:记账人员与经济业务事项和会计事项的审批人员、经办人员、财物保管人员的职责应当明确,并相互分离、相互制约;重大对外投资、资产处置、资金调度和其他重要经济业务的决策和执行的相互监督、相互制约程序应当明确;财产清查的范围、期限和组织程序应当明确。这是我国第一次以法律形式要求企业建立健全内部控制制度。

2001年6月22日,财政部颁布了《内部会计控制规范——基本规范(试行)》,对内部会计控制的定义、目标、原则、内容、方法和内部会计控制的检查做了原则性规定。同日,发布了《内部会计控制规范——货币资金(试行)》;2002年12月23日,发布了《内部会计控制规范——采购与付款(试行)》和《内部会计控制规范——销售与收款(试行)》。2003年10月22日,发布了《内部会计控制规范——工程项目(试行)》;2004年8月19日,发布了《内部会计控制规范——担保(试行)》、《内部会计控制规范——对外投资(试行)》等具体内部控制规范。

2005年6月,国务院领导在财政部、国资委和证监会联合上报的《关于借鉴〈萨班斯法案〉完善我国上市公司内部控制制度的报告》上作出批示,同意"由财政部牵头,联合证监会及国资委,积极研究制定一套完整公认的企业内部控制指引";温家宝总理在2006年3月召开的第十届全国人大第四次会议上作《政府工作报告》时强调,要"完善公司治理,健全内控机制"。

2006年7月15日,财政部、国资委、证监会、审计署、银监会、保监会联合发起成立企业内部控制标准委员会,财政部副部长王军担任主席,副主席由证监会纪委书记李小雪、国资委副主任邵宁担任,成员包括来自监管部门、实务界、理论界的31位专家学者,这为构建我国企业内部控制标准体系提供了组织和机制保障;与此同时,按照科学民主决策精神,公开选聘了86名咨询专家,组织开展了一系列内部控制科研课题,为构建我国内控标准体系提供技术支撑和理论支持。

企业内部控制标准委员会力争通过未来一段时间的努力,基本建立一套以防范风险和控制舞弊为中心,以控制标准和评价标准为主体,结构合理、内容完整、方法科学的内部控制标准体系,推动企业完善治理结构和内部约束机制。

2007年3月2日,财政部草拟了《企业内部控制规范——基本规范》和《企业内部控制具体规范第××号——货币资金》、《企业内部控制具体规范第××号——采购与付款》等17项具体规范(征求意见稿),公开发布征求意见。

2008年6月12日,财政部会同国务院有关部门草拟了《企业内部控制评价指引》(征求意见稿)、《企业内部控制应用指引》(征求意见稿)和《企业内部控制鉴证指引》(征求意见稿),公开发布征求意见。

2008年6月28日,财政部、证监会、审计署、银监会、保监会在北京联合召开企业内部控制基本规范发布会暨首届企业内部控制高层论坛,发布了《企业内部控制基本规范》,自2009年7月1日起在上市公司范围内施行,鼓励非上市的大中型企业执行。执行该规范的上市公司,应当对本公司内部控制的有效性进行自我评价,披露年度自我评价报告,并可聘请具有证券、期货业务资格的会计师事务所对内部控制的有效性进行审计。该基本规范的印发,标志着企业内部控制规范体系建设取得重大突破。

2009年1月8日,企业内部控制标准委员会秘书处(财政部会计司)发布了《关于征求〈企业内部控制应用指引第××号——组织架构〉等10项内部控制应用指引意见的通知》,在新增组织架构、发展战略等五个应用指引项目并征求意见的基础上,又调整修改了资金、采购、资产、销售、研发等五个应用指引。

2010年4月26日,财政部会同证监会、审计署、银监会、保监会联合发布了《企业内部控制应用指引》(共18项)、《企业内部控制评价指引》和《企业内部控制审计指引》,自2011年1月1日起在境内外同时上市的公司施行;自2012年1月1日起在上海证券交易所、深圳证券交易所主板上市公司施行;在此基础上,择机在中小板和创业板上市公司施行。鼓励非上市大中型企业提前执行。至此,标志着我国企业内部控制规范体系的建成和进一步完善。

二、我国内部控制规范体系框架

2007年5月25日,财政部副部长王军在企业内部控制标准委员会第三次全体会议上作了题为《统筹规划,深入研究,加快推进企业内部控制标准体系建设》的讲话。在讲话中,他提出内部控制标准体系包括基本规范、具体规范和应用指南。其中,基本规范规定内部控制的基本目标、基本要素、基本原则和总体要求,是制定具体规范和应用指南的基本依据,在内控标准体系中起统驭作用;

具体规范是根据基本规范,对企业办理具体业务与事项从内部控制角度作出的具体规定;应用指南是根据基本规范和相关具体规范制定的详细解释和说明,主要是为某些特殊行业、特殊企业、特定内控程序提供操作性强的指引。

1年以后,财政部对企业内部控制规范的体系做了一定修订。2008年6月28日,在企业内部控制基本规范发布会暨首届企业内部控制高层论坛上,财政部副部长王军再次发表了重要讲话,他指出下一阶段要重点抓好六方面的工作,其中之一是着力健全内控规范体系,逐步建立一套以基本规范为统领,以评价指引、应用指引和内部控制鉴证指引等配套办法为补充的内控标准体系。

目前,财政部已经发布了《企业内部控制基本规范》,并发布了《企业内部控制应用指引》、《企业内部控制评价指引》和《企业内部控制审计指引》。

《企业内部控制应用指引》按内部控制要素可以分为以下几类:① 内部控制环境指引,包括组织架构、发展战略、人力资源、企业文化和社会责任等应用指引。② 风险评估与控制活动指引,包括资金活动、采购业务、资产管理、销售业务、研究与开发、工程项目、担保业务、业务外包、全面预算、合同管理等应用指引。③ 信息与沟通指引,包括财务报告、内部信息传递、信息系统等应用指引。

案例 1-2

美国 Washoe 县内部控制手册

美国 Washoe 县内部控制程序手册,作为参考工具提供给本地的各政府部门,以供其建立和执行有效的内部控制。该内部控制程序手册,包括六个主要循环:① 收入。② 采购和现金支出。③ 资产和设备。④ 预算。⑤ 工资支付。⑥ 存货。下面列示其收入循环"收集并交存收入业务"的控制手册的内容:

■ 财务人员收到支票后必须马上进行背书。

控制原因:该控制通过减少支票的流动性,以减少偷窃发生的可能性。

■ 及时汇集各部门的现金收入。

控制原因:该控制可以减少员工偷窃现金的机会,并集中现金管理的责任。

■ 定期将所有的现金收入存入银行。

控制原因:如果不及时把现金存入银行,就会增大偷窃的可能性,而且,也得不到存款利息。最好是在下一个工作日之前及时存入所收现金,除非收入的现金极少,可不存入银行。

(续上)

- 保证所有的现金和支票,在存入银行之前妥善保管。如果收入必须过夜,必须保存在安全设施中。

  控制原因:该控制能够限制未被授权的人,接近尚未存入银行的收入。

- 当前的价目表应该按照要求通知顾客,或在每个部门公开张贴。

  控制原因:这可以防止雇员向顾客索取超额费用。

- 鼓励顾客索取所有业务票据。

  控制原因:这可以防止收款人员少记销售数量,从中谋取利益。

- 收取现金或预备存款的雇员,必须同记录或核准本业务的人员责任分离。

  控制原因:该控制可以防止一个人收取现金,并改变记录,以隐藏贪污行为。

- 负责整理硬币的职员,应该在每份包装物上签注数额。

  控制原因:该控制可以便于清查硬币溢缺错误。

- 去银行交存现金的人员在途中应受到适当保护。如果存款数量巨大,应考虑是否雇用银行押款车前来提取存款。

  控制原因:该控制可以保证存款人和存款的安全性。

- 如果使用银行押款车和保险箱,应由银行押款人员和本公司雇员同时打开保险箱。

  控制原因:用公司内、外职员同时监视保险箱,可以防止违规接触保险箱中的物品。

- 收取每笔存款的票据证明(如银行存款单、转账凭单等),并送交负责银行对账的人员,或者同出纳员进行核对。

  控制原因:如果以后银行记录与公司记录不符,该控制可以提出足够的证据与银行对证。

- 禁止雇员或顾客在收款台兑现个人支票。

  控制原因:该控制可以防止雇员通过个人支票提取现金,并掩盖差异舞弊,也可以减少收取无效支票的风险。

- 禁止接收远期支票。

  控制原因:如果将远期支票提前交存银行会产生托收问题,而公司每天要把现金收入存入银行,不得持有和保存原期支票。

- 不能收取票面数额大于应收数额的支票。

  控制原因:如果支票没有信用保证,票面金额大于应收金额,会产生托收困难。

- 所有的折扣、降价、退款及费用调整等行为必须经过被授权人的批准。

第一章 内部控制概论

（续上）

控制原因：该控制可以防止未被授权的退款和虚假已退付款，以偷窃公司的钱财。

■ 保存所有的银行存款单和相应附件的备份，并提交给公司的资金主管。

控制原因：该控制可以有效地监督银行文件的可靠性和合法性。

■ 对各项财务工作岗位，都应该明确责任和权限。

控制原因：明确界定各个财务工作岗位的职责是非常重要的，这可以保证每个人员不会玩忽职守，而对自己的工作认真负责。

■ 定期轮流互换财务部门每个员工的工作。

控制原因：该控制可以减少财务部员工出错的可能性，而且也起到他们互相监督的作用。

资料来源：刘华.审计理论与案例[M].上海：复旦大学出版社，2005。

第二章　内部控制基本规范

2008年6月28日,财政部、证监会、审计署、银监会、保监会联合颁发的《企业内部控制基本规范》(以下简称《基本规范》),是我国企业内部控制的统一标准和基本要求,于2009年7月1日起在上市公司范围内施行,同时也鼓励非上市的大中型企业执行。《基本规范》主要对内部控制的定义、目标、原则以及内部控制五要素等主要内容和基本要求进行说明。

第一节　《基本规范》概述

一、《基本规范》的制定目的、依据及适用范围

(一) 制定目的及依据

为了加强和规范企业内部控制,提高企业经营管理水平和风险防范能力,促进企业可持续发展,维护社会主义市场经济秩序和社会公众利益,根据《中华人民共和国公司法》、《中华人民共和国证券法》、《中华人民共和国会计法》和其他有关法律、法规,制定该《基本规范》。企业应当根据有关法律、法规、该《基本规范》及其配套办法,制定本企业的内部控制制度并组织实施。

(二) 适用范围

《基本规范》适用于中华人民共和国境内设立的大中型企业;小企业和其他单位可以参照该《基本规范》建立与实施内部控制;大中型企业和小企业的划分标准根据国家有关规定执行。

二、《基本规范》的总体结构

《基本规范》共七章五十条,总体结构为:第一章为"总则",包括第一条至第

十条,主要说明制定《基本规范》的目的、依据及适应范围,内部控制的定义和目标,建立和实施内部控制的原则,控制要素基本要求等。第二章为"内部环境",包括第十一条至第十九条,主要说明了治理结构、机构设置及权责分配、内部审计、人力资源政策、企业文化等内部环境的要素和基本要求。第三章为"风险评估",包括第二十条至第二十七条,主要说明了风险识别、风险分析、风险应对策略等主要内容和基本要求。第四章为"控制活动",包括第二十八条至第三十七条,主要说明了控制方法、控制措施等控制活动要素的主要内容和基本要求。第五章为"信息与沟通",包括第三十八条至第四十三条,主要说明了信息与沟通的地位作用及基本要求。第六章为"内部监督",包括第四十四条至第四十七条,主要说明了内部监督主体、监督的分类、缺陷认定标准、缺陷分类、内部自我评价报告等内容。第七章为"附则",包括第四十八条至第五十条,主要说明了解释权限、配套制度制定权限、试行日期。

三、《基本规范》的重大突破

《基本规范》坚持立足我国国情、借鉴国际惯例,确立了我国企业建立和实施内部控制的基础框架,取得了重大突破:

一是科学界定内部控制的内涵,强调内部控制是由企业董事会、监事会、经理层和全体员工实施的、旨在实现控制目标的过程,有利于树立全员、全面、全过程控制的理念。

二是准确定位内部控制的目标,要求企业在保证经营管理合法合规、资产安全、财务报告及相关信息真实完整、提高经营效率和效果的基础上,着力促进企业实现发展战略。

三是合理确定内部控制的原则,要求企业在建立和实施内部控制全过程中贯彻全面性原则、重要性原则、制衡性原则、适应性原则和成本效益原则。

四是统筹构建内部控制的要素,有机融合世界主要经济体加强内部控制的做法经验,构建了以内部环境为重要基础、以风险评估为重要环节、以控制活动为重要手段、以信息与沟通为重要条件、以内部监督为重要保证,相互联系、相互促进的五要素内部控制框架。

五是开创性地建立了以企业为主体、以政府监管为促进、以中介机构审计为重要组成部分的内部控制实施机制,要求企业实行内部控制自我评价制度,并将各责任单位和全体员工实施内部控制的情况纳入绩效考评体系;国务院有关监管部门有权对企业建立并实施内部控制的情况进行监督检查;明确企业可以依法委托会计师事务所对本企业内部控制的有效性进行审计,出具审计报告。

四、内部控制的定义和目标

《基本规范》将内部控制界定为:由企业董事会、监事会、经理层和全体员工实施的、旨在实现控制目标的过程。内部控制的目标是合理保证企业经营管理合法合规、资产安全、财务报告及相关信息真实完整,提高经营效率和效果,促进企业实现发展战略。

上述定义体现了全员、全面、全过程控制的理念。一方面是人的因素,涵盖了企业董事会、监事会、经理层和全体员工,体现了内部控制的全员参与性;另一方面是控制的全面性和全过程性。《基本规范》第四条规定,企业内部控制应当贯穿决策、执行和监督全过程,覆盖企业及其所属单位的各种业务和事项。

《基本规范》在内部控制目标界定上突破了传统上主要围绕会计控制展开的一系列目标制定,将内部控制规范的财务报告目标、合规性目标扩展到战略目标和经营目标,体现了将关注企业长远发展、可持续发展及规避风险作为企业内部控制的基本目标。

五、内部控制的基本原则

《基本规范》明确规定,企业建立与实施内部控制,应当遵循下列原则:

第一,全面性原则。内部控制应当贯穿决策、执行和监督全过程,覆盖企业及其所属单位的各种业务和事项。

第二,重要性原则。内部控制应当在全面控制的基础上,关注重要业务事项和高风险领域。

第三,制衡性原则。内部控制应当在治理结构、机构设置及权责分配、业务流程等方面形成相互制约、相互监督,同时兼顾运营效率。

第四,适应性原则。内部控制应当与企业经营规模、业务范围、竞争状况和风险水平等相适应,并随着情况的变化及时加以调整。

第五,成本效益原则。内部控制应当权衡实施成本与预期效益,以适当的成本实现有效控制。

六、内部控制的基本要素

企业建立与实施有效的内部控制,应当包括下列要素:内部环境、风险评估、控制活动、信息与沟通、内部控制。内部环境为重要基础,风险评估为重要环节,控制活动为重要手段,信息与沟通为重要条件,内部监督为重要保证,五要素相互联系、相互促进,共同构建内部控制框架。

《基本规范》的五要素与COSO报告的五要素有所不同,它根据我国的实际情况在内容上和表达方式上作了一定的调整,更符合我国的法规特点、文化传统和语言习惯,同时更具针对性、实用性和可操作性。

七、内部控制的其他要求

（一）信息技术的运用及纳入绩效考评的要求

1. 运用信息技术加强内部控制

企业应当运用信息技术加强内部控制,建立与经营管理相适应的信息系统,促进内部控制流程与信息系统的有机结合,实现对业务和事项的自动控制,减少或消除人为操纵因素。

2. 将内部控制实施情况纳入绩效考评体系

企业应当建立内部控制实施的激励约束机制,将各责任单位和全体员工实施内部控制的情况纳入绩效考评体系,促进内部控制的有效实施。

（二）政府监督检查及委托审计

国务院有关部门可以根据法律、法规、《基本规范》及其配套办法,明确贯彻实施《基本规范》的具体要求,对企业建立与实施内部控制的情况进行监督检查。

接受企业委托从事内部控制审计的会计师事务所,应当根据《基本规范》及其配套办法和相关执业准则,对企业内部控制的有效性进行审计,出具审计报告。会计师事务所及其签字的从业人员应当对发表的内部控制审计意见负责。为企业内部控制提供咨询的会计师事务所,不得同时为同一企业提供内部控制审计服务。

第二节　内部环境

内部环境是企业实施内部控制的基础,支配着企业全体员工的内控意识,影响着全体员工实施控制活动和履行控制责任的态度、认识和行为。内部环境一般包括治理结构、机构设置及权责分配、内部审计、人力资源政策和企业文化等内容。

一、治理结构

企业应当根据国家有关法律、法规和企业章程,建立规范的公司治理结构和议事规则,明确决策、执行、监督等方面的职责权限,形成科学有效的职责分工和制衡机制。

股东(大)会享有法律、法规和企业章程规定的合法权利,依法行使企业经营方针、筹资、投资、利润分配等重大事项的表决权;董事会对股东(大)会负责,依法行使企业的经营决策权;监事会对股东(大)会负责,监督企业董事、经理和其他高级管理人员依法履行职责;经理层负责组织实施股东(大)会、董事会决议事项,主持企业的生产经营管理工作。董事会负责内部控制的建立健全和有效实施;监事会对董事会建立与实施内部控制进行监督;经理层负责组织领导企业内部控制的日常运行。

二、机构设置及权责分配

企业应当成立专门机构或者指定适当的机构具体负责组织协调内部控制的建立实施及日常工作。企业应当在董事会下设立审计委员会。审计委员会负责审查企业内部控制,监督内部控制的有效实施和内部控制自我评价情况,协调内部控制审计及其他相关事宜等。审计委员会负责人应当具备相应的独立性、良好的职业操守和专业胜任能力。

企业应当结合业务特点和内部控制要求设置内部机构,明确职责权限,将权利与责任落实到各责任单位。企业应当通过编制内部管理手册,使全体员工掌握内部机构设置、岗位职责、业务流程等情况,明确权责分配,正确行使职权。

三、内部审计

企业应当加强内部审计工作,保证内部审计机构设置、人员配备和工作的独立性。内部审计机构应当结合内部审计监督,对内部控制的有效性进行监督检查。内部审计机构对监督检查中发现的内部控制缺陷,应当按照企业内部审计工作程序进行报告;对监督检查中发现的内部控制重大缺陷,有权直接向董事会及其审计委员会、监事会报告。

四、人力资源政策

企业应当制定和实施有利于企业可持续发展的人力资源政策。人力资源政策应当包括下列内容:① 员工的聘用、培训、辞退与辞职。② 员工的薪酬、考核、晋升与奖惩。③ 关键岗位员工的强制休假制度和定期岗位轮换制度。④ 掌握国家秘密或重要商业秘密的员工离岗的限制性规定。⑤ 有关人力资源管理的其他政策。

企业应当将职业道德修养和专业胜任能力作为选拔和聘用员工的重要标准,切实加强员工的培训和继续教育,不断提升员工素质。

第二章　内部控制基本规范

五、企业文化

企业应当加强文化建设，培育积极向上的价值观和社会责任感，倡导诚实守信、爱岗敬业、开拓创新和团队协作精神，树立现代管理理念，强化风险意识。董事、监事、经理及其他高级管理人员应当在企业文化建设中发挥主导作用。企业员工应当遵守员工行为守则，认真履行岗位职责。企业应当加强法制教育，增强董事、监事、经理及其他高级管理人员和员工的法制观念，严格依法决策、依法办事、依法监督，建立健全法律顾问制度和重大法律纠纷案件备案制度。

案例 2-1

郑百文内控失败案

郑百文全称郑州百文股份有限公司（以下简称"郑百文"），曾有过辉煌历史：1988 年在全国同行业率先进行股份制改革，成为全国商业批发行业龙头，1996 年上市。1997 年其主营规模和资产收益率等在所有商业上市公司中排名第一。然而神话很快破灭，1998 年，郑百文每股净亏 2.54 元，1999 年亏掉 9.8 亿元，两创沪深股市亏损之最。郑百文的由盛而衰，是典型的内部控制失败史。就其内部环境而言，存在以下问题：

第一，法人治理结构极不完善。现代企业制度要求企业建立规范的法人治理结构，股东大会、董事会、监事会、经理层互相监督、制约。郑百文第一大股东持股比例 14.64%，前十大股东持股比例仅占 26%，流通股比例高达 54%，第一大股东郑州市国资局将所持国有股股权划给与郑百文同一法定代表人郑州百文集团有限公司经营，外部力量对公司干涉极弱。郑百文却利用上市后经营自主权的扩大，大行违背经济规律甚至违法乱纪之道：上市募集的资金数以亿计地被公司领导以投资、合作为名拆借、挪用，总计 10 多家公司拆借的近 2 亿元资金有去无归，公司陷入多起追款讨债的官司中。

第二，管理理念混乱。郑百文的根本问题是经营管理不善。公司年报也承认："重经营，轻管理；重商品销售，轻战略经营；重资本经营，轻金融风险防范；重网络硬件建设，轻网络软件完善；重人才引进，轻人员监管和培训。"

第三，决策随意。1992 年，以募股资金 680 万元参股组建郑州中意百文鞋业公司，但始终未正常生产。又不顾资金紧张，在没有可行性论证的情况下，投巨资设立 40 多个分公司，最后成为沉重"包袱"。1998 年，在困境面前，

(续上)

> 公司又以配股资金的600万元兼并了与主营业务毫无关联的郑州化工原料公司,这"鸵鸟政策"科学性何在?分支机构一盘散沙,控制无力,管理滞后,仅下属三家子公司合并时就产生未确认的投资损失286.97万元,其"松散管理"可见一斑。
> 　　第四,人事管理不当。郑百文为激励职工,以销售收入为指标,完成指标者封为副总,可以自配小车。结果各网点为完成指标不惜购销价格倒挂,商品大量高进低出,最终关门歇业,留下4亿多元未收账款。
> 　　资料来源:饶盛华.加强企业内部控制是当务之急——"ST郑百文"的警示[J].中国注册会计师,2001(6)。

第三节　风险评估

风险评估是企业及时识别、系统分析经营活动中与实现内部控制目标相关的风险,合理确定风险的应对策略。企业应当根据设定的控制目标,全面、系统、持续地收集相关信息,结合实际情况,及时进行风险评估。

一、风险识别

企业开展风险评估,应当准确识别与实现控制目标相关的内部风险和外部风险,确定相应的风险承受度。风险承受度是企业能够承担的风险限度,包括整体风险承受能力和业务层面的可接受风险水平。

(一)企业识别内部风险应当关注的因素

企业识别内部风险应当关注的因素包括:① 董事、监事、经理及其他高级管理人员的职业操守、员工专业胜任能力等人力资源因素。② 组织机构、经营方式、资产管理、业务流程等管理因素。③ 研究开发、技术投入、信息技术运用等自主创新因素。④ 财务状况、经营成果、现金流量等财务因素。⑤ 营运安全、员工健康、环境保护等安全环保因素。⑥ 其他有关内部风险因素。

(二)企业识别外部风险应当关注的因素

企业识别外部风险应当关注的因素包括:① 经济形势、产业政策、融资环境、市场竞争、资源供给等经济因素。② 法律、法规、监管要求等法律因素。③ 安全稳定、文化传统、社会信用、教育水平、消费者行为等社会因素。④ 技术进步、工艺改进等科学技术因素。⑤ 自然灾害、环境状况等自然环境因素。⑥ 其他有关外部风险因素。

二、风险分析

企业应当采用定性与定量相结合的方法,按照风险发生的可能性及其影响程度等,对识别的风险进行分析和排序,确定关注重点和优先控制的风险。企业进行风险分析,应当充分吸收专业人员,组成风险分析团队,按照严格规范的程序开展工作,确保风险分析结果的准确性。

三、风险应对策略

(一)风险应对策略的确定

企业应当根据风险分析的结果,结合风险承受度,权衡风险与收益,确定风险应对策略。企业应当合理分析并准确掌握董事、经理及其他高级管理人员、关键岗位员工的风险偏好,采取适当的控制措施,避免因个人风险偏好给企业经营带来重大损失。

(二)风险应对的具体策略

企业应当综合运用风险规避、风险降低、风险分担和风险承受等风险应对策略,实现对风险的有效控制。风险规避是企业对超出风险承受度的风险,通过放弃或者停止与该风险相关的业务活动以避免和减轻损失的策略;风险降低是企业在权衡成本效益之后,准备采取适当的控制措施降低风险或者减轻损失,将风险控制在风险承受度之内的策略;风险分担是企业准备借助他人力量,采取业务分包、购买保险等方式和适当的控制措施,将风险控制在风险承受度之内的策略;风险承受是企业对风险承受度之内的风险,在权衡成本效益之后,不准备采取控制措施降低风险或者减轻损失的策略。

(三)风险应对策略的及时调整

企业应当结合不同发展阶段和业务拓展情况,持续收集与风险变化相关的信息,进行风险识别和风险分析,及时调整风险应对策略。

案例 2-2

雷曼内控失败案

被称为"债券之王"的美国雷曼公司,曾在住房抵押贷款证券化业务上独占鳌头,但在短时期内,其股票在1周内暴跌77%,直至最后破产。雷曼公司

(续上)

> 倒塌的根本原因是企业内部控制制度的缺失或失效,尤其缺乏有效的风险管理,具体表现如下:
>
> 第一,一味追求金融创新,忽视风险控制。公司盲目使用大量高杠杆率的金融产品,只专注于快速拓展业务,置风险控制的重要性于不顾。整个金融业沉浸在高额投放式收益的狂喜中,却忽视了企业实际的承受能力、忽视了贷款对象的信用状况,因此当贷款人开始违约时,其资金状况不断恶化,造成公司资金流枯竭,最后轰然倒下。
>
> 第二,杠杆率过高,无法有效规避风险。雷曼公司自身拥有的资本不足,因此,常会依赖债券市场和银行间拆借市场来满足中长期资金的需求。但杠杆效应是一把双刃剑,它在给公司带来巨额收益的同时,也给公司带来了巨大的潜在风险。公司管理层为了实现短期利益,乐于接受风险,公司未能通过有效的内部控制进行风险管理,从而在外部经济环境不稳定时,无法有效地规避风险。
>
> 资料来源:胡光华.论我国企业内部控制的改进——由雷曼公司破产引发的思考[J].经济研究导刊,2008(18)。

第四节 控制活动

控制活动是企业根据风险评估结果,采用相应的控制措施,将风险控制在可承受度之内。企业实施控制活动时,应明确控制方法、控制措施、风险预警及应急处理机制等要求。

一、控制方法

企业应当结合风险评估结果,通过适当的控制方法,运用相应的控制措施,将风险控制在可承受度之内。控制方法可以按形式分为手工控制和自动控制,按性质可分为预防性控制和发现性控制。在实际操作中,各种方法应该结合使用。

(一)控制方法按形式分类

(1)人工控制。人工控制是指主要运用手工手段实施的控制。

(2)自动控制。自动控制是指主要运用信息技术手段实施的控制。

(二)控制方法按性质分类

(1)预防性控制。预防性控制是指从源头上防止错误和舞弊发生的事前控制。

(2) 发现性控制。发现性控制是指及时发现并纠正错误和舞弊的事中、事后控制。

二、控制措施

控制措施一般包括：不相容职务分离控制、授权审批控制、会计系统控制、财产保护控制、预算控制、运营分析控制和绩效考评控制等。

(一) 不相容职务分离控制

不相容职务分离控制要求企业全面系统地分析、梳理业务流程中所涉及的不相容职务，实施相应的分离措施，形成各司其职、各负其责、相互制约的工作机制。

(二) 授权审批控制

授权审批控制要求企业根据常规授权和特别授权的规定，明确各岗位办理业务和事项的权限范围、审批程序和相应责任。企业应当编制常规授权的权限指引，规范特别授权的范围、权限、程序和责任，严格控制特别授权。常规授权是指企业在日常经营管理活动中按照既定的职责和程序进行的授权；特别授权是指企业在特殊情况、特定条件下进行的授权。企业各级管理人员应当在授权范围内行使职权和承担责任。企业对于重大的业务和事项，应当实行集体决策审批或者联签制度，任何个人不得单独进行决策或者擅自改变集体决策。

(三) 会计系统控制

会计系统控制要求企业严格执行国家统一的会计准则制度，加强会计基础工作，明确会计凭证、会计账簿和财务会计报告的处理程序，保证会计资料真实完整。企业应当依法设置会计机构，配备会计从业人员。从事会计工作的人员，必须取得会计从业资格证书。会计机构负责人应当具备会计师以上专业技术职务资格。大中型企业应当设置总会计师。设置总会计师的企业，不得设置与其职权重叠的副职。

(四) 财产保护控制

财产保护控制要求企业建立财产日常管理制度和定期清查制度，采取财产记录、实物保管、定期盘点、账实核对等措施，确保财产安全。企业应当严格限制未经授权的人员接触和处置财产。

(五) 预算控制

预算控制要求企业实施全面预算管理制度，明确各责任单位在预算管理中的职责权限，规范预算的编制、审定、下达和执行程序，强化预算约束。

（六）运营分析控制

运营分析控制要求企业建立运营情况分析制度，经理层应当综合运用生产、购销、投资、筹资、财务等方面的信息，通过因素分析、对比分析、趋势分析等方法，定期开展运营情况分析，发现存在的问题，及时查明原因并加以改进。

（七）绩效考评控制

绩效考评控制要求企业建立和实施绩效考评制度，科学设置考核指标体系，对企业内部各责任单位和全体员工的业绩进行定期考核和客观评价，将考评结果作为确定员工薪酬以及职务晋升、评优、降级、调岗、辞退等的依据。

总之，企业应当根据内部控制目标，结合风险应对策略，综合运用控制措施，对各种业务和事项实施有效控制。

三、风险预警及应急处理机制

企业应当建立重大风险预警机制和突发事件应急处理机制，明确风险预警标准，对可能发生的重大风险或突发事件，制定应急预案、明确责任人员、规范处置程序，确保突发事件得到及时妥善处理。

案例 2-3

邯钢的内部控制活动

邯郸钢铁股份有限公司（以下简称"公司"或"邯钢"）2008 年年度报告披露了了董事会对公司内部控制的自我评估报告。在自我评估报告中，对公司控制活动阐述如下：

第一，质量控制。公司制定有完善的质量管理体系。一直以来公司坚持以市场为导向、以顾客为关注焦点，用高新技术和先进适用技术改造提升传统产业、提升整体装备水平、完善工艺、优化品种结构、提高产品质量，把"管理讲制度，办事讲原则，工作讲程序"作为一项基本的管理理念，长期不懈地坚持下去，树立"严、细、实、深、快"的作风，不断提升产品和服务的质量档次，把一流的产品和业绩奉献给社会。

第二，销售控制。公司已经制定了《销售管理制度》、《直销财务管理制度》、《产品要求的识别和评审管理程序》、《普通合同产品目录》和《顾客满意的监视和测量管理程序》等制度，对销售合同签订、合同评审、合同执行等过程严

(续上)

格制定实施细则,规定审批流程,明晰权责,完善对业务操作的管理控制。每年不定期地通过走访用户、召开用户座谈会等各种方式了解顾客的信息,确定顾客对产品的要求。

第三,采购控制。公司已经制定了包括《原料采购管理制度》、《原材料供应管理程序》及《备品备件和辅料供应管理程序》等制度,以保证采购产品能满足使用要求。为了确保采购产品符合规定的采购要求,需按照所采购产品对产品实现或最终产品的影响程度以及对环境和安全的影响程度对采购产品进行分类,并规定对供方及采购产品的控制方式和程度。

第四,生产控制。公司进一步完善生产标准化控制。切实抓好基础文件控制,对文件、资料、记录等基础材料从编写、审核、批准、发放、修改、作废、收回、标识、贮存、保护、检索、保存期限和处置等进行控制。根据用户要求或国家规定提供有关产品特性的信息,根据合同要求编制下达月生产计划,在执行过程中随着市场的变化,以周、日生产计划的形式及时调整月生产计划。组织各单位确定、收集和分析适当的数据,了解顾客对产品需求的动态、产品要求的符合性、过程和产品的特性及趋势、相关方的信息等。分析界定不合格产品形成原因、责任,采取有效措施解决问题,挽回、减轻、避免损失。

第五,财务控制。公司依据《中华人民共和国会计法》、《企业财务通则》、《企业会计准则》和国家有关法律、法规,结合公司实际情况,制定《财务会计管理制度》、《筹资管理制度》、《对外投资、对外担保管理制度》、《内部稽核管理制度》和《税务管理制度》等关于资金运用方面的管理制度及有关细则。依据制定的财务战略,合理筹集资金,有效营运资产,控制成本费用,规范收益分配等财务行为,加强财务会计监督和财务会计信息管理,从而加强资金的有效使用、保证资金使用安全。如实反映实际发生的交易或事项,保证会计信息真实可靠、内容完整,为公司管理层进行经济决策提供依据,有助于使用者对公司过去、现在或未来的情况作出评价或预测。

第六,环境控制。公司制定有完善的环境管理体系,以预防为主,抓好源头控制,做好防治结合,以人为本,着眼于子孙万代,保护人类共同家园,把节能与环保并行,实现清洁生产,创建绿色邯钢作为环境治理目标。积极推行节能减排工作,污染物排放指标均达到了国家有关标准的要求,废气回收联合循环发电CDM项目在联合国正式注册成功,废水重复利用率、绿化覆盖率等指标均逐年提高,与历史相比,邯钢环境状况发生了重大改善。

第七,职业健康安全控制。在职业健康安全管理方面,公司本着全体职工安全健康高于一切利益,文明生产,避免野蛮作业,充分发挥全体员工的主观能动性,建立起"横向到边,纵向到底"的安全健康网络。几年来,公司没有发生

（续上）

重大人身伤亡事故、重大设备事故、重大生产事故、重大火灾事故等重大安全事故，安全生产创出了较好水平。

第八，人力资源控制。公司制定有《劳动工资人事制度》。2008年结合公司新形势修订完善了干部考核指标体系，制定了《中层干部任免管理规定》，规范了干部的选拔任用程序。优化劳动组织和人员配置，对公司机关部分管理职能和机构进行优化调整，以适应公司发展需要。制定《人力资源市场管理规定》，通过内部人才市场和劳动力市场，实现公司厂际之间人员流动。编制《人力资源管理程序》，通过适当的教育、培训、技能和经验，确保工作人员能够胜任本岗位的能力要求。依据《岗位资格标准》对各岗位人员的能力和意识进行考核。组织各单位对培训需求予以确定并制定职工培训计划，通过培训确保员工认识到所从事活动的相关性和重要性，以及如何为实现公司目标作出贡献。

资料来源：邯郸钢铁股份有限公司2008年年度报告——董事会对公司内部控制的自我评估报告。

第五节 信息与沟通

信息与沟通是企业及时、准确地收集、传递与内部控制相关的信息，确保信息在企业内部、企业与外部之间进行有效沟通。企业应当建立信息与沟通制度，明确内部控制相关信息的收集、处理和传递程序，确保信息及时沟通，促进内部控制有效运行。

一、建立信息收集加工机制

企业应当对收集的各种内部信息和外部信息进行合理筛选、核对、整合，提高信息的有用性。企业可以通过财务会计资料、经营管理资料、调研报告、专项信息、内部刊物、办公网络等渠道，获取内部信息。企业可以通过行业协会组织、社会中介机构、业务往来单位、市场调查、来信来访、网络媒体以及有关监管部门等渠道，获取外部信息。

二、完善信息沟通机制

企业应当将内部控制相关信息在企业内部各管理级次、责任单位、业务环节之间，以及企业与外部投资者、债权人、客户、供应商、中介机构和监管部门等有关方面之间进行沟通和反馈。信息沟通过程中发现的问题,应当及时报告并加以解决。重要信息应当及时传递给董事会、监事会和经理层。

三、加强信息技术的运用

企业应当利用信息技术促进信息的集成与共享,充分发挥信息技术在信息与沟通中的作用。企业应当加强对信息系统开发与维护、访问与变更、数据输入与输出、文件储存与保管、网络安全等方面的控制,保证信息系统安全稳定运行。

四、建立反舞弊机制

企业应当建立反舞弊机制,坚持惩防并举、重在预防的原则,明确反舞弊工作的重点领域、关键环节和有关机构在反舞弊工作中的职责权限,规范舞弊案件的举报、调查、处理、报告和补救程序。

企业至少应当将下列情形作为反舞弊工作的重点:

第一,未经授权或者采取其他不法方式侵占、挪用企业资产,牟取不当利益。

第二,在财务会计报告和信息披露等方面存在的虚假记载、误导性陈述或者重大遗漏等。

第三,董事、监事、经理及其他高级管理人员滥用职权。

第四,相关机构或人员串通舞弊。

五、建立举报投诉和举报人保护制度

企业应当建立举报投诉制度和举报人保护制度,设置举报专线,明确举报投诉处理程序、办理时限和办理要求,确保举报、投诉成为企业有效掌握信息的重要途径。举报投诉制度和举报人保护制度应当及时传达至全体员工。

案例 2-4

邯钢的"信息与沟通"体系

邯郸钢铁股份有限公司(以下简称"公司")2008 年年度报告披露了董事会对公司内部控制的自我评估报告。在自我评估报告中,对公司信息与沟通阐述如下:

(续上)

> 公司制定了《敏感信息排查报告制度》和《信息披露管理办法》,对定期报告的编制、审议、披露和重大事件的报告、传递、审核、披露严格按照规定落实。股东知情权和信息披露建议权可以得到保障,信息披露工作保密机制完善,没有发生泄露事件或内幕交易行为。
>
> 公司建立了有效的沟通渠道,各单位内部科室、车间之间及岗位之间建立必要的横向、纵向的沟通渠道,保证信息传递和反馈的及时和畅通。通过会议(如职代会、生产经营分析会、调度会、技术质量例会等)、内部网络、文件、内部报刊、电视、有线广播、宣传栏、黑板报、通报、简报和记录传递等灵活多样的方式进行内部沟通。
>
> 公司由生产制造部负责公司生产调度指挥,协调产、供、运、销各环节,确保生产协调与平衡;销售部进行市场调研和市场信息的反馈,并对顾客满意度调查、分析及信息反馈;证券部负责与投资者、中介机构、监管层沟通交流,发现问题及时报告并加以解决。
>
> 资料来源:邯郸钢铁股份有限公司2008年年度报告——董事会对公司内部控制的自我评估报告。

第六节 内部监督

内部监督是企业对内部控制建立与实施情况进行监督检查,评价内部控制的有效性,发现内部控制缺陷,应当及时加以改进。企业应当根据《基本规范》及其配套办法,制定内部控制监督制度,明确内部审计机构(或经授权的其他监督机构)和其他内部机构在内部监督中的职责权限,规范内部监督的程序、方法和要求。

一、开展日常监督和专项监督

内部监督分为日常监督和专项监督。日常监督是指企业对建立与实施内部控制的情况进行常规、持续的监督检查;专项监督是指在企业发展战略、组织结构、经营活动、业务流程、关键岗位员工等发生较大调整或变化的情况下,对内部控制的某一或者某些方面进行有针对性的监督检查。专项监督的范围和频率应当根据风险评估结果以及日常监督的有效性等予以确定。

二、制定内部控制缺陷的认定标准

企业应当制定内部控制缺陷认定标准,对监督过程中发现的内部控制缺陷,应当分析缺陷的性质和产生的原因,提出整改方案,采取适当的形式及时向董事会、监事会或者经理层报告。内部控制缺陷包括设计缺陷和运行缺陷。企业应当跟踪内部控制缺陷整改情况,并就内部监督中发现的重大缺陷,追究相关责任单位或者责任人的责任。

三、开展内部控制自我评价

企业应当结合内部监督情况,定期对内部控制的有效性进行自我评价,出具内部控制自我评价报告。内部控制自我评价的方式、范围、程序和频率,由企业根据经营业务调整、经营环境变化、业务发展状况和实际风险水平等自行确定。国家有关法律、法规另有规定的,从其规定。

在财政部等发布的《企业内部控制评价指引》(以下简称《评价指引》)中,规范的即是内部控制自我评价。在《评价指引》中,具体规范了内部控制评价的内容和标准、内部控制评价的程序和方法、评价报告的出具和披露等主要内容和基本要求。企业应当根据《评价指引》,结合本企业的实际情况,开展内部控制自我评价。

四、内部相关记录与资料的妥善保存

企业应当以书面或者其他适当的形式,妥善保存内部控制建立与实施过程中的相关记录或者资料,确保内部控制建立与实施过程的可验证性。

案例 2-5

亚细亚内控失败案

亚细亚商场于 1989 年 5 月开业,1 年后就跨入全国 50 家大型商场行列。然而,1998 年 8 月 15 日,亚细亚商场悄然关门!导致亚细亚商场倒闭的原因是多方面的,而其内部控制的极端薄弱是促成倒闭的主要原因之一。

第一,控制环境失败。

控制环境作为企业内部控制的核心,是内部控制其他要素发挥作用的基础。那么,亚细亚集团的内部控制环境如何呢?

1. 经营者品行、操守和价值观

例如,1992 年 11 月,亚细亚商场总经理王××就在海南注册了"海南亚细亚商联总公司"(简称"海南商联"),亚细亚集团没有投资,法人代表是王××

(续上)

本人。亚细亚集团公司董事会作出决定,委托海南商联管理和经营亚细亚集团股份公司,并在亚细亚集团董事会1995年6月28日的会议纪要中,明确规定"董事会同意公司经营者(海南商联)按销售额1%的比例提取管理费"。这种制度安排的结果是亚细亚商场的信誉和人员被海南商联利用,亚细亚商场的经营利润被海南商联占有,而这一切都是无偿的。上述事实只是亚细亚集团暴露出来的极小部分,但已能说明亚细亚集团经营者的品行与操守状况。

2. 董事会方面

企业应该建立一个强有力的董事会,董事会要能对企业的经营管理决策起到真正监督和引导的作用。在亚细亚集团公司内部,董事会一直处于瘫痪状态。亚细亚集团公司的注册日期是1993年10月,但直到1995年6月才最后确立董事会。在最近2年,董事会从未召集董事们就重大决策进行过表决,凡事都由总经理王××一人拍板。

3. 人力资源政策

人是企业最重要的资源,亦是重要的内部控制环境因素。那么,亚细亚集团的人事政策与员工素质如何呢?亚细亚商场艺术团的报幕员周××,不懂管理不会看账,被任命为开封亚细亚商场的总经理;亚细亚集团某领导的一位表弟,原郑州市郊的农民,被任命为北京一家大型商场总经理;如此等等,可见一斑。

4. 企业产权关系及组织结构

亚细亚商场是由河南省建行租赁公司和中原不动产公司共同出资200万元设立的股份制企业,其中,租赁公司102万元,占51%的股份,中原不动产公司98万元,占49%的股份。亚细亚商场计划在1992年改组成股份有限公司,但由于种种原因,亚细亚商场上市未能做成,但虚拟的股权转让已被河南省体改委等政府职能部门认定,即河南建行租赁公司51%的股权转让给海南大昌实业发展公司18%,转让给广西北海巨龙房地产公司10%;中原不动产公司49%的股权转让给海南三联企业发展公司18%,转让给海南汇通信托投资公司18%。由于股权受让方未按协议及时把购股资金兑付,从此埋下了一个巨大的资金隐患。亚细亚集团产权关系混乱局面就此形成。

第二,风险意识不强。

风险评估是提高企业内部控制效率和效果的关键。亚细亚集团如何进行环境控制和风险评估呢?原亚细亚集团总经理王××,对以往的经营失误总结了六大教训,其中有四条涉及对风险的认识和把握问题:一是"对市场认识不足,对形势认识不足。"二是"过于自信、乐观、想当然,其结果是骄兵必败。"三是"面对零售业艰难的状况,我们的应变能力差,整个经营进入死胡同,最后

(续上)

到了山穷水尽的地步。"四是"抗风险能力差,一遇事阵脚就乱了。"这几大教训说明,在亚细亚集团管理层的思想中缺乏风险概念,没有设置风险管理机制,因此抗风险能力极低。

第三,缺乏适当的控制活动。

控制活动是确保管理层的指令得以实现的政策和程序,旨在帮助企业保证其针对"使企业目标不能达成的风险"采取必要行动。亚细亚集团运作中几乎不存在控制活动,或者即使存在所谓的政策和程序,也是名存实亡,未实际发生作用。且看一组数据:亚细亚商场一年一度的场庆花费都超出70万元;集团某股东从亚细亚商场借出800万元,连借条也没有,后来归还300万元,剩余500万元商场账面和收据显示是"工程款";亚细亚集团另一个股东1993年借走商场57万元,也无人催要;1997年,亚细亚商场管理费用就高达18.6亿元。亚细亚集团的控制活动若此,何以确保管理层的指令得以实现?

第四,信息沟通不顺畅。

良好的信息与沟通系统有助于提高内部控制的效率和效果。企业须按某种形式在某个时间之内,辨别、取得适当的信息,并加以沟通使员工顺利履行其职责。在亚细亚集团内部,信息沟通系统几乎不存在。据称,亚细亚集团内部一不需要成本信息,二不计算投资回收期及投资回报率,三不收集市场方面的信息。会计信息系统由管理层随意控制,资金被大量挪用,却不知去向何方。在亚细亚集团,信息系统已经不再是一个管理和控制的工具,而是上层管理人员的话筒,信息随其意愿而变。

第五,内部监督缺乏。

企业内部控制是一个过程,这个过程系通过纳入管理过程的大量制度及活动实现的。要确保内部控制制度切实执行且执行的效果良好、内部控制能够随时适应新情况等,内部控制必须被监督。在亚细亚商场,自开业以来,没有进行过一次全面彻底的审计。偶尔的、局部的内部审计中曾发现几笔几百万元资金被转移出去的事,后来也不了了之。任何事情都是总经理说了算,属下当然包括内部审计人员在内,全无发言权,可见内部监督极度缺乏是既成事实。

资料来源:吴水澎,陈汉文,邵贤弟.论改进我国企业内部控制——由"亚细亚"失败引发的思考[J].会计研究,2000(9)。

第三章 内部控制环境

　　内部控制环境是指对建立、加强或削弱特定政策和程序效率有影响的各种因素,它反映了董事会、总经理阶层、业主和其他人员对内部控制的态度、认识和行动。内部环境是企业实施内部控制的基础,一般包括组织架构、发展战略、人力资源、企业文化和社会责任等。

第一节　组织架构

　　组织架构是指企业按照国家有关法律、法规、股东(大)会决议和企业章程,结合本企业实际,明确股东(大)会、董事会、监事会、经理层和企业内部各层级机构设置、职责权限、人员编制、工作程序和相关要求的制度安排。组织架构设计与运行的目的在于促进企业实现发展战略和经营目标,防范企业组织架构设计与运行风险,优化企业治理结构、管理体制和经营机制,以及建立现代企业制度等。

一、组织架构设计与运行风险

　　企业至少应当关注组织架构设计与运行中的下列风险:

　　第一,治理结构形同虚设,可能导致企业缺乏科学决策、良性运行机制和执行力,可能导致企业经营失败,难以实现发展战略。在所有权与经营权实现分离后,所有者将日常经营和重大决策权委托给董事会,而董事会雇用经理管理日常的经营事务。这就要求构建公司治理结构,能够使经理人员的目标与所有者的目标一致,为所有者谋取最大的利益。若不能很好地解决公司治理的问题,那么管理阶层就没有足够的动力去改进内部控制。因此,企业内各部门间组织架构设计、企业内各类人员之间的职责划分、行政权力分配和资源的配置、权力的执行和被监督、相互间牵制的合理性,这些方面设计是否科学,都将对内部控制的实施产生重大影响。

第二,内部机构设计不科学,权责分配不合理,可能导致机构重叠、职能交叉或缺失、推诿扯皮,运行效率低下。科学合理的企业组织架构能够有效控制和协调企业内部权力、责任、资源分配和各种职能活动,可以作为组织管理和决策过程基础的正式信息交流渠道和非正式信息交流渠道,同时可以建立起组织文化和组织管理规则。因此,为企业设计科学合理的组织架构是至关重要的。

二、组织架构的设计

(一)组织架构设计的原则

组织架构犹如大树的躯干,决定了企业能否枝繁叶茂。组织架构决定了企业内部各项职能能否得到执行,各种资源能否得到优化配置。组织结构的设计要遵循以下几个原则:

(1) 权责对等。企业组织架构的设计要符合职责对等的原则,仅有权力没有责任,会导致权力滥用;仅有责任没有权力,会使相关人员失去工作的积极性。

(2) 精简高效。繁琐的企业组织架构会使人浮于事,责、权、利不明确,从而导致机构重叠、相互推诿的局面。

(3) 运转协调。所设计的组织架构作为一个完整的系统,应当满足运转顺畅、内部协调、体系和谐的要求。

总之,企业组织架构的设计在坚持以上原则的基础上,还要综合考虑企业性质、发展战略、文化理念、行业特点、经营业务、管理定位、效益情况和员工总量等因素。此外,企业组织架构应当有利于促进决策科学化和执行规范化。

(二)企业组织架构的设计

1. 董事会、监事会和经理层设计

企业应当根据国家有关法律、法规,结合企业自身股权关系和股权结构,明确董事会、监事会和经理层的职责权限、任职条件、议事规则和工作程序,确保决策、执行和监督相互分离、形成制衡,确保董事会、监事会和经理层能够按照法律、法规和企业章程的规定行使职权。企业应当在企业章程中规定股东(大)会对董事会的授权原则,授权内容应当明确具体。

董事会对股东(大)会负责,依法行使企业的经营决策权。董事会可以根据股东(大)会的有关决议,设立战略、审计、提名、薪酬与考核等专门委员会,明确各专门委员会的职责权限、任职资格、议事规则和工作程序,为董事会科学决策提供支持。涉及企业重大利益的事项应由董事会集体决策。

监事会对股东(大)会负责,监督企业董事、经理和其他高级管理人员依法履行职责。监事会的人员和结构应当确保监事会能够独立有效地行使对董事、经理和其他高级管理人员及企业财务、内部控制的监督和检查。

经理层对董事会负责,组织实施股东(大)会、董事会决议事项,主持企业的生产经营管理工作。经理层应当接受董事会、监事会的监督制约,并建立向董事会、监事会的报告制度。经理和其他高级管理人员的职责分工应当明确。

董事会、监事会和经理层的产生程序应当合法合规,其人员构成、知识结构、能力素质应当能满足履行职责的要求。

企业重大决策、重大事项、重要人事任免及大额资金支付业务等应当按照规定的权限和程序实行集体决策审批或者联签制度,任何个人不得单独进行决策或者擅自改变集体决策意见。

2. 内部审计机构设计

企业应当依照有关法律、法规和企业章程,设立内部审计机构,配备与其职责要求相适应的审计人员,并保证内部审计机构具有相对的独立性。

内部审计机构在建立与实施内部控制中的主要职责包括:

(1) 对建立健全本企业内部控制提出意见和建议,并对内部控制的有效运行进行监督。

(2) 根据董事会、监事会或经理层授权,具体组织实施企业内部控制自我评价事宜。

(3) 协助董事会及其审计委员会,协调内部控制审计及其他相关事宜。

3. 职能部门与岗位分工设计

企业应当按照科学、精简、高效、透明、制衡的原则,综合考虑企业性质、发展战略、文化理念和管理因素,合理地设置企业内部经理层以下职能部门,明确各部门的职责权限,避免职能交叉、缺失或权责过于集中,形成各司其职、各负其责、相互制约、相互协调的工作机制。应避免设置业务重复或职能重叠的机构,将企业管理层次保持在合理水平。

企业要对各部门的职能进行科学合理的分解,确定各具体职位的名称、职责和工作要求等,编制岗(职)位说明书,明确各个岗位的职责范围、主要权限、任职条件和沟通关系。在确定职权和岗位分工过程中,应当体现不相容职务相互分离的制衡要求。不相容职务通常包括:可行性研究与决策审批、决策审批与执行、执行与监督检查。

在组织架构设计完成后,应制定并公布组织架构图、业务流程图、岗(职)位说明书和权限指引等内部管理制度或相关文件,使企业员工了解和掌握组织架构设计及权责分配情况,正确履行职责。

此外,企业还应按照国家法律、法规要求和法定程序,加强对子公司组织架构设计等相关重大事项的监督指导和管理控制,防范企业集团系统风险,优化资源配置,促进资源共享。集团型企业应当重视子公司组织架构的设计,以保证企业集团经济利益的实现。

三、组织架构的运行

(一)一般要求

企业应当根据组织架构的设计规范,对现有治理结构和内部机构设置进行全面梳理,确保本企业治理结构、内部机构设置和运行机制等符合现代企业制度要求。根据发展战略和经营计划,制定阶段性工作计划,落实工作任务、责任人、协助人和完成时间等,通过考核计划执行情况验证组织架构运行效果和效率。

(二)企业组织架构的运行

1. 考评制度

企业应当建立业绩考评制度,明确董事、监事和高级管理人员的绩效评价标准与程序,并通过目标任务书等形式将业绩指标层层分解到企业内部各部门和各岗位,促进企业组织架构中各层级员工责、权、利的有效实行。

2. 对子公司的监控

企业应当重视对子公司的监控,建立科学的投资管理制度,通过合法有效的形式履行出资人职责、维护出资人权益,特别关注异地、境外子公司发展战略、年度财务预算、重大投融资、重大担保、重要人事任免、主要资产处置、大额资金使用等重要风险领域。

3. 组织架构的调整

企业组织架构设计与运行应当坚持动态调整的原则,根据发展战略、业务重点、市场环境、监管要求等因素的变化不断进行优化调整。

企业应当在对现行组织架构及其运行状况进行综合分析的基础上,结合企业内外部环境变化和企业不同发展阶段的要求调整组织架构。

企业组织架构调整应当充分听取董事、监事、高级管理人员和其他员工的意见,并按规定的权限和程序进行决策审批。

案例 3-1

从三株的衰微看企业组织架构及运行规范化

三株曾是中国民营企业的一个奇迹。1994年,三株实业有限公司成立,同时推出三株口服液保健产品。当年,销售额达到1.25亿元,1996年销售收入达到80亿元。1998年,市场开始瘫痪。1999年,200多个子公司和2 000多个办事处全部关门。2000年,三株企业网站关闭,三株几乎是从业界消失了。

三株由生到盛,仅仅用了2年的时间,由盛到衰却不到2年的时间。三株人自己认为,三株之所以由盛一下走向几乎消亡,是让湖南常德汉寿县的一场官司给拖垮了。

1996年6月3日,湖南常德汉寿县77岁的退休老船工陈伯顺,因患老年性尿频,已被医院大夫"判死刑"出院。在三株广告诱导下,花428元买回10瓶三株口服液。喝到第8瓶时,于6月23日病情恶化,9月3日死亡。陈老汉死后,其家人把三株告上了法庭。

此案发生时,正是三株口服液红遍全中国之时。同许多与三株有关的诉讼案件一样,开始并没有演变成全国性的新闻事件。但从始至终,也没有人把这事当回事。此时的三株,财大气粗,并没有把这个事当作企业发展中的什么大事。可到了1997年年底,案件发生急转变化。1998年3月31日,常德市中级人民法院作出一审判决,三株败诉,并要求向死者家属赔偿29.8万元。

这时的三株已辉煌不在了,才投入精力应对官司,并最终在二审获胜。他们只重视官司,没有想到比官司本身还可怕的事已等在门口。一审判决后,当即有20多家媒体进行了报道,标题均为"八瓶三株口服液,喝死一条老汉"。这条有广泛影响的爆炸性新闻,将已露败迹的三株推向了深渊,使月销售收入从数亿元,一下降到几百万元。工厂只得全部停产,工人只能放长假回家。

三株公司作为在全国有盛大影响,并且名声赫赫的企业集团,一场赢了的官司把它拖垮了,简直是不可思议。其实真正原因不是官司本身,而是其企业内部管理混乱,组织架构和运行不规范,企业系统的众多子系统的目标功能作用不能正常发挥。常德的官司发生后,三株公司没有人对危机事件负责。尽管后来案件的二审,三株胜诉了,但此事已经过去将近3年时间,已经造成全面的市场信誉崩溃,到了造成的恶果已无法挽回的地步。

第三章 内部控制环境

(续上)

为什么三株衰微得如此匆匆？从三株的组织架构和运行上就可发现端倪。三株的组织架构和运行存在五个致命的缺陷：

(1)"集团军式"的集权管理，企业系统功能分配上下严重失衡。各子公司不是一个独立核算的公司，只是一个代理执行总部战略意图的促销单位。市场范围由总部划定，产品由总部统一调拨运输，价格由总部敲定，甚至签订合同和货款回笼都由总部包揽，子公司实际上只是负责与新闻媒介联系登广告，或者把宣传品送到客户手里，实施一些促销活动，把产品卖出去。各级财务人员的工资由总部财务中心统一发放。对子公司是"填鸭式"的管理，各子公司只能被动接受命令，无法根据市场实际，发挥自己的主观能动性和创造性。

(2)组织系统目标功能作用不清，单位、部门自成体系。三株总公司的组织架构，实行的是中央集权管理体制，企业建立了高度统一的指挥体制。吴炳新称之为六统一，"思想统一、组织统一、政策统一、企划统一、行动统一、管理统一"。为了使这种集权体制具体化，又引进了日本企业的"贩卖、人事、总部、制造"四个中心的架构，成立了制造中心、营销中心、财务中心、组织人事中心。集团四个中心，各自独立成为一个体系。各中心之间，画地为牢，互成壁垒，一个个都成了割据分立的诸侯王国。

(3)组织层次过多，运行效率低下。从集团总裁到基层员工，总共有18个层次。过多的等级造成严重的官僚主义，上令难以下达，下情难以上传。市场信息不灵，上下沟通渠道不畅。总部对下属公司无法进行有效控制，对外部环境变化反应迟缓。

(4)单位、部门和岗位角色职责不清。在公司总部，组织体系大的套小的，重重叠叠。集团下面，大公司又套小公司，业务总部控制，层层叠叠的多级公司都是跑广告、做广告、发发货等，职能雷同。中间层次的公司纯粹变成了行政衙门，业务由下面作，钱交由他们花。管理人员整天坐在办公室发号施令，很少去直接管辖的下级市场，甚至办事处在什么地方都不知道。放权以后，没有明晰的责任限制，总部对下面控制减弱，问题进一步加剧，责任没人负，工作没人干。

(5)干部终身制，能上不能下。三株自己的员工也讲，"我们不是国有企业，但比国有企业还国有企业。有些干部低能，在一个单位混不下去了，再换一个单位照样当官。"

通过一定的科学方法，规范企业的组织架构和运行，相对企业而言，也就直接是关乎企业兴衰存亡的大事。

资料来源：http://blog.ce.cn/archiver/2008-01-15.html。

第二节 发展战略

企业战略是对企业各种战略的统称,其中既包括竞争战略,也包括营销战略、发展战略、品牌战略、融资战略、技术开发战略、人才开发战略、资源开发战略等。企业战略虽然有多种,但基本属性是相同的,都是对企业的谋略,都是对企业整体性、长期性、基本性问题的计谋。例如,企业竞争战略是对企业竞争的谋略,是对企业竞争整体性、长期性、基本性问题的计谋;企业营销战略是对企业营销的谋略,是对企业营销整体性、长期性、基本性问题的计谋;企业技术开发战略是对企业技术开发的谋略,是对企业技术开发整体性、长期性、基本性问题的计谋;企业人才战略是对企业人才开发的谋略,是对企业人才开发整体性、长期性、基本性问题的计谋。

发展战略是指企业在对现实状况和未来形势进行综合分析和科学预测的基础上,制定并实施的长远发展目标与战略规划。发展战略的制定和实施目的在于提高企业发展战略的科学性和执行力,防范发展战略制定与实施中的风险,优化企业经营结构,增强企业核心竞争力和可持续发展能力。

一、发展战略制定与实施风险

企业至少应当关注发展战略制定与实施中的下列主要风险:

(1) 缺乏明确的发展战略或发展战略实施不到位,可能导致企业盲目发展,难以形成竞争优势,丧失发展动力和后劲。明确的发展战略是企业经营活动的导向,发展战略缺乏可能导致企业的发展没有计划性、战略性。发展战略的制定与实施,对处于任何生命周期的企业来说都是至关重要的。

(2) 发展战略过于激进,脱离企业实际能力或偏离主业,可能导致企业过度扩张,甚至经营失败。发展战略的制定要符合企业的实际情况,脱离了具体企业环境的发展战略,不仅不能促进企业良好发展,反而可能成为企业发展的屏障。

(3) 发展战略因主观原因频繁变动,可能导致资源浪费,甚至危及企业的生存和持续发展。发展战略作为企业发展的灵魂、企业核心竞争力的体现,应当反映企业发展的长期性、战略性和相对稳定性,不可以因主观原因而频繁变动企业发展战略,企业应当注意发展战略与发展计划的区别。发展战略应当体现出长期性和根本性的发展目标与战略规划。

二、发展战略的制定

（一）发展战略委员会的设立

为适应企业发展战略需要,保证公司发展规划和战略决策的科学性,增强公司的可持续发展能力,根据《中华人民共和国公司法》(以下简称《公司法》)、《上市公司治理准则》、《公司章程》及其他有关规定,企业应当在董事会下设立战略委员会或者由董事会授权的类似机构(以下统称战略委员会)负责发展战略管理工作,履行相应职责。

战略委员会具有下列主要职责：

（1）负责研究拟订发展战略。对公司的长期发展规划、经营目标、发展方针进行研究并提出制定建议。

（2）对企业重大经营方针、投融资方案和企业章程规定的其他有关重大事项进行研究并提出建议。对公司的经营战略包括但不限于产品战略、市场战略、营销战略、研发战略和人才战略等进行研究并提出制定建议。

（3）对前述两款事项的实施情况进行监督检查。

战略委员会委员成员必须符合下列条件：

（1）不具有《公司法》或《公司章程》规定的不得担任公司董事、监事、高级管理人员的禁止性情形。

（2）最近3年内不存在被证券交易所公开谴责或宣布为不适当人选的情形。

（3）最近3年不存在因重大违法违规行为被中国证监会予以行政处罚的情形。

（4）具备良好的道德品行,熟悉公司所在行业,具有一定的宏观经济分析与判断能力及相关专业知识或工作背景。

（5）符合有关法律、法规或《公司章程》规定的其他条件。

战略委员会成员应当具有较强的综合素质和实践经验,其任职资格和选任程序应当符合有关法律、法规和企业章程的规定；不符合前条规定的任职条件的人员不得当选为战略委员会委员。战略委员会委员在任职期间出现前条规定的不适合任职情形的,该委员应主动辞职或由公司董事会予以撤换。

战略委员会应当组织有关部门对发展目标的战略规划进行可行性研究和科学论证,形成发展战略建议方案；必要时,可以借助中介机构和外部专家的力量为其履行职责提供专业咨询意见。

企业应当制定战略委员会的议事规则和决策程序,对战略委员会会议的召开程序、表决方式、提案审议、保密要求和会议记录等作出规定,确保议事过程规范透明、决策程序科学民主。

(二)发展目标的制定

企业应当在充分调查研究、科学分析预测和广泛征求意见的基础上制定发展目标。对于企业已进入或将进入的市场环境进行详尽而周密的调查,建立该市场的信息知识系统。这一步是企业制定战略的基础,所以在对市场环境进行调查时,要全面把握关键因素。对企业的现状进行分析,最常见的是进行SWOT分析,所谓SWOT分析,就是分析企业的优势、劣势、竞争对手是谁,以及竞争对手的长处和短处,机会在什么地方,市场状况等。

SWOT分析法又称为态势分析法,它是由旧金山大学的管理学教授于20世纪80年代初提出来的,SWOT四个英文字母分别代表:优势(strength)、劣势(weakness)、机会(opportunity)、威胁(threat)。SWOT分析就是将与研究对象密切相关的各种主要内部优势、劣势、机会和威胁等,通过调查列举出来,并依照矩阵形式排列,然后用系统分析的思想,把各种因素相互匹配起来加以分析,从中得出一系列相应的结论,而结论通常带有一定的决策性。

运用这种方法,可以对研究对象所处的情景进行全面、系统、准确的研究,从而根据研究结果制定相应的发展战略、计划以及对策等。SWOT分析法常常被用于制定集团发展战略和分析竞争对手情况,在战略分析中,它是最常用的方法之一。

S、W是内部因素,O、T是外部因素。按照企业竞争战略的完整概念,战略应是一个企业"能够做的"(即组织的强项和弱项)和"可能做的"(即环境的机会和威胁)之间的有机组合。

(三)战略规划的制定

企业应当根据发展目标制定战略规划,战略规划应当明确发展的阶段性和发展程度,确定每个发展阶段的具体目标、工作任务和实施路径。体现战略期内技术创新、市场占有、盈利能力、资本实力、行业排名和履行社会责任等应达到的程度,确保企业具有长期竞争优势。

企业战略规划应当经过多种方案的对比分析和择优考虑。

董事会应当严格审议战略委员会提交的发展战略方案,重点关注其全局性、长期性和可行性。董事会在审议方案中如果发现重大问题,应当责成战略委员会对方案作出调整。

企业的发展战略方案经董事会审议通过后,报经股东(大)会批准实施。

三、发展战略的实施

企业应当根据发展战略,制定年度工作计划,编制全面预算,将年度目标分解、落实;同时完善发展战略管理制度,确保发展战略有效实施。

企业应当重视发展战略的宣传工作,通过内部各层级会议和教育培训等有效方式,将发展战略及其分解落实情况传递到内部各管理层级和全体员工。

战略委员会应当加强对发展战略实施情况的监控,定期收集和分析相关信息,对于明显偏离发展战略的情况,应当及时报告。

由于经济形势、产业政策、技术进步、行业状况以及不可抗力等因素发生重大变化,确需对发展战略作出调整的,应当按照规定权限和程序调整发展战略。

四、发展战略的评估与调整

(一)发展战略的评估

企业应当建立发展战略评估制度,加强对战略制定与实施的事前、事中和事后评估。

1. 事前评估

事前评估应结合成本效益原则,侧重对发展战略的科学性和可行性进行分析评价。好的战略规划应该具有可操作性。比如,执行标准和控制方法是否已经具备,是不是符合企业目标的要求;战略计划与现行员工的态度、兴趣与观念(即公司文化、形象)能否和谐共存。

2. 事中评估

事中评估应结合战略期内每一年度工作计划和经营预算完成情况,侧重对战略执行能力和执行效果进行分析评价。事中评估是战略调整的基础,其侧重点在于判断战略执行的有效性。

美国的斯坦纳与麦纳提出了战略评估应该考虑的六个要素,在企业战略实施过程中,应用以下六个要素对战略执行的有效性进行评估:

(1)战略要有环境的适应性。企业所选的战略是否和当前外部环境及其发展趋势相适应。

(2)战略要有目标的一致性。当前企业所选的战略是否能保证企业战略目标的实现。

(3)竞争的优势性。企业所选的战略方案是否能够充分发挥企业的优势,保证企业在竞争中取得优势地位。

(4) 预期的收益性。企业要选择的战略方案是否能够获取最大的利润。需要注意的是，这里所说的战略利润是长期利润而不是短期利润。

(5) 资源的配套性。企业战略的实现是否有一系列战略资源作保证。

(6) 战略的风险性。未来具有不确定性，战略具有风险性。企业需要评估当前企业选择的发展战略所面临的风险性。

3. 事后评估

事后评估应结合战略期末发展目标实现情况，侧重对发展战略的整体实施效果进行概括性的分析评价，总结经验教训，并为制定新一轮的发展战略提供信息、数据和经验。

（二）发展战略的调整

企业发展战略应当保持相对稳定，但是企业的发展战略又应该与外部、内部环境的变化相适应。战略调整就是根据企业情况的发展变化，即参照实际的经营事实、变化的经营环境、新的思维和新的机会，及时对所制定的战略进行调整，以保证战略对企业经营管理进行指导的有效性。它包括调整企业的战略展望、企业的长期发展方向、企业的目标体系、企业的战略以及企业战略的执行等内容。

在市场竞争中，好的企业战略能让企业掌握自己的命运，主动塑造企业未来。在变化的环境里，企业应该采取主动态度预测未来，影响变化，而不仅是被动地对变化作出反应。企业领导者如果仅仅是预见到了未来，而不采取行动适应变化，这样的企业战略是失败的。因此，在发展战略的实施中，还应关注企业所面临环境的变化，并对发展战略进行适时的调整。

企业在开展战略评估过程中，发现下列情况之一的，可以按规定程序进行战略调整，促进企业内部资源能力和外部环境条件的动态平衡：

（1）经济形势、产业政策、行业状况、竞争格局等外部环境发生重大变化，对企业发展战略实现产生重大影响的。

（2）企业经营管理内部条件发生重大变化，确需对发展战略作出调整的。

第三节 人力资源

人力资源是指企业组织生产经营活动而录（任）用的各种人员，包括董事、监事、高级管理人员和全体员工。内部控制的核心要素是控制环境，控制环境是构建内部控制体系的基础，人是控制环境中一个最活跃的因素，COSO报告特别强调"人"在内部控制中的作用。企业人员既是控制的主体，又是控制的客体，对人的控制是整个控制系统的关键。实施人力资源控制是为了促进企业人力资源合理布局,发挥人力资源在企业发展中的主导作用。

一、人力资源控制概述

人力资源控制主要是指对岗位职责和人力资源计划、招聘、培训、离职、考核、薪酬等一系列有关人事的活动和程序的控制,以形成合理的人员结构,提高人员素质以及工作效率,为企业内部控制打下基础。人力资源控制的好坏,不仅影响员工工作的积极性、效率、创造性,而且还影响着企业内部控制的成效。

(一)人力资源失控风险

企业人力资源管理至少应当关注下列风险:

(1)人力资源缺乏或过剩、结构不合理、开发机制不健全,可能导致企业发展战略难以实现,例如,由于技术进步、业务量减少或企业重组等原因,导致企业出现人力资源过剩的状态,这势必会影响企业的整体发展。

(2)人力资源激励机制约束制度不合理、关键岗位人员管理不完善,可能导致人才流失、经营效率低下或关键技术、商业秘密和国家机密泄露。例如,企业核心人才的集体跳槽就可能是人力资源激励机制制度不合理的一个外在表现。

(3)人力资源退出机制不当,可能导致法律诉讼或企业声誉受损。

(二)人力资源控制的关键环节

企业在建立与实施人力资源政策内部控制中,应当至少强化对下列关键方面或者关键环节的控制:

(1)岗位职责和任职要求应当明确规范,人力资源需求计划应当科学合理。

(2)招聘及离职程序应当规范,人员聘用应当引入竞争机制,培训工作应当能够提高员工道德素养和专业胜任能力。

(3)人力资源考核制度应当科学合理,应当能够引导员工实现企业目标。

(4)薪酬制度应当能保持和吸引优秀人才,并符合国家有关法律、法规的要求,薪酬发放标准和程序应当规范。

二、岗位职责与人力资源需求计划

(一)岗位责任与授权控制

黑格尔说过:"当一只手臂脱离了人的身体,它就不再是一只手,只有在成为人体的一部分的时候它才是一只手。"在企业中,众多上下级形成了完整的内部组织关系,岗位责任、授权、职责分工以及控制都是这种组织关系的具体表现。在内部控制中,适度的授权和清晰的责任配置被认为是实施有效监督的前提条件。

1. 岗位责任

(1) 企业应当建立岗位说明制度,明确所有岗位的主要职责、资历、经验要求等,并定期组织内部各单位、各部门对工作岗位进行分析,确保各岗位配备胜任的人员,避免因人设岗。

(2) 企业应当建立岗位责任制,明确岗位职责及其分工情况,确保不相容岗位相互分离、制约和监督。

(3) 对于在产品技术、市场、管理等方面涉及或掌握企业知识产权、专有技术、商业秘密等的工作岗位,企业应当与该岗位工作人员签订有关岗位保密协议,明确其保密义务。

(4) 企业应当建立良好的人力资源政策反映渠道,确保有关人力资源政策的建议得以传递和落实,保证人力资源运用效率的提高和人员任用的公平合理。

(5) 对某些控制薄弱、易发生舞弊行为的岗位实行轮岗制度或强制休假制度。员工在一个岗位工作时间较长,容易积累一些资源,这就可能导致舞弊甚至腐败。实行轮岗制度,不仅能够培养人才,增强部门间的沟通以提高工作效率,还可以控制风险,防止腐败。实行强制休假制度的优点在于,休假期间的工作必须由另外的人员代替,因此前任人员知道自己的工作在以后将被人重新审核,对工作会更加的谨慎,减少舞弊的可能性。

2. 授权控制

授权控制是指对于授权范围内的事予以充分的权利,在授权范围以外的事,则要报上级批准。适当的授权可以调动每一位员工的积极性与创造性。授权分为一般授权和特别授权两种形式:一般授权是对办理一般经济业务时对权利的规定;特别授权是对特别经济业务处理的权利的规定。

实施授权应该做到如下方面:

第一,保持应有的信任。授权应该建立在相互信任的基础上。

第二,明确授权的权利与责任。授权不是分享权利,也不是放弃权利。只有对于授权范围内的事才有充分的权利,并且无论是授权人还是被授权人,都应该明确自身的责任,不能把授权当作是逃避责任的一种方式。

第三,明确各类经济业务的授权程序。

第四,建立反馈控制与检查机制。

定期汇报完成业绩情况,检查授权批准工作的质量。

(二) 人力资源需求计划

1. 职务设置与人员配置

企业内部各单位、各部门应当根据岗位设置现状,结合工作开展需要及时向有关部门提交人力资源需求计划,注明所需人员的职位、数量、专业胜任能力、时间要求以及其他的备注事项。人力资源部门审核后制订出企业的人员招聘计划。

企业应当重视人力资源建设,根据发展战略,结合人力资源现状和未来需求预测,建立人力资源发展目标,制定人力资源总体规划和能力框架,优化人力资源整体布局。

2. 确定人员能力要求

根据职务需求,确定人员能力要求,内容包括:职务、文化程度、技能、经验等。人力资源需求计划可参见表3-1。

表 3-1

人力资源需求计划表

职务设置	人员数量	时间要求	人员能力要求			备注
			文化程度	技能	经验	

三、人力资源的规划与实施

(一) 招聘控制

招聘控制就是对员工流入环节的控制,这一层的严格把关直接影响到员工对所应聘岗位的适应性以及对人才流失的控制。对专业技术有特殊要求的岗位,企业应当要求招聘对象具有相应的从业资格证书,并检查其真实性。在招聘控制中应该注意以下五个关键环节。

1. 成立招聘组

一方面,招聘组成员应该来自公司的不同部门,至少包括:人力资源部、用人部门、公司领导,这样的好处是可以通过各个方面考察应聘者,同时也能应对应聘者提出的问题。另一方面,企业应当派出精兵强将负责招聘,招聘组成员应该了解企业目标、文化、部门功能以及相关人事政策,这样才能严格把关。

2. 招聘方式

企业应当根据人力资源能力框架要求,明确各岗位的职责权限、任职条件,遵循德才兼备、以德为先和公平、公开的原则,通过公开招聘、竞争上岗等多种方式,对关键岗位和紧缺人才进行选拔。招聘工作一般可以按照资格初审、专业知识和综合素质测评、面试与答辩、专家组评审等程序进行。在整个招聘过程中的审核记录和相关资料均需妥善归档保存。另外,企业选聘人员应当实行岗位回避制度。

3. 人才识别

企业在进行人才招聘时应建立一个反映人才能力与企业职位要求吻合程度的综合认知体系。该体系应包括应聘人才的自然情况、受教育程度、以往职位和工作业绩、诚信、人际关系等一系列因素,并根据职位要求分别设定不同的权重,综合评分。把综合评分分成相应的档次,对每一档次的应聘者作进一步的甄别和筛选,尽可能地收集、过滤相关信息,最终研究聘用人选。具体说来,招聘人员应当特别关注招聘人员的以下方面[①]:

(1) 企业招聘人员应当特别关注选聘对象的价值取向。企业与员工共同的价值取向,一方面,职工把企业看成一个共同的生命体;另一方面,企业把职工看做是实现共同目标的重要组成部分,由此形成强大的凝聚力和向心力。

(2) 企业招聘人员应当特别关注选聘对象的责任意识。员工的工作就意味着是一种承诺的责任,合格的工作就是有责任意识的体现。有责任感的员工才有可能出色地完成他的工作,才有可能成为一名优秀的员工。

企业选拔高级管理人员和聘用中层以下员工,应当切实做到因事设岗,以岗选人,避免因人设事或设岗,确保选聘人员能够胜任岗位职责要求。

此外,企业应明确费用开支范围和开支标准,并指定有关责任人对费用实施预算与控制。

4. 员工试用制度

企业应当建立选聘人员试用期制度,对试用人员进行严格考察,促进选聘员工全面了解岗位职责,掌握岗位基本技能,适应工作要求。试用期满考核合格

---

① 梁茂辉.人力资源招聘风险及控制策略[J].商场现代化,2007(7).

后,方可正式上岗;试用期满考核不合格者,应当解除劳动关系。

5. 签订劳动合同

企业确定选聘人员后,应当依法签订劳动合同,建立劳动用工关系。对于在产品技术、市场、管理等方面掌握或涉及关键技术、知识产权、商业秘密或国家机密的工作岗位,应当与岗位员工签订有关岗位保密协议,明确保密义务。

(二) 培训控制

企业人员的培训以提高人员素质、技能为目标。培训控制应该做好以下三个关键环节。

1. 培训计划

企业应当根据实际需要制订培训计划,对培训目的、培训人员、培训时间、培训方式、培训预算等作出适当安排,确保员工专业知识和业务能力达到岗位要求。培训可以采取如下方式:

(1) 岗前培训。人力资源部应对照各职务的人员能力要求,对新进员工或转岗、工作内容发生变化的员工进行岗前培训,使员工达到岗位要求。

(2) 管理培训。该培训分成管理层和员工两个部分,重点对企业固有的管理模式、管理思路进行培训。

(3) 岗位培训。根据相关人员申请进行,以使现有岗位人员知识更新、技能提高。

(4) 文化培训。通过培训将企业文化、道德风尚、风险与控制意识等思想或理念传递给员工。

另外,企业可以采取工作轮换、入职培训和脱产培训等方式对员工进行培训。

2. 培训记录与考核

每次培训必须填好培训实施记录,并对相关培训资料存档,为下次培训改进提供依据。

培训期末应当由培训单位进行考核,并将考核结果及时报企业人力资源管理部门进行评价。对其证明材料和成绩进行备案,为以后业绩考核以及人员晋升提供必要的文字资料。

3. 培训费用的预算与控制

企业的各项费用支出都应该遵循成本效益原则,培训费用支出也不例外。但是,企业不应该忽视培训所带来的长期效益,因此,应该对培训费用进行合理预算,并指定有关责任人对培训费用实施控制。

案例 3-2

杜邦公司的培训体系

杜邦公司拥有一套系统的培训体系。虽然公司的培训协调员只有几个人,但他们却把培训工作开展得有声有色。每年,他们会根据杜邦公司员工的素质、各部门的业务发展需求等拟出一份培训大纲。上面清楚地列出该年度培训课程的题目、培训内容、培训教员、授课时间及地点等。并在年底前将大纲分发给杜邦公司各业务主管。根据员工的工作范围,结合员工的需求,参照培训大纲为每个员工制定一份培训计划,员工会按此计划参加培训。

杜邦公司还给员工提供平等的、多元化的培训机会。每位员工都有机会接受像公司概况、商务英语写作、有效的办公室工作等内容的基本培训。公司还一直很重视对员工的潜能开发,会根据员工不同的教育背景、工作经验、职位需求提供不同的培训。培训范围从前台接待员的"电话英语"到高级管理人员的"危机处理"。此外,如果员工认为社会上的某些课程会对自己的工作有所帮助,就可以向主管提出,公司就会合理地安排人员进行培训。

为了保证员工的整体素质,提高员工参加培训的积极性,杜邦公司实行了特殊教员制。公司的培训教员一部分是公司从社会上聘请的专业培训公司的教师或大学教授、技术专家等,而更多的则是杜邦公司内部的资深员工。在杜邦公司,任何一位有业务或技术专长的员工,小到普通职员,大到资深经理都可作为知识教师给员工们讲授相关的业务和知识。

杜邦公司为每一位员工提供独特的培训,不仅确保员工专业知识和业务能力达到岗位要求。而且,正是通过对每一位员工量体裁衣的培训,来吸引员工,降低员工的流动率和流动倾向。

资料来源:http://www.hainu.edu.cn/upfile/2006/11/wanghua_2007523110228-0.doc。

(三) 离职控制

国外大公司的人力资源部有这样一个新职位叫"旧雇员关系管理"。它设立的基础是:以前的雇员也是公司的财富。曾担任中信证券公司总经理的蒲明书在谈到如何善待离职员工时提出,只要领导人心胸开阔,眼光长远,离职员工仍是公司的人力资源。因此,企业人员的离职控制,应从员工的招聘一直持续到员工的培训、离职,以及离职后的过程。其关键环节如下。

1. 严把招聘关

从招聘人员的那一刻起,就要开始离职控制。在选择雇员的时候,除了考虑专业胜任能力,还要考察其价值观是否与企业相符。

2. 重视员工的职业规划及培训

重视员工的职业规划及培训,能使员工看到自己的发展方向,降低员工的流动率和流动倾向。相反,企业没有健全的人才培训机制,员工看不到自己的发展前途,就会产生离职的倾向。

3. 奖惩机制的合理性

奖励与惩罚并存于企业之中,企业控制应该注意两者的比重。同时,有效的激励机制能增强员工的归属感与忠诚感,降低离职倾向。

4. 离职程序的规范性

(1) 要求其提前向有关部门或人员提交辞职报告,并按规定办理有关离职交接手续。

(2) 企业关键岗位人员离职前,应当根据有关法律、法规的规定进行工作交接或离任审计,如企业董事、经理和其他高级管理人员等。对于企业其他管理人员(如部门主管、敏感岗位人员、财会、采购、销售、仓库人员等)的离任审计,由经理根据实际需要确定。

(3) 企业应当完善员工辞职交接程序,并要求辞职员工退还所有属于企业的财产,包括实物资产和各种信息资料。

5. 运用法律、法规规范人员离职

(1) 法律、法规对企业的规范。企业对经过考核不能胜任岗位要求的员工,应当及时暂停其工作,安排再培训,或调整工作岗位,安排转岗培训;仍不能满足岗位职责要求的,应当按照规定的权限和程序解除劳动合同。企业辞退员工应当符合国家有关法律、法规的规定,由部门负责人或上级主管提出违纪事实报告,并经违纪员工在违纪事实报告上签字确认后,方可实施辞退。对高级管理人员的违纪行为实施辞退处罚,应当经董事会批准后方可执行。

(2) 法律、法规对员工的规范。为了规范员工的离职行为,在其进入企业时应签订劳动合同,合同中包括离职违约金等条款。如果从事的职业技术含量很高,并且是属于研发等职业,在相关人员进入企业时还应该签订竞业限制条款(前置条件),员工离职必须按合同约定履行保密义务,如在规定期限内不能到同行业竞争单位去就业,不能使用相关的客户名单等商业秘密等。

案例 3-3

不可忽视的人力资源——离职员工

世界著名的管理咨询公司——Bain 公司就建有一个前雇员关系数据库,存有北美地区 2 000 多名前雇员资料。而前雇员关系主管的工作,就是跟踪这些人的职业生涯变化情况,甚至包括结婚生子之类的细节。只要是曾在 Bain 公司效力的前雇员,都会定期收到内部通讯,并被邀请参加公司的聚会活动。

麦肯锡公司则把离职员工的花名册称为麦肯锡校友录,其中不乏 CEO、高级管理人员、教授和政治家,麦肯锡从他们那儿获得了大量的商机。说明离职员工同样是企业的人力资源,能从他们那儿可能会给企业带来合作机会。

以生产服务器著称的 SUN 公司 CEO 麦克利尼也说,他为 SUN 培养出众多的 CEO 感到自豪而不是悲戚。因为离职员工在新岗位上的出色表现,是对企业文化的一种反映,也是企业培训的结果。

这三家世界级的公司善待离职员工的做法,值得中国企业学习。

资料来源:http://www.oilnews.com.cn/gb/misc/2002-09/26/content_130711.htm。

四、人力资源考核控制

人力资源考核是内部控制的重要环节。其过程是确定考核目标,制定考核制度,检查完成的工作情况。企业应当制定科学合理的人力资源考核制度,对员工履行职责、完成任务的情况实施全面、公正、准确的考核,客观评价员工的工作表现,引导员工实现企业经营目标。

(一)人力资源考核内容

企业应当根据岗位特征制定不同的考核评价方法。考核内容一般应该涵盖员工的个人素质、工作态度、专业知识、工作能力和工作成果等。

(1) 个人素质:对个人的修养、品德以及身体健康状况作出评价。
(2) 工作态度:对完成任务的态度以及责任感作出评价。
(3) 专业知识:对特定岗位人员的专业知识、专业胜任能力作出评价。
(4) 工作能力:对计划、判断、协调、管理、技能以及进步情况作出评价。
(5) 工作成果:参照职务标准及所承担职务的工作量作出评价。

(二)人力资源考核方式

1. 年终考核

年终考核是指企业于每年年初,对员工上一年度的工作情况进行全面综合的评价。年终考核可以具体分解到季度和月度考核。

2. 专项考核

专项考核是指企业就某一具体项目对所属员工的品德、学识、能力、经验、工作业绩和项目质量等进行的考核。

年终考核和专项考核的结果应当作为员工薪酬水平以及职务晋升、评优、降级和调岗等的依据。

(三)人力资源考核要求

1. 建立顺畅的考核沟通渠道

企业应该及时地与员工进行考核结果的沟通,使员工了解企业对自身的评价结果,了解自身的优点以及与其他员工的差距,并为员工职业发展提供咨询和指导。

2. 建立正式的人力资源考核记录制度

企业应当建立正式的人力资源考核记录制度,确保考核记录完整保存。考核记录能够为企业提供具体、全面了解员工的依据,为制订培训计划以及晋升提供可靠的依据;同时,也能使员工正确地评价和了解自己。

案例 3-4

通用人力资源管理之道

通用电气公司(GE)名列全球五百强第一位,完善的管理、辉煌的业绩,使其得到全球范围的尊敬,1998年、1999年和2000年3年在《福布斯》财富榜上均被评为世界超级100家公司首位;通用电气公司总裁韦尔奇被评为"世纪经理人"。

GE公司这艘企业界航空母舰的管理之道,一直被人们奉为管理学的经典之作,而GE公司的考核制度则是其管理典籍中的重要篇章,从通用电气(中国)公司的考核制度可以发现GE公司考核秘笈的重点所在。

通用电气(中国)公司的考核内容包括"红"和"专"两部分,"红"是考核软性的东西,主要是考核价值观,纵坐标表示;"专"是工作业绩,指其硬性考核部分,横坐标表示;这两个方面综合的结果就是考核的最终结果,可以用二维坐

(续上)

标来表示,如图 3-1 所示。

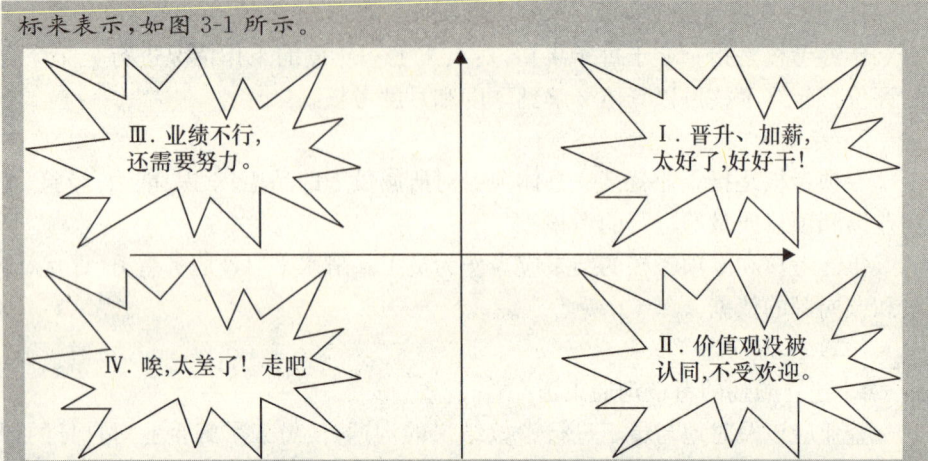

图 3-1　综合考评坐标图

员工的综合考核结果在二维坐标中不同区域时的处理:

(1) 当员工的综合考核结果是在第Ⅳ区域时,即价值观和工作业绩都不好时,处理非常简单,这种员工只能离开。

(2) 综合考核结果在第Ⅲ区域,即业绩一般但价值观考核良好时,公司会保护员工,给员工第二次机会,包括换岗、培训等,根据考核结果制订一个提高完善的计划,在 3 个月后再根据提高计划考核一次,在这 3 个月内员工必须提高完善自己、达到目标计划的要求。如果 3 个月后的考核不合格,员工必须走人。当然这种情况比较少,因为人力资源部在招聘时已经对员工做过测评,对员工有相当的把握与了解,能够加入通用电气公司的都是比较优秀的。

(3) 如果员工的综合考核结果是在第Ⅱ区域时,即业绩好但价值观考核一般时,员工不再受到公司的保护,公司会请他走人。

(4) 如果员工的综合考核结果是在第Ⅰ区域,即业绩考核与价值观考核都优秀,那他(她)就是公司的优秀员工,将会有晋升、加薪等发展的机会。

考核采用全年考核与年终考核结合,贯穿在工作的全年,对员工的表现给予及时的反馈,在员工表现好时及时给予表扬肯定;表现不好时及时与其沟通。

GE 公司要求所有的员工不光工作要突出,而且其所作所为应该符合 GE 公司的价值观。把事情做到又"红"又"专"才是把事情做好。GE 公司的考核体现了全面性。

资料来源:http://www.hainu.edu.cn/upfile/2006/11/wanghua_2007523110228-0.doc。

五、人力资源薪酬与激励机制

（一）人力资源薪酬

企业应当制定与业绩考核挂钩的薪酬制度，切实做到薪酬安排与员工贡献相协调，体现效率优先、兼顾公平。企业薪酬制度应该做到内部的合理与公平，同时兼顾对外的竞争力与吸引力。

1. 企业薪酬的主要形式

企业的薪酬一般由基本工资、绩效工资和年终奖励等组成。基本工资及其变动应当根据企业所在地的生活水平和国家有关规定合理确定，不与其业绩挂钩，并且在整个报酬中所占的分量不应太大；绩效工资应当根据考核结果确定，并明确标准和发放程序，因此应该建立科学合理的考核体系，对员工的业绩进行考核；年终奖励，应当明确奖励的范围、标准和发放程序。

有条件的企业可以实行年金、股权激励等福利与激励计划。年金是一种激励企业人员长期行为的激励因素，因此应该以年度经营业绩为其考核目标。股权激励是指给企业人员一定数量企业股份作为激励手段，因此企业人员的收入与企业的经济效益紧密联系，企业的效益越好，股票价值越高，避免企业人员的逆向选择行为。激励计划也是一种对企业人员长期经营行为的激励方式。

2. 薪酬制度的制定原则

企业可以在董事会下设薪酬委员会，负责制定本单位的薪酬制度，并监督实施。企业在制定薪酬制度时应该考虑以下原则：

（1）根据有关法律、法规、国家统一的会计准则制度的规定，准确确认、计量并发放员工薪酬，并对薪酬发放的真实性、合规性和准确性进行严格的审核，以防虚报冒领等行为。在发放薪酬的同时，企业应当向员工提供薪酬清单，供员工核对确认。

（2）企业在设计薪酬制度时，应当体现对员工的激励作用和对人力资源的保护作用，注重长期激励与短期激励相结合、物质激励与精神激励相结合，应当有利于保持和吸引优秀的人才。

（3）企业应当制定薪酬制度评价机制，及时对薪酬制度的合理性及其执行效果进行评价，并根据评价结果修订完善。企业的薪酬一般不应低于市场平均水平，若薪酬过低，会提高人员的流动性，不利于企业的发展。另外，评价时还应该考虑岗位工资、工作年限和学历等因素。

（4）企业应当根据各职务性质的不同，有区别地制定薪酬制度。例如，对于一般行政管理人员，其每月工作类似，其工作成果也难以量化，因此其薪酬中固定成分相对应该较高；而对于销售人员，其薪酬中固定成分应该相对较低，根据其贡献大小适当拉开收入差距，有利于调动工作的积极性。

（二）人力资源薪酬的激励机制

企业应当建立和完善人力资源的激励约束机制，设置科学的业绩考核指标体系，对各级管理人员和全体员工进行严格考核与评价，以此作为确定员工薪酬、职级调整和解除劳动合同等的重要依据，确保员工队伍处于持续优化状态。

1. 制定公平的激励机制

激励制度应体现公平的原则，要在广泛征求员工意见的基础上出台一套大多数人认可的制度，并且把这个制度公布出来，在激励中严格按制度执行并长期坚持。

2. 多种激励机制的综合运用

物质激励与精神激励相结合。美国管理学家皮特就曾指出："重赏会带来副作用，因为高额的奖金会使大家彼此封锁消息，影响工作的正常开展，整个社会的风气就不会正。"因此企业单用物质激励不一定能起作用，必须把物质激励和精神激励结合起来才能真正地调动广大员工的积极性。

3. 充分考虑员工的个体差异，实行差别激励

例如，可以采用工作激励，尽量把员工放在他所适合的位置上，以增强员工工作的积极性。

案例 3-5

沃尔玛的"合伙制"人力资源管理

自1993年以来，国际零售业巨头——沃尔玛一直以年均销售额增长30%的骄人业绩雄居世界十大零售商排行榜首位，被世界誉为"一艘不沉的航空母舰"。

伴随着沃尔玛的全球扩张战略，20世纪90年代，沃尔玛在选拔和配置其管理人员时，根据不同的情况有选择地采取了以下四种用人政策：民族化政策，即公司中所有重要职位均由公司所在国的本国人担任；地方化政策，即子公司中所有重要职位均由子公司所在地的当地人担任；区域化政策，即在一定区域范围内，如亚洲、欧洲等挑选有才干的能胜任的人担任公司的重要职位；全球化政策，在全世界范围内遴选公司管理人员。

第三章 内部控制环境

（续上）

　　员工录用：自由雇用是美国式人力资源管理的基础。在沃尔玛，职工招录与选用实行企业与求职者双向选择。对于招聘一些高级管理人员，总部的总裁大多会亲自参与求职者的面试。

　　沃尔玛高层认为十分有必要将责任和职权下授给第一线的工作人员，尤其是清理货架和经常接触顾客的部门经理。沃尔玛采取"店中有店"的方法（每个人所负责的区域就是一个"店"，每个人就是自己店的总经理），授权部门经理管理自己的业务，只要能力足够，这些"店中店"被允许有极高的销售额。在此基础上，沃尔玛认为信息共享下的授权才会真正起作用。对于员工来说，所有的资料如经营方式、采购价格、运输成本和利润等都是透明的，以达到有效的监督目的。

　　在进行人力资源开发时，除继续强化培训、职位晋升等传统手段外，还辅之以下述方式：通过引入建设性的人事管理机制，使员工工作不断地丰富化扩大化，从而使员工感到工作更富挑战性，并尽可能地为员工提供更多的工作轮换机会。由此实现人力资源开发手段的立体化。

　　寓教于乐的培训方式：沃尔玛采用的主要是经验式培训，以生动活泼的游戏和表演为主，训练公司管理人员"跳出框外思考"。

　　跳跃式职位晋升：与东方的论资排辈式晋升相比，在沃尔玛，晋升主要以工作绩效为根据。

　　技能套餐化管理：在沃尔玛，公司管理层要求每位员工都要掌握多样技能，通过加强员工对于整体工作运行的普遍性认识的多技能培训，保持工作的高效无误。

　　工资、福利、保险：沃尔玛的工资标准由劳资双方代表谈判、签订集体合同而定。员工们的工资一般由基本工资与浮动工资组成。基本工资是根据岗位测评和市场风险确定的相对稳定的报酬。浮动工资包括激励性工资和福利性津贴。提高附加福利包括年金计划、医疗保险、人寿保险、病假工资、信贷协会以及其他职业安全健康项目。

　　1971年，沃尔玛开始实施一项利润分享计划，在公司1年以上以及每年至少工作1 000小时的员工都有资格参与利润分享。沃尔玛运用一个与利润增长相关的公式，把每个够格的员工工资的一个百分比归入他的计划，员工们离开公司时可取走这个份额——或以现金方式，或以沃尔玛公司股票方式。"雇员拥有股票计划"是沃尔玛劳资关系中员工参与管理的一种做法。

　　我们认为，沃尔玛的人力资源控制的成功之处在于：

　　(1) 沃尔玛的四种用人政策：民族化政策、地方化政策、区域化政策、全球化政策，是根据不同的情况采取不同的用人政策，符合企业的发展战略。

(续上)

(2) 招聘一些高级管理人员,总部的总裁大多会亲自参与求职者的面试。这样进行的招聘有利于降低招聘风险。

(3) 沃尔玛将责任和职权下授给第一线的工作人员,适当的授权调动了每一个员工的职权、积极性和创造性。同时,信息共享下的授权,体现了企业高层与员工之间的相互信任,能使员工产生责任感与参与感。

(4) 沃尔玛采用立体化的人力资源开发手段,使员工得到全面发展:寓教于乐的培训方式,使培训效果更好;技能套餐化管理,使每一位员工的能力都更加全面;工作的不断扩大化以及工作轮换制度,使员工感到工作的挑战性。但是,沃尔玛的人力资源开发手段具有其独特性,技能多样化与技能专业化是否相矛盾,并不是每个企业都适用技能多样化这一套培训方式。

(5) 沃尔玛的薪酬与激励机制:工资标准由劳资双方代表谈判,签订集体合同而定,使薪酬制定具有一定的合理性;晋升与绩效挂钩,提高员工工作的积极性;全员参与利润分享计划、雇员拥有股票计划,体现了一种长期行为的激励方式,使员工成为企业的主人翁,调动员工的积极性,同时是吸引员工、留住员工的一种方式。

资料来源:庞玉静,许政.沃尔玛的"合伙制"人力资源管理[J].人事管理,2002(190)。

第四节 企业文化

企业文化是指企业在生产经营实践中逐步形成的、为整个团队所认同并遵守的价值观、经营理念和企业精神,以及在此基础上形成的行为规范的总称。企业文化是企业可持续发展的软实力,没有文化的企业是没有生命力的企业。

内部控制与企业文化是一种相互促进的关系,一方面,企业内部控制的执行有赖于企业文化建设的支持,因为企业文化增强员工的认同感,提高员工的自觉性与主观能动性;另一方面,完善的内部控制制度能够推动企业文化的进一步发展。只有将两者紧密地结合起来才能完善企业管理、提高企业竞争力。

一、企业文化概述

美国学者约翰·科特和詹姆斯·赫斯科特认为,企业文化"是指一个企业中各个部门,至少是企业高层管理者们所共同拥有的那些企业价值观念和经营实践。它是企业中一个分部的各个职能部门或地处不同地理环境的部门所拥有的那种共通的文化现象"。中国企业文化研究会常务理事长张大中认为:"企业文化是一种新的现代企业管理理论,企业要真正步入市场,走出一条发展较快、效益较好、整体素质不断提高、使经济协调发展的路子,就必须普及和深化企业文化建设。"中国社会科学院工业经济研究所研究员韩岫岚认为:"企业文化有广义和狭义两种理解。广义的企业文化是指企业所创造的具有自身特点的物质文化和精神文化;狭义的企业文化是企业所形成的具有自身个性的经营宗旨、价值观念和道德行为准则的综合。"[①]

企业文化的建设要实现一种软约束,使员工达到自控自律,同时也要实现一种强制约束,使个体员工产生"自责"(如果不遵守企业文化就对不起组织),并形成一种舆论,这种舆论的作用可能会大于某些行为规范。

(一) 企业文化失控风险

企业至少应当关注文化建设的下列风险:

(1) 缺乏积极向上的价值观、为社会创造财富并积极履行社会责任的企业精神,可能导致员工丧失对企业的认同感,企业缺乏凝聚力和竞争力。企业文化在一定程度上反映了一个企业领导人的理念,如果他的理念与社会发展的方向不一样,如损人利己、损害公众利益等,则必然会被大多数人所摒弃,企业会陆续失去其核心资源,最终缺乏竞争力。

(2) 缺乏开拓创新、团队协作和风险意识,可能导致企业发展目标难以实现,影响可持续发展。开拓创新、团队协作和风险意识是当今企业文化中较为核心的因素,开拓创新的精神可以帮助企业先于竞争者找到经营优势,团队协作体现出企业中人与人之间相处的和谐关系,可以使企业在面临困境时集思广益寻求出路,良好的风险意识可以使企业免于不必要的损失。

(3) 缺乏诚实守信的经营理念,可能导致舞弊事件的发生,造成企业损失,影响企业信誉。企业应当秉承诚实守信的经营理念,取信于消费者,有利于企业的长期生存。

(4) 忽视企业并购重组中的文化差异和理念冲突,可能导致并购重组失败。企业介于一定的战略目的进行并购重组,但不同的企业有不同的文化理念,文化理念的相悖不利于企业的融合,因此在并购重组前,各方都不能忽视文化的重要性,应广泛地进行协调,达到最终目的。

[①] 王秀萍,赵锋.论企业文化与内部控制[J].华东船舶工业学院学报(社会科学版),2004(3).

(二)企业文化建设的关键环节

企业应当采取切实有效的措施,培育具有自身特色的企业文化,引导和规范员工行为,打造主业品牌,形成整体团队的向心力,促进企业长远发展。关键环节主要有如下方面:

(1)企业文化的培养。企业应当重视文化建设在实现发展战略中不可或缺的作用,加大投入力度,健全保障机制,防止和避免形式主义。

(2)企业文化的评估。企业应当建立文化评估制度,分析总结文化在企业发展中的积极作用,研究发现不利于企业发展的文化因素,及时采取措施加以改进。

二、企业文化的培育

(一)培育适用于企业的文化

企业应当根据发展战略和自身特点,总结优良传统,挖掘文化底蕴,提炼核心价值,确定文化建设的目标和内容。企业文化的创建,要适应企业实际,并且应该重视内部控制的企业文化,借助"以人为本"的企业文化来激励员工,使员工的个人目标与集体目标相一致。

(二)企业主要负责人在文化建设中的作用

企业主要负责人的言行以及价值观决定着企业文化建设的形式和内容,同时企业主要负责人的品格和工作作风是企业文化的一种导向,企业文化的建设受到企业主要负责人个人意志和素质的影响,进而影响到企业内部控制的效率和效果。企业制定的任何制度都不可能超越那些设立制度的人,企业文化建设也不会超越确立企业文化方向的人的价值观与素质。因此,企业在文化建设中应该注意企业主要负责人的选择。企业主要负责人的优秀品格和脚踏实地的工作作风能够带动影响整体团队,共同营造积极向上的文化环境;相反,一个与企业价值观不符、不能以身作则的负责人,是对企业文化建设的一种负面影响。因此,企业应该选好企业主要负责人,让踏实敬业的、与企业价值观相符的人担任企业的主要负责人。

(三)将企业文化建设融入到企业经营活动中

企业文化建设要注重实质与形式的有机结合。把企业的核心价值观采用文字的形式表现出来,有利于传达企业负责人的理念,但是一个准确全面的企业文化的描述,不等于企业的员工就能理解与自觉遵守。企业文化建设应该注重实质与形式的有机结合,将企业文化建设融入企业经营活动中,因为企业文化需要长期培育,才能转化为全体员工的自觉行为。

三、企业文化的评估

企业应通过以下几个方面对企业文化进行评估:

(1) 分析总结文化在企业发展中的积极作用,研究发现不利于企业发展的文化因素,及时采取措施加以改进。

(2) 关注企业核心价值的员工认同感、企业品牌的社会认可度、参与企业并购重组各方文化的融合,以及员工对企业未来发展的信心。

(3) 促进文化建设效果在内部各层级的有效沟通,为改进企业文化提供依据。

案例 3-6

松下企业文化

松下精神并不是公司创办之日一下子产生的,它的形成有一个过程。在第一次创业纪念仪式上,松下电器公司确认了自己的使命与目标,并以此激发职工奋斗的热情与干劲。

松下电器公司首先于 1933 年 7 月制定并颁布了"五条精神",其后在 1937 年又议定附加了两条,形成了松下七条精神:产业报国的精神、光明正大的精神、团结一致的精神、奋斗向上的精神、礼仪谦让的精神、适应形势的精神和感恩报德的精神。

松下电器公司非常重视对员工进行精神价值观即松下精神的教育训练,教育训练的方式可以做如下的概括:

一是反复诵读和领会。作为公司领导人的松下幸之助相信,把公司的目标、使命、精神和文化,让职工反复诵读和领会,是把它铭记在心的有效方法,所以每天上午 8 时,松下电器公司遍布日本的 87 000 名职工同时诵读松下七条精神,一起唱公司歌。其用意在于让全体职工时刻牢记公司的目标和使命,时时鞭策自己,使松下精神持久地发扬下去。

二是所有工作团体成员,每一个人每隔 1 个月至少要在他所属的团体中,进行 10 分钟的演讲,说明公司的精神和公司与社会的关系。松下电器公司认为,说服别人是说服自己最有效的办法。在解释松下精神时,松下电器公司有一句名言:如果你犯了一个诚实的错误,公司非常宽大,把错误当作训练费用,从中学习;但是你如果违反公司的基本原则,就会受到严重的处罚——解雇。

（续上）

三是隆重举行新产品的出厂仪式。松下电器公司认为，当某个集团完成一项重大任务的时候，每个集团成员都会感到兴奋不已，因为从中他们可以看到自身存在的价值，而这时便是对他们进行团结一致教育的良好时机。所以每年正月，松下电器公司都要隆重举行新产品的出厂庆祝仪式。这一天，职工身着印有公司名称字样的衣服大清早来到集合地点，松下幸之助常常即兴挥毫书写清晰而明快的文告，如："新年伊始举行隆重而意义深远的庆祝活动，是本年度我们事业蒸蒸日上兴旺发达的象征"。在松下幸之助向全体职工发表热情的演讲后，职工分乘各自分派的卡车，满载着新出厂的产品，分赴各地有交易关系的商店，商店热情地欢迎和接收公司新产品，公司职工拱手祝愿该店繁荣，最后，职工返回公司，举杯庆祝新产品出厂活动的结束。松下幸之助相信，这样的活动有利于发扬松下精神，统一职工的意志和步伐。

四是"入社"教育。进入松下电器公司的人都要经过严格的筛选，然后由人事部门掌握开始进行公司的"入社"教育，首先要郑重其事地诵读、背诵松下宗旨、松下精神，学习公司创办人松下幸之助的"语录"，学唱松下电器公司之歌，参加公司创业史"展览"。为了增强员工的适应性，也为了使他们在实际工作中体验松下精神，新员工往往被轮换分派到许多不同性质的岗位上工作，所有专业人员，都要从基层做起，每个人至少用 3～6 个月时间在装配线或零售店工作。

五是管理人员的教育指导。松下幸之助常说："领导者应当给自己的部下以指导和教诲，这是每个领导者不可推卸的职责和义务，也是在培养人才方面的重要工作之一。"与众不同的是，松下电器公司有自己的"哲学"，并且十分重视这种"哲学"的作用。松下哲学既为松下精神奠定思想基础，又不断丰富松下精神的内容。按照松下哲学，企业经营的问题归根到底是人的问题，人是最为尊贵的人，人如同宝石的原矿石一样，经过磨制，一定会成为发光的宝石，每个人都具有优秀的素质，要从平凡人身上发掘不平凡的品质。

松下电器公司实行终身雇佣制度，认为这样可以为公司提供一批经过二三十年锻炼的管理人员，这是发扬公司传统的可靠力量。为了用松下精神培养这支骨干力量，公司每月举行一次干部学习会，互相交流、互相激励、勤勉律己。松下电器公司以总裁与部门经理通话或面谈而闻名，总裁随时会接触到部门的重大难题，但并不代替部门作决定，也不会压抑部门管理的积极性。

六是自我教育。松下电器公司强调，为了充分调动人的积极性，经营者要具备对他人的信赖之心。从这样的认识出发，公司把在职工中培育松下精神的基点放在自我教育上，认为教育只有通过受教育者的主动努力才能取得成

第三章　内部控制环境

（续上）

> 效。上司要求下属要根据松下精神自我剖析，确定目标。每个松下人必须提出并回答这样的问题："我有什么缺点？""我在学习什么？""我真正想做什么？"等等，从而设置自己的目标，拟订自我发展计划。有了自我教育的强烈愿望和具体计划，职工就能在工作中自我激励，思考如何创新，在空余时间自我反省、自觉学习。为了便于互相启发、互相学习，公司成立了研究俱乐部、学习俱乐部、读书会、领导会等业余学习组织。在这些组织中，职工可以无拘无束地交流学习体会和工作经验，互相启发、互相激励奋发向上的松下精神。
>
> 松下精神，作为使设备、技术、结构和制度运转起来的科学研究的因素，在松下电器公司的成长中形成，并不断得到培育强化，它是一种内在的力量，是松下电器公司的精神支柱，它具有强大的凝聚力、导向力、感染力和影响力，它是松下电器公司成功的重要因素。
>
> 成功的企业文化有一种导向作用，使职工的奋斗目标统一于企业的经营目标。松下电器公司的企业文化就有一种强大的凝聚力、导向力、感染力和影响力，使职工产生了认同感、归属感及安全感，起到了一种激励作用。
>
> 资料来源：http://www.xici.net/b626874/d37298858.htm。

第五节　社 会 责 任

良好的社会责任感不仅有助于增强企业的影响力，而且可以对员工形成积极的暗示，即可以提供推进内部控制的环境建设，而内部控制的设计与实施同样需要社会责任的督促与保障[①]。

一、社会责任概述

社会责任是指企业在经营发展过程中应当履行的社会职责和义务，主要包括安全生产、产品质量（含服务，下同）、环境保护、资源节约、促进就业、员工权益保护等。一个组织应以一种有利于社会的方式进行经营和管理。社会责任通常是指组织承担的高于组织自己目标的社会义务。如果一个企业不仅承担了法律上和经济上的义务，还承担了"追求对社会有利的长期目标"的义务，我们就说该企业是有社会责任的。社会责任包括企业环境保护、社会道德以及公共利益等

---

① 王志永，高强，常国雄. 企业社会责任与内部控制互动机制研究[J]. 企业活力，2008(12).

方面,由经济责任、持续发展责任、法律责任和道德责任等构成。《企业内部控制应用指引》所称社会责任是指企业在发展过程中应当履行的社会职责和义务,主要包括安全生产、产品质量、环境保护与资源节约等。

(一) 企业履行社会责任的目标

企业应正确履行社会责任,实现企业与社会的协调发展。社会责任日益成为企业关注的焦点。在我国,社会责任也日益受到重视,特别是2006年9月,深圳证券交易所颁布了《上市公司社会责任指引》,鼓励上市公司2006年在披露年报的同时披露社会责任报告。企业不仅要建立和完善履行社会责任的约束机制,更重要的是要将社会责任融入企业的经营过程中去,在内部控制中兼顾社会责任,社会责任的理念可以指导企业内部控制的设计、运行与评价,这样的内部控制才更有效率,更有益于企业的长远发展。

(二) 社会责任失控风险

企业履行社会责任至少应当关注下列风险:

(1) 安全生产措施不到位,安全生产责任不落实,可能导致企业发生安全事故。

(2) 产品质量低劣,侵害消费者利益,可能导致企业巨额赔偿、形象受损甚至破产。

(3) 环境保护投入不足、资源耗费大,造成环境污染或资源枯竭,可能导致企业巨额赔偿、缺乏发展后劲,甚至停业。

(4) 促进就业和员工权益保护不够,可能导致员工积极性受挫,影响企业发展和社会稳定。

(三) 企业社会责任履行的关键环节

企业应当增强作为社会成员的责任意识,在追求自身经济效益、保证实现发展战略的同时,重视对国家和社会的贡献,自觉地将短期利益与长期利益、自身发展与社会全面均衡发展相结合,切实履行社会责任。关键环节应该做好:安全生产、严把产品质量关、注重环境保护与资源节约。

二、安全生产

(一) 建立安全生产管理体系和操作规范

企业应当根据国家有关安全生产的规定,结合本企业实际情况,建立严格的安全生产管理体系、操作规范和应急预案,强化安全生产责任追究制度,切实做到安全生产。企业应当设立安全生产委员会或类似机构负责安全生产管理工作。同时,企业应该将安全生产管理体系落实到"人"。从企业主要负责人开始,到管理人员、技术人员,直到每一位员工,都要落实其安全职责范围,人人都有管理安全的权利和义务,这样才能保证企业的安全目标得到实现。

(二) 重视安全生产工作

为什么在同一单位,并不是所有部门安全事故都多?为什么在同等条件下,安全事故多发的单位,换领导加强安全控制后,安全事故明显减少?归根结底,安全事故的发生与否源于企业与员工对安全的重视程度。企业重视安全生产应该从以下几个方面开始着手。

1. 树立安全生产的目标

企业必须树立安全生产的目标,这种目标是企业整体价值观的体现。企业生产的安全目标还应该体现为一些具体数据,如安全运行天数。

2. 必要的安全控制手段

(1) 安全培训教育。企业应当贯彻预防为主的原则,采用多种形式增强员工安全意识,重视岗位培训,对于特殊岗位实行资格认证制度。可以对员工进行安全知识教育、典型事故案例教育来提高员工安全意识。

(2) 安全考核制度。定期进行安全考核,对于认真贯彻执行安全法律、法规,认真执行企业安全生产规章制度的部门及员工给予奖励;对于违章、发生安全事故的部门要予以严惩,惩罚一定要及时、有力度,起到警示作用。

3. 加强安全生产投入

企业应当重视安全生产投入,在人力、物力、资金、技术等方面提供必要的保障,健全检查监督机制,确保各项安全措施落实到位,不得随意降低保障标准和要求。严格执行对安全生产的必要保障标准。这样可能会加大企业的成本,一些企业鉴于成本原因会减少安全生产的投入,可事实证明,一旦出现安全问题,其成本是很大的,经济损失不说,社会不良影响足以使企业难以东山再起。

企业应当加强生产设备的经常性维护管理,及时排除安全隐患。

企业如果发生生产安全事故,应当按照安全生产管理制度妥善处理,排除故障,减轻损失,追究责任。重大生产安全事故应当启动应急预案,同时按照国家有关规定及时报告,严禁迟报、谎报和瞒报。

三、产品质量

企业应当根据国家和行业相关产品质量的要求,从事生产经营活动,切实提高产品质量和服务水平,努力为社会提供优质、安全、健康的产品和服务,最大限度地满足消费者的需求,对社会和公众负责,接受社会监督,承担社会责任。

(一)产品质量标准

产品质量就是产品的使用价值,它是指产品满足社会和个人需要所具备的那些属性。要对产品质量进行控制,首先应该明确产品的质量标准。第一,考虑顾客的要求。顾客的要求包括对产品功能、外观的要求,只有满足了顾客的要求,产品才能有真正意义上的质量。第二,产品标准还应该考虑法规规定和安全标准要求。

(二)严格规范生产流程,加强生产过程的质量控制

1. 人员控制

操作人员必须经过培训,建立一定的考核标准,考试合格后方可上岗。

2. 设备控制

生产设备的好坏,直接影响产品的质量,因此应对生产设备进行控制管理,对生产设备即时维修、定期检查、合理使用。

3. 工艺过程控制

加强对工艺过程的技术改造,以提高产品质量。

(三)建立严格的质量控制和检验制度

1. 原材料质量检验控制

对原材料的质量检验控制是从源头上控制产品质量的关键手段。

2. 工序检验控制

严格每道生产工序的检验,以保证产品生产过程的每一个程序。

3. 产成品质量检验控制

严格按照产品质量标准对成品进行质量检验,严把产品质量关,禁止缺乏质量保障、危害人民生命健康的产品流向社会。

(四)加强对售后产品的服务

建立完善的售后服务体系,对售后发现有严重质量缺陷、隐患的产品,应当及时予以召回或采取其他有效措施,最大限度地降低或消除缺陷、隐患产品对社会的危害。

企业应当妥善处理消费者提出的投诉和建议,切实保护消费者权益。

四、环境保护与资源节约

对环境管理控制而言,其涉及的控制业务主要包括:企业环保文化、环境政策和法规的执行、环境质量控制、污染预防与治理控制、污染物利用控制和清洁

生产控制等。①

企业应当按照国家有关环境保护与资源节约的规定,结合企业实际情况,建立环境保护与资源节约制度,认真落实节能减排责任,积极开发和使用节能产品,发展循环经济,降低污染物排放,提高资源综合利用效率。企业应通过宣传教育等有效形式,不断提高员工对环境保护和资源节约的意识。

(一)重视生态保护

企业要加大对环保工作的人力、物力、财力的投入和技术支持,不断改进工艺流程,降低能耗和污染物排放水平,实现清洁生产。并且,应当加强对废气、废水、废渣的综合治理,建立废料回收和循环利用制度。

(二)重视资源节约和资源保护

企业要着力开发利用可再生资源,防止对不可再生资源进行掠夺性或毁灭性开发。需重视国家产业结构相关政策,特别关注产业结构调整的发展要求,加快高新技术开发和传统产业改造,切实转变发展方式,实现低投入、低消耗、低排放和高效率。

(三)建立环境保护和资源节约的监控制度

企业应当建立环境保护和资源节约的监控制度,定期开展监督检查,发现问题,及时采取措施予以纠正。污染物排放超过国家有关规定的,企业应当承担治理或相关法律责任。

发生紧急、重大环境污染事件时,应当启动应急机制,及时报告和处理,并依法追究相关责任人的责任。

五、促进就业与员工权益保护

企业应当依法保护员工的合法权益,贯彻人力资源政策,保护员工依法享有劳动权利和履行劳动义务,保持工作岗位相对稳定,积极促进充分就业,切实履行社会责任。企业应避免在正常经营情况下批量辞退员工,增加社会负担。

(一)员工薪酬保障

企业应当与员工签订并履行劳动合同,遵循按劳分配、同工同酬的原则,建立科学的员工薪酬制度和激励机制,不得克扣或无故拖欠员工薪酬。同时,建立高级管理人员与员工薪酬的正常增长机制,切实保持合同水平,维护社会公平。

企业应当及时办理员工社会保险,足额缴纳社会保险费,保障员工依法享受社会保险待遇。

---

① 耿建新,刘长翠.企业环境保护内部控制制度研究[J].审计与经济研究,2004(3).

(二)员工健康保障

企业应当按照有关规定做好健康管理工作,预防、控制和消除职业危害;按期对员工进行非职业性健康监护,对从事有职业危害作业的员工进行职业性健康监护。企业应当遵守法定的劳动时间和休息、休假制度,确保员工的休息、休假权利。

(三)员工权益保障

企业应当加强职工代表大会和工会组织建设,维护员工合法权益,积极开展员工职业教育培训,创造平等发展机会。企业应当尊重员工人格,维护员工尊严,杜绝性别、民族、宗教、年龄等各种歧视,保障员工身心健康。

此外,企业应当按照产、学、研、用相结合的社会需求,积极创建实习基地,大力支持社会有关方面培养、锻炼社会需要的应用型人才;积极履行社会公益方面的责任和义务,关心帮助社会弱势群体,支持慈善事业。

案例 3-7

三鹿奶粉事件折射企业社会责任缺失

2008年9月11日,三鹿毒奶粉的始作俑者被新华网曝光,同时7名患儿的父母联名上书甘肃省卫生厅要求彻查病因。由此,席卷全国的三鹿奶粉风暴开始了。以该事件为导火索,伊利、蒙牛、光明等几乎所有中国乳产品行业的乳制品中都发现了三聚氰胺,这不仅导致我国废止了食品免检制度,还导致了石家庄市委书记、市长等一大批高官被免职,国家质量监督检验检疫总局局长辞职等事件。

2008年9月11日的事件充分反映了三鹿高层对此次毒奶粉事件的态度。该日凌晨3时,三鹿作为毒奶粉的始作俑者被新华网曝光,同时7名患儿父母联名写下了申请书,上书甘肃省卫生厅,要求彻查病因;10时、13时、19时,三鹿集团、三鹿集团合作公司以及三鹿集团传媒部部长崔彦锋对媒体和消费者回应:三鹿所有产品都是没有问题的;20时50分,中国卫生部确认三鹿生产的三鹿牌婴幼儿配方奶粉受到三聚氰胺污染;21时30分,三鹿集团终于发布产品召回声明,称经公司自检发现2008年8月6日前出厂的部分批次三鹿婴幼儿奶粉受到三聚氰胺的污染,市场上大约有700吨。

从问题被人揭发,到下注赌事件不会扩大从而三次矢口否认问题的存在,再到卫生部的权威消息,最后自己被迫承认。三鹿高管的诚信度可见一斑。

(续上)

在承认问题奶粉的第二天,三鹿选择了为自己的错误开脱。三鹿发布公告,称此事件是由于不法奶农为获得更多利润而向鲜奶中掺入三聚氰胺,并宣称通过对产品大量深入检测排查在8月1日就得出结论:是不法奶农向鲜牛奶中掺入三聚氰胺造成婴儿患肾结石,不法奶农才是这次事件的真凶并立即上报,而且通过卫生部发布会召回婴幼儿奶粉的声明。几小时后,三鹿集团品牌管理部苏长生发布消息,称三鹿奶制品的蛋白质含量目前依靠检测氮含量,奶农向鲜奶中添加三聚氰胺来提高氮含量。由于目前对三聚氰胺的检测没有标准,因此三鹿集团也没有检测。

此次三鹿毒奶粉事件的发生,反映了几乎全行业社会责任的缺失。几乎所有乳品行业的乳制品中都发现三聚氰胺,企业都为了自身的利益把消费者的健康放在一边。这次事件反映出了大多数乳品行业对产品质量的监管不力,其主要责任应该归咎于企业管理者对社会责任缺失,没有产品质量保证意识。企业应该提高社会责任意识,只有这样才能从根本上改善内部控制环境。

资料来源:李若山,陈策.内部控制、产品质量与企业存亡——基于三鹿奶粉事件的反思[J].审计与理财,2009(1)。

第四章　资金与资产控制

资金与资产以及工程项目的管理是企业财务管理的重要内容,也是企业内部控制的重要环节。资金管理主要是对货币资金的管理,资产管理主要是对存货、固定资产、无形资产的管理,工程项目主要是对自行或者委托其他单位所进行的建造、安装活动的管理。加强对资金和资产的控制,有利于保护资金安全,提高资金使用效率,加强对工程项目的控制及规范工程项目管理,有利于提高工程项目质量,保证工程项目进度,防范商业贿赂。

第一节　资金活动

资金活动是指企业筹资、投资和资金营运等活动的总称。资金活动控制的目标在于促进企业正常组织资金活动,防范和控制资金风险,保证资金安全,提高资金使用效益。

一、资金活动控制概述

(一)资金活动失控风险

企业至少应当关注涉及资金管理的下列风险:

(1)筹资决策不当,引发资本结构不合理或无效融资,可能导致企业筹资成本过高或债务危机的风险。

(2)投资决策失误,引发盲目扩张或丧失发展机遇,可能导致资金链断裂或资金使用效益低下的风险。

(3) 资金调度不合理、营运不畅,可能导致企业陷入财务困境或资金冗余的风险。

(4) 资金活动管控不严,可能导致资金被挪用、侵占、抽逃或遭受欺诈的风险。

(二) 资金活动控制的关键环节

企业在建立与实施资金内部控制中,至少应当强化对下列关键方面或者关键环节的控制:

(1) 企业应当根据自身发展战略,科学确定投、融资目标和规划,完善严格的资金授权、批准、审验等相关管理制度,加强资金活动集中归口管理,明确筹资、投资、营运等各环节的职责权限和岗位分离要求,定期或不定期检查和评价资金活动情况,落实责任追究制度,确保资金安全和有效运行。

(2) 企业财会部门负责资金活动的日常管理,参与投、融资方案等可行性研究。总会计师或分管会计工作的负责人应当参与投、融资决策过程。

(3) 企业有子公司的,应当采取合法有效措施,强化对子公司资金业务的统一监控。有条件的企业集团,应当探索财务公司、资金结算中心等资金集中管控模式。

二、筹资控制

筹资是指企业为了满足生产经营发展需要,通过银行借款或者发行股票、债券等形式筹集资金的活动。加强对筹资活动的控制,有利于企业提高资金使用效益,保证资金安全,防范资金链条断裂。筹资业务的内部控制目标,在于控制筹资风险,降低筹资成本,防止筹资过程中的差错与舞弊。

(一) 筹资控制概述

企业至少应当关注涉及筹资活动的下列风险:

(1) 筹资活动违反国家法律、法规,可能遭受外部处罚、经济损失和信誉损失的风险。

(2) 筹资活动未经适当审批或超越授权审批,可能因重大差错、舞弊、欺诈而导致损失的风险。

(3) 筹资决策失误,可能造成企业资金不足、冗余或债务结构不合理的风险。

(4) 债务过高和资金调度不当,可能导致企业不能按期偿付债务的风险。

(5) 筹资记录错误或会计处理不正确,可能造成债务和筹资成本信息不真实的风险。

(二)筹资关键控制点

企业在建立与实施筹资活动内部控制中,至少应当强化对下列关键方面或者关键环节的控制:

(1)职责分工、权限范围和审批程序应当明确规范,机构设置和人员配备应当科学合理。

(2)筹资决策、执行与偿付等环节的控制流程应当清晰合理,筹资方案的拟订与审批、筹资合同协议的审核和签订、筹集资金的收取与使用、还本付息的审批与办理等应当有明确规定。

(三)岗位分工与授权批准

1. 岗位分工

(1)企业应当建立筹资业务的岗位责任制,明确有关部门和岗位的职责、权限,确保办理筹资业务的不相容岗位相互分离、制约和监督。同一部门或个人不得办理筹资业务的全过程。筹资业务的不相容岗位至少包括:① 筹资方案的拟订与决策。② 筹资合同或协议的审批与订立。③ 与筹资有关的各种款项偿付的审批与执行。④ 筹资业务的执行与相关会计记录。

(2)企业应当配备合格的人员办理筹资业务。办理筹资业务的人员应具备必要的筹资业务专业知识和良好的职业道德,熟悉国家有关法律、法规、相关国际惯例及金融业务。

案例 4-1

他们被股票拉下马

某省纪委公布了 A 集团股份有限公司、B 股份有限公司、C 实业股份有限公司股票发行案件中涉案人员的查处情况。

这次公布了对涉案的三名副厅级干部的查处结果。经查,贾某在任省政府办公厅秘书处处长期间,购买 A 公司内部职工股票 1 万股,从中获利 4 万元,还利用工作之便收受 A 公司所送的现金 5 万元。叶某在省体改委任职期间低价购买 B 股份有限公司内部职工股 1 万股,从中获利 20.373 万元,并利用职务之便为亲友向企业索要赞助 3 万元。齐某在任省委财经办公室主任

第四章 资金与资产控制

（续上）

> 期间,收受 C 实业公司内部职工股票 5 000 股和低价购买 C 实业公司内部职工股票 5 000 股,从中获利 20.50 万元。
>
> 　　从表面上看,这三家企业只是内部职工股的发售出了问题,但从深层看,这三家企业的内部控制存在很大漏洞,几乎形同虚设。股票的发行工作应由专人负责,做到职责分离;股票的发行数量、发行价格和发行对象等都应有所计划,并经过董事会的审议通过,由专人负责实施。对于发行股票筹集到的资金又必须由专门人员负责管理。
>
> 资料来源:朱荣恩.内部控制案例[M].上海:复旦大学出版社,2005。

2. 授权批准

（1）企业应当对筹资业务建立严格的授权批准制度,明确授权批准方式、程序和相关控制措施,规定审批人的权限、责任以及经办人的职责范围和工作要求。

（2）企业应当制定筹资业务流程,明确筹资决策、执行、偿付等环节的内部控制要求,并设置相应的记录或凭证,如实记载各环节业务的开展情况,确保筹资全过程得到有效控制。

（3）企业应当建立筹资决策、审批过程的书面记录制度以及有关合同或协议、收款凭证、支付凭证等资料的存档、保管和调用制度,加强对与筹资业务有关的各种文件和凭据的管理,明确相关人员的职责、权限。

（四）筹资决策控制

企业应当建立筹资业务决策环节的控制制度,对筹资方案的拟订设计、筹资决策程序等作出明确规定,确保筹资方式符合成本效益原则,筹资决策科学、合理。同时,企业应当建立筹资决策责任追究制度,明确相关部门及人员的责任,定期或不定期地进行检查。

1. 筹资方案拟订设计的控制

（1）企业应当根据筹资目标和规划,结合年度全面预算,拟订筹资方案,明确筹资用途、规模、结构和方式等相关内容,对筹资成本和潜在风险作出充分估计。

（2）企业拟订筹资方案,应当考虑企业经营范围、投资项目的未来效益、目标债务结构、可接受的资金成本水平和偿付能力。境外筹资还应当考虑所在地的政治、经济、法律、市场等因素。

(3)企业应当对筹资方案进行科学论证,不得依据未经论证的方案开展筹资活动。重大筹资方案应当形成可行性研究报告,全面反映风险评估情况。企业可以根据实际需要,聘请具有相应资质的专业机构进行可行性研究。

案例 4-2

负债筹资导致神话破灭

韩国大宇集团的破产,原因就在于对筹资方案控制不力。1993年,大宇集团在海外的企业只有15家,而到1998年年底,已增至600多家,其扩张就是靠来自政府政策和银行信贷负债筹资。1997年,亚洲金融危机爆发后,其他集团都开始收缩,大宇集团却依然我行我素。仅1998年,其发行的公司债券就达7万亿韩元(约58.33亿美元)。然而,经济危机状态下,大宇集团的经营并不令人满意,其利润率急剧下降,多处子公司发生亏损,且高负债率使其资金周转也很困难,于1999年7月被4家债权银行接管。1999年11月,大宇集团正式宣告破产,由韩国政府对其进行结构调整。

筹资的时机与潜在风险需进行严格控制,大宇集团在金融危机爆发的情况下仍进行扩张,没有考虑到存在的巨大风险。筹资的规模与用途也必须有严格的控制。在金融危机爆发的背景下,大宇集团仍发行了巨额的债券用于扩张业务。可以看出,大宇集团在筹资内部控制方面存在巨大的缺陷。

资料来源:曹邦英,刘军,金希萍.企业负债筹资风险分析及控制[J].四川大学学报(哲学社会科学版),2006(6).

2. 筹资决策程序的控制

(1)企业应当对筹资方案进行严格审批,重点关注筹资用途的可行性和相应的偿债能力。重大筹资方案,应当按照规定的权限和程序实行集体决策或者联签制度。

(2)筹资方案需经有关部门批准的,应当履行相应的报批程序。筹资方案发生重大变更的,应当重新进行可行性研究并履行相应审批程序。

3. 筹资决策制度控制

筹资决策制度控制主要包括实行集体筹资决策制度,按照公开、公平、公正原则选择筹资对象,以及建立投资决策责任追究制度。

(1) 实行筹资集体决策制度,建立筹资方案的集体决策制度。一般筹资方案可由授权的相关部门或人员在职责权限范围内批准,重大筹资方案应当实行集体决策联签制度。决策过程应有完整的书面记录。

(2) 按照公开、公平、公正原则选择筹资对象。单位筹资涉及中介机构的,应对其资信状况和资质条件进行充分调查和了解。

(3) 建立投资决策责任追究制度。单位应当建立筹资决策责任追究制度,明确相关部门及人员的责任,定期或不定期地进行检查。

(五) 筹资决策执行控制

企业应当根据批准的筹资方案,严格按照规定权限和程序筹集资金。银行借款或发行债券,应当重点关注利率风险、筹资成本、偿还能力以及流动性风险等;发行股票应当重点关注发行风险、市场风险、政策风险以及公司控制权风险等。

1. 协议的订立审核控制

(1) 企业通过银行借款方式筹资的,应当与有关金融机构进行洽谈,明确借款规模、利率、期限、担保、还款安排、相关的权利义务和违约责任等内容。双方达成一致意见后签署借款合同,据此办理相关借款业务。

(2) 企业通过发行债券方式筹资的,应当合理选择债券种类,对还本付息方案作出系统安排,确保按期、足额偿还到期本金和利息。

(3) 企业通过发行股票方式筹资的,应当依照《中华人民共和国证券法》等有关法律、法规和证券监管部门的规定,优化企业组织架构,进行业务整合,并选择具备相应资质的中介机构协助企业做好相关工作,确保符合股票发行条件和要求。

(4) 企业变更筹资合同或协议,应当按照原审批程序进行。

2. 协议的执行控制

(1) 企业应当严格按照筹资方案确定的用途使用资金。筹资用于投资的,应当分别按照《企业内部控制应用指引第 6 号——资金活动》第三章和《企业内部控制应用指引第 11 号——工程项目》规定,防范和控制资金使用的风险。

(2) 企业应当按照筹资方案所规定的用途使用对外筹集资金。由于市场环境变化等确需改变资金用途的,应当履行相应的审批程序。严禁擅自改变资金用途。

(3) 企业应当结合偿债能力、资金结构等,保持合理的现金流量,确保及时、足额偿还到期本金、利息或已宣告发放的现金股利等。

(4) 企业应建立持续符合筹资合同协议条款的控制制度,其中应包括预算不符合条款要求的预警和调整制度。

(5) 国家法律、行政法规或者监管协议规定应当披露的筹资业务,企业应及时予以公告和披露。

(六) 筹资偿付控制

企业应当加强债务偿还和股利支付环节的管理,对偿还本息和支付股利等作出适当安排。

1. 偿付程序控制

偿付程序控制如下:

(1) 企业应当按照筹资方案或合同约定的本金、利率、期限、汇率及币种,准确计算应付利息,与债权人核对无误后按期支付。

(2) 企业支付筹资利息、股息、租金等,应当履行审批手续,经授权人员批准后方可支付。企业通过向银行等金融机构举借债务筹资,其利息的支付方式也可按照双方在合同、协议中约定的方式办理。

(3) 企业委托代理机构对外支付债券利息,应清点、核对代理机构的利息支付清单,并及时取得有关凭据。

2. 偿付方式控制

偿付方式控制如下:

(1) 企业应当选择合理的股利分配政策,兼顾投资者近期和长远的利益,避免分配过度或不足。股利分配方案应当经过股东大会批准,并按规定履行披露义务。

(2) 企业委托代理机构支付股利或利润,应清点、核对代理机构的股利或利润支付清单,并及时取得有关凭据。

(3) 企业以非货币性资产偿付本金、利息、租金或支付股利或利润时,应当由相关机构或人员合理确定其价值,并报授权批准部门批准,必要时可委托具有相应资质的中介机构进行评估。

(4) 企业财会部门在办理筹资业务款项偿付过程中,发现已审批并拟偿付的各种款项的支付方式、金额或币种等与有关合同或协议不符的,应当拒绝支付并及时向有关部门报告,有关部门应当及时查明原因,作出处理。

（5）企业以抵押、质押方式筹资，应当对抵押物资进行登记。业务终结后，应当对抵押或质押资产进行清理、结算、收缴，及时注销有关担保内容。

案例 4-3

审计显威力　局长落法网

1999年6月，审计署驻南京特派员办事处审计组在对工行无锡市分行某办事处的审计中，发现其贷款大户计算机厂（信誉良好，贷款均为正常类和关注类贷款）有一笔150万元的贷款列为损失类，并有42.86万元的表外常类及关注类贷款有一笔欠息。银行信贷部门反映该计算机厂不承认此笔贷款，因而贷款本金和利息均无法收回。审计人员发现，此笔贷款先汇至该厂设的临时账户，除支付银行首期利息13万元外，其余资金分别汇至海南某房地产公司及其业务员马某户头上，此后，该临时性账户再无资金进出。审计人员通过反复工作，后查明原无锡市电子工业局副局长潘某在担任该计算机厂厂长期间，利用职务之便假借计算机厂名义骗取、挪用工行贷款150万元，并先后挪用公款270万元给马某进行经营活动和使用，目前尚有150万元未归还，2000年5月25日，无锡市南长区人民法院以挪用公款罪判处潘某有期徒刑6年。

本案例中牵涉筹资的内部控制，因为该贷款是通过计算机厂的筹资业务进入临时账户的。企业对是否筹资、筹资多少、怎样筹资等应进行严格的策划和控制。筹资涉及的业务活动包括：① 审批授权。企业通过借款筹资需经管理当局的审批，其中借款需经董事会授权。② 签订合同或协议。③ 取得资金。④ 计算利息或股利。⑤ 偿还本息或发放股利。

从上述案例看，该计算机厂并没有建立、健全有效的筹资业务内部控制制度。首先，借款无须授权，完全由潘某一根笔杆来决定，而且该项贷款是私下订立的，没有签订合法的借款合同。其次，会计部门的职责并未与筹资部门分离，致使财务科长被潘某买通，丧失了控制功能。最后，会计也没有发挥记录、监控的职能，更没有披露上述违法行为。

资料来源：朱荣恩.内部控制案例[M].上海：复旦大学出版社，2005。

三、投资控制

（一）投资控制概述

1. 投资的失控风险

企业至少应当关注涉及投资业务的下列风险：

（1）投资行为违反国家法律、法规，可能遭受外部处罚、经济损失和信誉损失的风险。

（2）投资业务未经适当审批或超越授权审批，可能因重大差错、舞弊、欺诈而导致损失的风险。

（3）投资项目未经科学、严密的评估和论证，可能因决策失误导致重大损失的风险。

（4）投资项目执行缺乏有效的管理，可能因不能保障投资安全和投资收益而导致损失的风险。

（5）投资项目处置的决策与执行不当，可能导致权益受损的风险。

2. 投资的关键控制环节

企业在建立与实施投资业务内部控制中，至少应当强化对下列关键方面或者关键环节的控制：

（1）企业应当根据投资目标和规划，合理安排资金投放结构，科学确定投资项目，拟订投资方案，重点关注投资项目的收益和风险。企业选择投资项目应当突出主业，谨慎从事股票投资或衍生金融产品等高风险投资。

（2）境外投资还应考虑政治、经济、法律、市场等因素的影响。

（3）企业应用并购方式进行投资的，应当严格控制并购风险，重点关注并购对象的隐性债务、承诺事项、可持续发展能力、员工状况及其与本企业治理层及管理层的关联关系，合理确定支付对价，确保实现并购目标。

（二）职责分工与授权批准

1. 职责分工

企业应当建立投资业务的岗位责任制，明确相关部门和岗位的职责权限，确保办理投资业务的不相容岗位相互分离、制约和监督。

投资业务不相容岗位至少应当包括：① 投资项目的可行性研究与评估。② 投资的决策与执行。③ 投资处置的审批与执行。④ 投资绩效评估与执行。

2. 授权批准

（1）企业应当配备合格的人员办理对外投资业务。办理对外投资业务的人员应当具备良好的职业道德,掌握金融、投资、财会和法律等方面的专业知识。

(2)企业应当建立投资授权制度和审核批准制度,并按照规定的权限和程序办理投资业务。对外投资业务授权批准制度应当包括授权批准的方式、程序和相关控制措施,并规定审批人的权限、责任,以及经办人的职责范围和工作要求等内容,以保证对外投资的授权批准控制有章可循。审批人应当根据对外投资授权审批制度的规定,在授权范围内进行审批,任何部门或个人都不得超越权限审批。经办人应当在职责范围内,按照审批人的批准意见办理对外投资业务。对于审批人超越授权范围审批的对外投资业务,经办人应当拒绝办理,并及时向审批人的上级授权部门报告。

(3)企业应当根据投资类型制定相应的业务流程,明确投资中主要业务环节的责任人员、风险点和控制措施等。

(4)企业应当设置相应的记录或凭证,如实记载投资业务各环节的开展情况。

(5)企业应当明确各种与投资业务相关文件资料的取得、归档、保管、调阅等各个环节的管理规定及相关人员的职责权限。未经授权的部门或人员不得办理对外投资业务,不得接触对外投资的权益证书。投资协议、合同副本的股权证书、股票、债券、票据实物应当由专人负责保管。

(三)投资可行性研究、评估与决策控制

企业应当加强投资可行性研究、评估与决策环节的控制,对投资项目建议书的提出、可行性研究、评估、决策等作出明确规定,确保投资决策合法、科学、合理。企业因发展战略需要,在原投资基础上追加投资的,仍应严格履行控制程序。

1. 可行性研究控制

(1)企业应当加强对投资方案的可行性研究,重点对投资目标、规模、方式、资金来源、风险与收益等作出客观评价。企业根据实际需要,可以委托具备相应资质的专业机构进行可行性研究,提供独立的可行性研究报告。

(2)企业应当编制投资项目建议书,由相关部门或人员对投资项目进行分析与论证,对被投资企业资信情况进行尽职调查或实地考察,并关注被投资企业管理层或实际控制人的能力、资信等情况。投资项目如有其他投资者,应当根据情况对其他投资者的资信情况进行了解或调查。

2. 决策和审批控制

(1)决策和审批控制要求,具体包括如下方面:

第一,企业应当按照规定的权限和程序对投资项目进行决策审批,重点审查投资方案是否可行、投资项目是否符合国家产业政策及相关法律法规的规定,是否符合企业投资战略目标和规划、是否具有相应的资金能力、投入资金能否按时收回、预期收益能否实现,以及投资和并购风险是否可控等。

第二,重大投资项目,应当按照规定的权限和程序实行集体决策或者联签制度。

第三,投资方案需经有关管理部门批准的,应当履行相应的报批程序。

第四,投资方案发生重大变更的,应当重新进行可行性研究并履行相应审批程序。

(2) 评估决策内容。企业可以设立投资审查委员会或者类似机构,对达到一定标准的投资项目进行初审。在初审过程中,应当审查下列内容:

第一,拟投资项目是否符合国家有关法律、法规和相关调控政策,是否符合企业主业发展方向和投资的总体要求,是否有利于企业的长远发展。

第二,拟订的投资方案是否可行,主要的风险是否可控,是否采取了相应的防范措施。

第三,企业是否具有相应的资金能力和项目监管能力。

第四,拟投资项目的预计经营目标、收益目标等是否能够实现,企业的投资利益能否确保,所投入的资金能否按时收回。

第五,只有初审通过的投资项目,才能提交上一级管理机构和人员进行审批。

第六,企业集团根据企业章程和有关规定对所属企业投资项目进行审批时,应当采取总额控制等措施,防止所属企业分拆投资项目、逃避更为严格的授权审批的行为。

(3) 责任追究制度。企业应当建立对外投资决策及实施的责任制度。单位应当建立对外投资决策及实施的责任制度,明确相关部门及人员的责任,定期或不定期地进行检查。对在对外投资中出现重大决策失误、未履行集体审批程序和不按规定执行对外投资业务的部门及人员,应当追究相应的责任。

(四) 投资执行控制

企业应当根据批准的投资方案,与被投资方签订投资合同或协议,明确出资时间、金额、方式、双方权利义务和违约责任等内容,按规定的权限和程序审批后履行投资合同或协议。

1. 组织机构控制

(1) 企业应当指定专门机构或人员对投资项目进行跟踪管理,及时收集被投资方经审计的财务报告等相关资料,定期组织投资效益分析,关注被投资方的财务状况、经营成果、现金流量以及投资合同履行情况,发现异常情况,应当及时报告并妥善处理。

(2)企业可以根据管理需要和有关规定向被投资企业派出董事、监事、财务负责人或其他管理人员。

(3)企业应当对派驻被投资企业的有关人员建立适时报告、业绩考评与轮岗制度。

2. 文件档案控制

(1)企业应当加强投资有关权益证书的管理,指定专门部门或人员保管权益证书,建立详细的记录。未经授权人员不得接触权益证书。财务部门应当定期和不定期地与投资管理部门和人员清点核对有关权益证书。

(2)被投资企业股权结构等发生变化的,企业应当取得被投资企业的相关文件,及时办理相关产权变更手续,反映股权变更对本企业的影响。

(五)会计系统控制

(1)企业应当加强对投资项目的会计系统控制,根据对被投资方的影响程度,合理确定投资会计政策,建立投资管理台账,详细记录投资对象、金额、持股比例、期限、收益等事项,妥善保管投资合同或协议、出资证明等资料。

(2)企业财会部门对于被投资方出现财务状况恶化、市价当期大幅下跌等情形的,应当根据国家统一的会计准则制度规定,合理计提减值准备、确认减值损失。

(六)投资处置控制

1. 投资处置的决策和授权批准程序

企业应当加强投资收回和处置环节的控制,对投资收回、转让、核销等的决策和授权批准程序作出明确规定。

企业应当重视投资到期本金的收回。转让投资应当由相关机构或人员合理确定转让价格,报授权批准部门批准,必要时可委托具有相应资质的专门机构进行评估。核销投资应当取得不能收回投资的法律文书和相关证明文件。对于到期无法收回的投资,企业应当建立起责任追究制度。

2. 后续跟踪评价管理制度

企业应当建立投资项目后续跟踪评价管理制度,对企业的重要投资项目和所属企业超过一定标准的投资项目,有重点地开展后续跟踪评价工作,并作为进行投资奖励和责任追究的基本依据。

A公司对外投资失控案

A股份公司对B有限公司持有51%以上的股权,B公司董事会成员由5人组成,其中有2人甲和乙由A公司派出;B公司的总经理(同时也是董事甲)和财务负责人由A公司派出人员担任;A公司将B公司纳入合并报表编制范围。B公司董事会在2人缺席(其中1名是A公司派出的乙)的情况下,作出用B公司的主要经营用固定资产对外投资的决策,并由3位董事在决议上签字,从表面看,B公司董事会决议已过半数通过,但A公司对该项投资业务除了甲知悉之外,则无人知道,使B公司该项投资业务脱离于A公司的控制和决策之外。

A公司对B公司投资虽然派出专门人员对投资项目进行跟踪管理,掌握被投资单位的全面情况,但仍存在失控点,即未在任何文件中对派出人员的权限和职责范围作出明确的规定,B公司的重大决策不能在A公司的董事会或股东会上讨论及决策,使得A公司对B公司的控制和管理流于形式,对B公司的控制只是A公司派出人员的个人行为。

针对本案例的失控情况,对A公司建议如下:

第一,作为集团公司,A公司应建立符合集团管理框架的一系列管理制度,诸如财务管理制度、投资管理制度、高管人员管理制度,以及外派董事、监事管理制度。建立对外投资业务授权批准制度,明确授权批准的方式、程序和相关控制措施,规定审批人的权限、责任以及经办人的职责范围和工作要求。审批人应当根据对外投资授权审批制度的规定,在授权范围内进行审批,不得超越权限审批。经办人应当在职责范围内,按照审批人的批准意见办理对外投资业务。

应加强对外投资管理的控制,健全对外投资评价管理制度,明确投资项目运行的各个阶段中相关部门及人员的权限和职责范围,使权利和责任与控制任务相适应,并落实到具体,规定派出人员的职责和在被投资单位董事会表决的权限范围,超出权限范围的,必须以书面形式请示公司相应的权力部门,并获取书面答复。派出董事应代表派出单位进行表决。

第二,A公司应明确集团公司经营战略目标及投资方向,使派出人员在被投资单位行使职责时更能与集团公司的经营目标趋于一致。

第三,修改控股公司的章程,在章程中明确被投资公司的决策权限,从法律角度进行控制。规定控股公司召开董事会之前10天书面通知董事会决策事项,在作出重大决策时每位董事对董事会决议内容有知情权,以保证被投资

第四章　资金与资产控制

（续上）

单位每项重大决策都应由全体董事进行表决，缺席董事应将本人意见以书面形式送达董事会或以书面形式委托其他董事进行表决。而派出董事应根据批准的权限将被投资公司董事会即将表决的重大决策提交母公司董事会或相关决策层作出决定，可有效地防止个人行为高于制度之上和董事会对重大事项的表决只由部分董事决定的现象。

第四，A公司应设立相应监督部门定期跟踪检查制度，监督检查对外投资业务授权审批制度的执行情况。重点检查分级授权是否合理、对外投资的授权批准手续是否健全、是否存在越权审批等违反规定的行为，使内部控制制度能够有效实施，而不是流于形式。

资料来源：http://www.xici.net/b495078/d61176696.htm。

四、营运控制

资金营运控制的目标在于统筹协调内部各机构在生产经营过程中的资金需求，切实做好资金在采购、生产、销售等各环节的综合平衡，全面提升资金营运效率。

（一）营运控制概述

1. 资金营运失控风险

企业至少应当关注涉及资金管理的下列风险：

（1）资金营运违反国家法律、法规，可能遭受外部处罚、经济损失和信誉损失的风险。

（2）资金营运未经适当审批或超越授权审批，可能因重大差错、舞弊、欺诈而导致损失的风险。

一般性的收支业务有限制性额度的审批权，必须明确规定各个部门经理审批项目的性质，以防止滥用权力，发生舞弊行为。

（3）银行账户的开立、审批、使用、核对和清理不符合国家有关法律、法规要求，可能导致受到处罚造成资金损失的风险。

（4）资金记录不准确、不完整，可能造成账实不符或导致财务报表信息失真的风险。

（5）有关票据的遗失、变造、伪造、被盗用以及非法使用印章，可能导致资产损失、法律诉讼或信用损失的风险。

2. 资金营运控制的关键环节

企业在建立与实施资金营运内部控制中，至少应当强化对下列关键方面或者关键环节的控制：

(1) 企业应当充分发挥全面预算管理在资金综合平衡中的作用,严格按照预算要求组织协调资金调度,确保资金及时收付,实现资金的合理占用和营运良性循环。

(2) 企业应当严禁资金的体外循环,切实防范资金营运中的风险。

(3) 企业应当定期组织召开资金调度会或资金安全检查,对资金预算执行情况进行综合分析,发现异常情况,及时采取措施妥善处理,避免资金冗余或资金链断裂。

(4) 企业在营运过程中出现临时性资金短缺的,可以通过短期融资等方式获取资金。

(5) 资金出现短期闲置的,在保证安全性和流动性的前提下,可以通过购买国债等多种方式,提高资金效益。

(6) 企业应当加强对营运资金的会计系统控制,严格规范资金的收支条件、程序和审批权限。

(7) 企业在生产经营及其他业务活动中取得的资金收入应当及时入账,不得账外设账,严禁收款不入账、设立"小金库"。

(8) 企业办理资金支付业务,应当明确支出款项的用途、金额、预算、限额、支付方式等内容,并附原始单据或相关证明,履行严格的授权审批程序后,方可安排资金支出。

(9) 企业办理资金收付业务,应当遵守现金和银行存款管理的有关规定,不得由一人办理货币资金全过程业务,严禁将办理资金支付业务的相关印章和票据集中一人保管。

(二) 职责分工与授权批准

1. 职责分工

(1) 岗位责任制。企业应当建立资金业务的岗位责任制,明确相关部门和岗位的职责权限,确保办理资金业务的不相容岗位相互分离、制约和监督。

资金业务的不相容岗位至少应当包括:① 资金支付的审批与执行。② 资金的保管、记录与盘点清查。③ 资金的会计记录与审计监督。

出纳人员不得兼任稽核、会计档案保管和收入、支出、费用、债权债务账目的登记工作。

规模较大的企业、事业单位,应当建立现金出纳备查簿,并由出纳人员每天将现金收支数登入其中。现金日记账与现金总分类账应由非出纳人员登记;规模较小的单位,可用现金日记账代替现金出纳备查簿,由出纳人员登记,但现金总分类账必须由非出纳人员登记。

案例 4-5

"全能"会计

中天集团是一家大型企业,集团设有自己的财务公司并在内部设立分支机构,财务公司上海分公司就是其中较大的一个分支机构。该分公司的会计马庆一人兼任资金调拨、制单、记账、印鉴保管等多项工作。2003年9月30日,马庆没有经过经理唐小泉的授权批准,就按该企业上海某开户银行的"要求"(据事后调查,该银行这样做是为了满足存款期末余额的考核指标),通过银行转账支票将分公司在该行活期账户上的3000万元存款转成在该银行的定期存款,同时该行给分公司开具了大额定期存款单据。同年10月8日,该银行又将这笔3000万元定期存款转回到活期存款账户。最后经追查,银行给该笔业务开具的定期存单利率为零,并且活期存款也少支付8天利息共1.38万元。

中天财务公司的马庆一人同时兼任调拨、制单、记账、印鉴保管等多项不相容岗位工作,内部没有形成岗位相互制约以防范风险的机制,使资金管理上出现漏洞。在这种不相容职务没有实行完全分离的情况下,存在较大的风险隐患,发生这样款项挪用在所难免。

资料来源:奚淑琴,卢正武,周栋文.企业内部控制与预算管理专题——企内部控制典型案例研究[M].北京:中国财政经济出版社,2005。

(2) 岗位轮换制。企业应当配备合格的人员办理资金业务,并结合企业实际情况,对办理资金业务的人员定期进行岗位轮换。

对于企业的关键财会岗位,可以实行强制休假制度,并在最长不超过5年的时间内进行岗位轮换。实行岗位轮换的关键财会岗位,由企业根据实际情况确定并在内部公布。

2. 授权批准

企业应当建立资金授权制度和审核批准制度,并按照规定的权限和程序办理资金支付业务。具体规定如下:

(1) 支付申请。企业的有关部门或个人在用款时,应当提前向经授权的审批人提交资金支付申请,注明款项的用途、金额、预算、限额和支付方式等内容,并附有效经济合同协议、原始单据或相关证明。

(2) 支付审批。审批人根据其职责、权限和相应程序对支付申请进行审批。对不符合规定的资金支付申请,审批人应当拒绝批准,性质或金额重大的,还应及时报告有关部门。企业对于重要货币资金支付业务,应当实行集体决策和审批,并建立责任追究制度,防范贪污、侵占和挪用货币资金等行为。

(3) 支付复核。复核人应当对批准后的资金支付申请进行复核,复核资金支付申请的批准范围、权限、程序是否正确,手续及相关单证是否齐备,金额计算是否准确,支付方式、支付企业是否妥当等。复核无误后,交由出纳人员等相关负责人员办理支付手续。

(4) 办理支付。具体包括如下方面:

第一,企业办理资金支付业务,应当明确支出款项的用途、金额、预算、限额、支付方式等内容,并附原始单据或相关证明,履行严格的授权审批程序后,方可安排资金支出。

第二,出纳人员应当根据复核无误的支付申请,按规定办理资金支付手续,及时登记现金和银行存款日记账。

第三,严禁未经授权的部门或人员办理资金业务或直接接触资金。

(三) 现金和银行存款的控制

1. 现金的控制

(1) 现金控制要求。具体包括以下方面:

第一,企业应当加强现金库存限额的管理,超过库存限额的现金应当及时存入开户银行。

第二,企业应当根据《现金管理暂行条例》的规定,结合本企业的实际情况,确定本企业的现金开支范围和现金支付限额。不属于现金开支范围或超过现金开支限额的业务应当通过银行办理转账结算。

第三,企业现金收入应当及时存入银行,不得坐支现金。企业借出款项必须执行严格的审核批准程序,严禁擅自挪用、借出货币资金。

第四,企业取得的货币资金收入必须及时入账,不得账外设账,严禁收款不入账,设立小金库。有条件的企业集团,应当探索财务公司、资金结算中心等资金集中管控模式。

第五,企业应当定期和不定期地进行现金盘点,确保现金账面余额与实际库存相符。若发现不符,应及时查明原因,作出处理。

(2) 现金控制要点。单位在现金收支结存活动中,应在审批、审核、收付、复核、记账、核对、清点和盘点等八个环节采取相应的控制措施。

第一,审批。业务开支的审批通常由业务经办部门负责人进行。业务经办人办理货币资金收支业务时,需得到一般授权或特殊授权。经办人员须在反映经济业务的原始凭证上签章;经办部门负责人通过审查原始凭证,对经济业务的办理与否签署意见,并签字盖章。

第二,审核。原始凭证的审核由会计主管或其指定人员负责。会计主管或其指定人员审查现金收支原始凭证时,主要审核原始凭证反映的经济业务是否真实合法;原始凭证的填制是否符合规定要求;审核无误后,签章批准方可填制现金收付记账凭证。

第三,收付。现金收付由出纳人员办理。出纳人员复核收付记账凭证及所附原始凭证时,应按照凭证所列数额,收付现金;并在凭证上加盖"收讫"或"付讫"戳记及签章。

第四,复核。复核由稽核人员或其他非记账人员负责。稽核人员审核现金收付记账凭证及所附原始凭证,并签字盖章。

第五,记账。记账工作分别由出纳、会计人员负责。出纳人员根据现金收付记账凭证登记出纳备查簿或现金日记账;分管会计人员根据收付记账凭证登记"库存现金"对应账户的相关明细分类账。在设置出纳备查簿的单位,还应登记现金日记账;总账会计登记总分类账。

第六,核对。账簿核对由稽核人员或其他非记账人员负责。主要核对现金日记账和有关明细分类账、总分类账;若发现误差须经报批后予以处理,并由稽核人员签字盖章。

第七,清点。出纳人员须每日清点库存现金实有数,并与现金日记账相互核对,保证账实相符;发现现金短缺或溢余,应查明原因,报经批准后处理。

第八,盘点。盘点由单位或财务部门负责人、专业人员和员工代表组成的清查小组负责。清查小组定期或不定期清查库存现金,核对现金日记账。若发现问题应及时处理。

在上述各环节中,审批、核对与清点是最为关键的环节,是现金业务流程中的关键控制点。对原始凭证进行审批,可以保证经济业务的真实、合法、合理;账账进行核对,可以保证现金收付的正确性,及时发现现金收付和现金账务记录中的差错;进行现金盘点,可以防止贪污盗窃和挪用现金等非法行为的发生,保证现金的安全完整。

2. 银行存款的控制

(1) 银行存款控制要求。企业应当严格按照《支付结算办法》等国家有关规定,加强对银行账户的管理,严格按照规定开立账户,办理存款、取款和结算。银行账户的开立应当符合企业经营管理实际需要,不得随意开立多个账户,禁止企业内设管理部门自行开立银行账户。

第一,企业应当定期检查、清理银行账户的开立及使用情况,发现未经审批擅自开立银行账户或者不按规定及时清理、撤销银行账户等问题,应当及时进行处理并追究有关责任人的责任。

第二,企业应当加强对银行结算凭证的填制、传递及保管等环节的管理与控制。

第三,企业应当严格遵守银行结算纪律,不得签发没有资金保证的票据或远期支票,套取银行信用;不得签发、取得和转让没有真实交易和债权债务的票据;不得无理拒绝付款,任意占用他人资金;不得违反规定开立和使用银行账户。

第四,企业应当指定专人定期核对银行账户,每月至少核对一次,编制银行存款余额调节表,并指派对账人员以外的其他人员进行审核,确定银行存款账面余额与银行对账单余额是否调节相符。如调节不符,应当查明原因,及时处理。

第五,企业应当加强对银行对账单的稽核和管理。出纳人员一般不得同时从事银行对账单的获取、银行存款余额调节表的编制等工作。确需出纳人员办理上述工作的,应当指定其他人员定期进行审核、监督。

(2)银行存款控制要点。单位在银行存款收支结存中,应着重从审批、审核、结算、复核、记账和对账等六个环节加强内部会计控制。

第一,审批。银行收支业务须经业务部门批准。业务部门批准的业务人员办理有关银行存款事项或经办有关业务,须核实原始凭证内容并签章;超出业务部门权限规定的银行存款收支业务须报上级主管部门审批并签字盖章。审批银行存款收支业务,可以保证业务办理的正确性和合法性,加强经办人员的责任感,避免违纪违规情况发生。

第二,审核。审核结算凭证,可以检查银行存款结算是否正确,保证存款安全和核算正确。会计主管人员或指定人员审核原始凭证和结算凭证签章同意办理银行存款结算。审核原始凭证,可以检查经济业务是否合理合法,保证银行存款结算正确有效。

第三,结算。出纳人员根据审核的凭证或按照授权办理银行存款收付业务;出纳人员办理结算前,应复核原始凭证及有关合同文本;按不同的结算方式填制或取得结算凭证。结算凭证应加盖财务专用章和出纳私章;收付款项后应在凭证上加盖"收讫"或"付讫"戳记。

第四,复核。复核记账凭证,可以及时发现银行存款收付错误和记账凭证编制差错,保证银行存款核算正确。稽核人员审核银行存款收付记账凭证是否附有原始凭证及结算凭证,结算金额是否一致,会计账户是否正确,有关人员是否签章等,审核无误后签字盖章。

第五,记账。登记银行存款日记账,可以保证银行存款收支业务的可查性,防止或发现结算弊端,及时提供可靠的银行存款信息。出纳人员根据银行存款收付记账凭证登记银行存款日记账;分管会计人员根据收付凭证登记相关明细分类账;总账会计登记总分类账"银行存款"账户;各记账人员在记账凭证上签章,以示负责。

第六,对账。出纳人员与相关会计人员在稽核人员或会计主管的监督下,核对银行存款日记账与银行存款总账的发生额、余额是否一致,并且对核对结果签字盖章,以示负责;核对银行存款日记账与银行对账单,编制银行存款余额调节表,对未达账项进行调整,及时发现单位或银行记账上的差错。

定期或不定期地对银行存款账进行核对,可以防止银行存款非法行为的发生,保证账账、账证相符,保证银行存款业务会计账务处理正确和会计核算资料的准确。

银行存款的上述控制环节中,审批和对账既是业务流程中的关键控制点,也是银行存款会计控制的重点环节。审批银行存款的作用如同审批现金的作用一样;对账能够保证单位银行存款日记账与银行记录相一致,对纠正双方的差错、防止舞弊及保证银行存款的安全具有重要作用。

案例 4-6

现金支票私自提款

某公司财务人员在 1 个月内私自用现金支票提取银行存款多笔,共计 210 万元,但未在财务账上体现,于是当月又截留收入 200 万元,也未在财务账上体现,这样操作之后,银行对账单的余额与出纳银行账的余额至少出现 10 万元的差异,于是此财务人员又采取在员工支取备用金时,在现金支票存根联的金额及财务账银行存款上均减少金额 15 万元,而现金支票的另一联即实际到银行支取的现金为 5 万元。

本案是通过截留收入、收付款项在银行对账单上一进一出、而不在大账上体现的方法,将之前多取的 10 万元进了大财务,个人实际获得款项 200 万元。

对于这种情况,通过将企业银行存款日记账与银行对账单每笔业务进行勾对即可发现问题。如果编制银行存款余额调节表的责任人直接从银行取得银行对账单,并同负责现金收支或编制支付凭证的人员职责分离,调节银行往来账时核对银行对账单上所有的借、贷项记录和账户记录,审核付讫支票的签署,就可以及时发现情况。

资料来源:盛丽红.从货币资金谈内部控制[J].商业会计,2007(7)。

3. 网络交易控制

企业可采用以下方式对网络交易进行控制：

（1）实行网上交易、电子支付等方式办理资金支付业务的企业，应当与承办银行签订网上银行操作协议，明确双方在资金安全方面的责任与义务、交易范围等。操作人员应当根据操作授权和密码进行规范操作。

（2）使用网上交易、电子支付方式的企业办理资金支付业务，不应因支付方式的改变而随意简化、变更支付货币资金所必需的授权批准程序。企业在严格实行网上交易、电子支付操作人员不相容岗位相互分离控制的同时，应当配备专人加强对交易和支付行为的审核。

（3）企业应当按照国家统一的会计准则、制度的规定对库存现金、银行存款和其他货币资金进行核算和报告。

（四）票据及有关印章管理

1. 票据管理

（1）票据管理的一般要求。具体包括如下方面：

第一，企业应当加强与资金相关的票据的管理，明确各种票据的购买、保管、领用、背书转让、注销等环节的职责权限和处理程序，并专设登记簿进行记录，防止空白票据的遗失和被盗用。

第二，企业因填写、开具失误或者其他原因导致作废的法定票据，应当按规定予以保存，不得随意处置或销毁。对超过法定保管期限、可以销毁的票据，在履行审核批准手续后进行销毁，但应当建立销毁清册并由授权人员监销。

第三，企业应当设立专门的账簿对票据的转交进行登记；对收取的重要票据，应留有复印件并妥善保管；不得跳号开具票据，不得随意开具印章齐全的空白支票。

（2）支票的管理。支票是一种有价证券，企业应高度重视对支票的管理和控制工作。

第一，企业必须从所在开户银行领购支票，不得在其他银行或金融机构获取支票。

第二，支票保管职务应与支票签署职务及印章保管职务相分离，应指定专人（通常为出纳人员）保管。

第三，企业应设立支票领用、签发登记簿，由支票保管人员及时登记支票的购买、领用情况。

第四，使用支票支出，必须经过授权的支票签署人审批并签发，并有经过核批的发票或其他必要的凭证作为书面证据。

第五,凡有文字或数字更改的支票均应作废,并应加盖"作废"戳记后与其他支票一并保管,以防他人盗用。

案例 4-7

虚假采购原材料套取现金

某公司财务人员,通过虚挂对一单位的原材料采购,做如下账务处理:
借:原材料　　　　　　　　　　　　　　　　　　　　1 000 000
　　应交税费——应交增值税(进项税额)　　　　　　　170 000
　贷:应付账款——××单位　　　　　　　　　　　　1 170 000

注:付款凭证后附件为转账支票,支付金额为 117 万元。而在银行对账单上却显示,此款以现金支票取走,实际是把前转账支票作废,现金支票不做账务处理;另附发票和产品入库单,签字手续俱全。

在该项业务中,财务人员以虚假采购原材料套取现金。通过这种方法,财务人员至少获得了扣除税金之后的款项 100 万元。如果企业在支票管理方面严格执行支票保管者同支票签署者分离,支票填写者同支票签署者分离,支票根据经核准的发票或其他支付凭证签发,每个支票签署者均独立审核支票及附属凭证,作废支票加盖"作废"戳记以及由专人完好保存等内部控制制度,再加上员工良好的职业道德,一笔付款业务同时开转账支票和现金支票的情况就可以避免了。

资料来源:盛丽红. 从货币资金看企业内部控制[J]. 商业会计,2007(7)。

(3) 发票或收据管理。发票与收据都是单位的重要原始凭证,单位必须加强对发票和收据的领购、保管、使用与注销各环节的管理与控制。

第一,发票或收据的领购。企业单位必须依据《发票管理办法》的规定,在领取税务登记证后,及时向税务机关申请领购发票;其他单位应按有关规定在财政部门领购收据。

第二,发票与收据的保管。单位对发票与收据的保管,必须制定相应的内部会计控制,包括入库验收制度、台账报表制度、安全防护制度、定期盘存检查制度、岗位责任考核制度等。

第三,发票或收据的取得。发票或收据取得是款项支付的前奏,业务经办人在取得发票或收据时,应该对发票或收据的合法性、真实性、正确性进行审查。

第四,发票或收据的填写。业务经办人必须按照有关规定认真填写发票、收据,不得超规定范围使用发票或收据。

第五,发票或收据的注销。单位必须依据税务机关与财政部门的有关规定办理发票、收据的注销与重新领购手续。

2. 有关印章的管理

(1) 企业应当加强银行预留印鉴的管理。财务专用章应当由专人保管,个人名章应当由本人或其授权人员保管,不得由一个人保管支付款项所需的全部印章。特别是印章保管职务应与支票保管职务相分离。各类印章必须分处存放、分人保管使用。有关人员因出差、短期出国,而需由他人保管财务专用章或个人名章时,必须予以授权登记并进行记录,登记在案,以便查询。

(2) 按规定需要由有关负责人签字或盖章的经济业务与事项,必须严格履行签字或盖章手续,用章必须履行相关的审批手续并进行登记。各类印章应严格按照规定的业务范围和批准程序使用,不得乱用、错用。印章保管人应在监印时严格审查。

(3) 各类印章平时不用时,应放在上锁的铁皮箱内,做到"人走章收"。财务专用章和法人名章应放入保险柜保管,如果放入一个保险柜,必须由两人持不同的钥匙同时开启才能打开。

案例 4-8

出纳贪污、挪用公款案

2006年年初,某单位在银行账上显示尚有100多万元的情况下,为业务往来单位开具了小额支票,但很快被开户银行退票,理由是空头支票!由此牵出了一个出纳员贪污、挪用公款的大案。案发后,经检察机关调查,发现该出纳利用职务之便,贪污、挪用公款100余万元。作案手法如下:①伪造银行凭证,虚增现金存银行业务,将虚增现金占据为己有。②从银行提取现金时,利用多开现金支票与少开支票存根的差额套取现金。③在办理收入业务时,利用客户对其信任,寻找借口不为对方开具收据,或开具收据,但采取收入不做账的方式贪污公款。④利用提取现金不记账形式挪用公款。⑤长期直接挪用现金。⑥该单位银行对账单一般由出纳索要,但该出纳为掩盖贪污、挪用公款的事实,通过藏匿银行对账单等手段拒绝提供对账单,千方百计拖延与银

第四章　资金与资产控制

（续上）

> 行对账时间。单位和银行督促紧了,他就利用同事对其信任,在携带印章外出办理业务时,私盖单位印章向开户银行谎称无未达账项逃避银行监督;或谎称对账单丢失,手工抄写对账单盖上银行业务章后再修改数据,暂时在单位蒙混过关。
> 　　该单位现金内部控制存在以下问题:
> 　　(1) 现金收支业务管理漏洞:① 该单位岗位设置不合理,业务流程设计不完善,内部牵制制度执行不力,出纳可以一人完成收款业务全过程,违背不相容职务相互分离的控制原则。② 票据整理不及时,内部收入审核控制缺失等问题。③ 长期挪用现金未被发现,暴露出定期清查盘点制度执行不得力。
> 　　(2) 银行存款收支业务管理的漏洞:① 银行存款对账单索要不及时。② 银行存款对账单不应由出纳索要,应由对账人员索要。③ 该单位忽视与银行定期对账,不能及时与银行进行对账。
> 　　(3) 印章管理漏洞:本案作案手法中暴露出该单位印章保管不善,不应由一人保管全部印章,印章一般不得由非保管人员携带外出;如若携带外出必须做好登记,以明确责任。
> 　　(4) 票据管理中的漏洞:① 支票开具控制不严,支票内容填写不全,甚至开具空白支票。② 各种收款票据管理不善,整理不及时,不能及时发现漏记收入。
> 　　资料来源:王莉.由一起舞弊案,看如何加强货币资金的内部控制[J].商业文化,2008(10)。

第二节　资产管理

资产是指企业拥有或控制的存货、固定资产和无形资产。资产管理的目的在于提高资产使用效能,保证资产安全。

一、资产管理概述

(一) 资产管理失控风险

企业应当建立严格的资产管理制度,跟踪检查资产运行状况和技术性能,明确资产运行中的主要风险点,采取相应措施,实施有效控制。企业至少应当关注涉及资产管理的下列风险:

(1) 存货积压或短缺,可能导致流动资金占用过量,存货价值贬损或生产中断。

(2) 固定资产更新改造不够、使用效能低下、维护不当、产能过剩,可能导致企业缺乏竞争力、资产价值贬损、安全事故频发或资源浪费。

(3) 无形资产缺乏核心技术、权属不清、技术落后、存在重大技术安全隐患,可能导致企业法律纠纷,缺乏可持续发展能力。

(二) 资产管理的关键环节

企业应当根据存货、固定资产和无形资产的特性,明确不同的管理要求,落实岗位责任制,严格考核,确保各类资产安全有效运行。资产的管理包括以下内容:

(1) 企业应当综合考虑生产经营计划和市场供求因素,建立科学的存货流转制度,充分利用现代信息技术,加强对物流运转的自动监控,确保存货处于最佳库存状态。

(2) 企业应当规范机器设备等固定资产的操作规程,实行岗前培训和岗位许可制度,提高使用效率;制定固定资产日常维修和大修理计划,加强固定资产维护保养,切实消除安全隐患;企业应当重视固定资产的更新改造和技术升级,不断提升生产效能和企业竞争力。

(3) 企业应当加强对品牌、专利、专有技术等无形资产的权益保护,严格核心技术的保密要求,防范侵权行为,充分发挥无形资产对企业发展的重要作用。

(4) 企业应当建立财产清查制度,至少每年进行一次全面清查。对财产清查中发现的问题,应当查明原因,追究责任,妥善处理。

(5) 企业应当规范资产处置程序和处置定价,关注资产处置中的关联交易行为。重要资产处置应当实行集体审议或联签制度。

(6) 企业应当加强各项资产管理,全面梳理资产管理流程,及时发现资产管理中的薄弱环节,切实采取有效措施加以改进,并关注资产减值迹象,合理确认资产减值损失,不断提高企业资产管理水平。

(7) 企业应当重视和加强各项资产的投保工作,采用招标等方式确定保险人,降低资产损失风险,防范资产投保舞弊。

二、存货控制

存货是指企业在日常活动中持有以备出售的产成品或商品、处在生产过程中的在产品、在生产过程或提供劳务过程中耗用的材料和物料,主要包括各类原材料、在产品、半成品、产成品、商品、周转材料等,也包括企业代销、代管存货,委托加工、代修存货。

存货控制的目的在于引导企业加强对存货的管理和控制,保证存货的安全完整,提高存货运营效率,保证合理确认存货价值,防止并及时发现和纠正存货业务中的各种差错和舞弊。

(一)存货控制概述

1. 存货失控风险

(1)存货业务违反国家法律、法规,可能遭受外部处罚、经济损失和信誉损失的风险。

(2)存货业务未经适当审批或超越授权审批,可能因重大差错、舞弊、欺诈而导致资产损失的风险。

(3)存货请购依据不充分,采购批量、采购时点不合理、相关审批程序不规范、不正确,可能导致企业资产损失、资源浪费或发生舞弊的风险。

(4)验收程序不规范,可能导致资产账实不符和资产损失的风险。

(5)存货保管不善,可能导致存货损坏、变质、浪费、被盗和流失等风险。

(6)存货盘点工作不规范,可能由于未能及时查清资产状况并作出处理而导致财务信息不准确,资产和利润虚增的风险。

2. 存货控制的关键环节

企业在建立与实施存货内部控制中,至少应当强化对下列关键方面或者关键环节的控制:

(1)职责分工、权限范围和审批程序应当明确规范,机构设置和人员配备应当科学合理。

(2)存货请购的事项应当明确,请购的依据应当充分适当。

(3)存货管理控制流程应当清晰严密,存货管理原则及程序应当明确规范。

(4)存货的确认、计量和报告应当符合国家统一的会计准则制度的规定。

(5)企业应当采用先进的存货管理技术和方法,规范存货管理流程,明确存货取得、验收入库、原料加工、仓储保管、领用发出、盘点处置等环节的管理要求,充分利用信息系统,强化会计、出入库等相关记录,确保存货管理全过程的风险得到有效控制。

(二)岗位分工及授权批准

1. 岗位分工

企业应当建立存货业务的岗位责任制,明确内部相关部门和岗位的职责、权限,确保办理存货业务的不相容岗位相互分离、制约和监督。

存货业务的不相容岗位至少包括五个方面:① 存货的请购、审批与执行。② 存货的采购、验收与付款。③ 存货的保管与相关记录。④ 存货发出的申请、审批与记录。⑤ 存货处置的申请、审批与记录。

企业应当配备合格的人员办理存货业务。办理存货业务的人员应当具备良好的业务知识和职业道德，遵纪守法，客观公正。企业要定期对员工进行相关的政策、法律及业务培训，不断提高他们的业务素质和职业道德水平。

2. 授权批准

企业应当对存货业务建立严格的授权批准制度，明确审批人对存货业务的授权批准方式、权限、程序、责任和相关控制措施，规定经办人办理存货业务的职责范围和工作要求。

审批人应当根据存货授权批准制度的规定，在授权范围内进行审批，不得超越审批权限。经办人应当在职责范围内，按照审批人的批准意见办理存货业务。

企业内部除存货管理部门及仓储人员外，其余部门和人员接触存货时，应由相关部门特别授权。对于属于贵重物品、危险品或需保密物品的存货，应当规定更严格的接触限制条件，必要时，存货管理部门内部也应当执行授权接触。

企业可以根据业务特点及成本效益原则选用计算机系统和网络技术实现对存货的管理和控制，但应注意计算机系统的有效性、可靠性和安全性，并制定防范意外事项的有效措施。

（三）请购与采购控制

企业应当建立存货采购申请管理制度，明确请购相关部门或人员的职责权限及相应的请购程序。

企业应当根据仓储计划、资金筹措计划、生产计划、销售计划等制订采购计划，对存货的采购实行预算管理，合理确定材料、在产品、产成品等存货的比例。

企业应当指定专人逐日根据各种材料的采购间隔期和当日材料的库存量，分析确定应采购的日期和数量，或者通过计算机管理系统重新预测材料需要量以及重新计算安全存货水平和经济采购批量，据此进行再订购，尽可能降低库存或实现零库存。企业确定采购时点、采购批量时，应当考虑企业需求、市场状况、行业特征、实际情况等因素。

企业应当对采购环节建立完善的管理制度，确保采购过程的透明化。企业应根据预算或采购计划办理采购手续，预算外或计划外采购需经严格审批。

企业应当根据预算有关规定，结合本系统的业务特点编制存货年度、季度和月份的采购、生产、存储、销售预算，并按照预算对实际执行情况予以考核。

（四）验收与保管控制

企业应当对入库存货的质量、数量、技术规格等方面进行检查与验收，保证存货符合采购要求。同时，企业还应当建立存货保管制度，仓储部门应当定期对存货进行检查，加强存货的日常保管工作。

1. 验收控制

企业应当重视存货验收工作,规范存货验收程序和方法,对入库存货的数量、质量、技术规格等方面进行查验,验收无误方可入库。

外购存货的验收,应当重点关注合同、发票等原始单据与存货的数量、质量、规格等核对一致。涉及技术含量较高的货物,必要时可委托具有检验资质的机构或聘请外部专家协助验收。

自制存货的验收,应当重点关注产品质量,通过检验合格的半成品、产成品才能办理入库手续,不合格品应及时查明原因、落实责任、报告处理。

其他方式取得存货的验收,应当重点关注存货来源、质量状况、实际价值是否符合有关合同或协议的约定。

2. 保管控制

企业应当建立存货保管制度,定期对存货进行检查,重点关注下列事项:

(1) 存货在不同仓库之间流动时应当办理出、入库手续。

(2) 应当按仓储物资所要求的储存条件储存,并健全防火、防洪、防盗、防潮、防病虫害和防变质等管理规范。

(3) 加强生产现场的材料、周转材料、半成品等物资的管理,防止浪费、被盗和流失。

(4) 对代管、代销、暂存、受托加工的存货,应单独存放和记录,避免与本单位存货混淆。

(5) 结合企业实际情况,加强存货的保险投保,保证存货安全,合理降低存货意外损失风险。

(五) 领用与发出控制

企业应当明确存货发出和领用的审批权限,大批存货、贵重商品或危险品的发出应当实行特别授权。仓储部门应当根据经审批的销售(出库)通知单发出货物。

企业仓储部门应当详细记录存货入库、出库及库存情况,做到存货记录与实际库存相符,并定期与财会部门、存货管理部门进行核对。

企业应当根据各种存货采购间隔期和当前库存,综合考虑企业生产经营计划、市场供求等因素,充分利用信息系统,合理确定存货采购日期和数量,确保存货处于最佳库存状态。

(六) 盘点与处置控制

企业应当建立存货盘点清查制度,结合本企业实际情况确定盘点周期、盘点流程等相关内容,核查存货数量,及时发现存货减值迹象。企业至少应当于每年年度终了开展全面盘点清查,盘点清查结果应当形成书面报告。

盘点清查中发现的存货盘盈、盘亏、毁损、闲置以及需要报废的存货,应当查明原因、落实并追究责任,按照规定权限批准后处置。

企业应当制定并选择适当的存货盘点制度,明确盘点范围、方法、人员、频率、时间等。企业应当制订详细的盘点计划,合理安排人员、有序摆放存货、保持盘点记录的完整,及时处理盘盈、盘亏。对于特殊存货,可以聘请专家采用特定方法进行盘点。存货盘点应当及时编制盘点表,盘盈、盘亏情况要分析原因,提出处理意见,经相关部门批准后,在期末结账前处理完毕。

仓储部门应通过盘点、清查、检查等方式全面掌握存货的状况,及时发现存货的残、次、冷、背等情况。仓储部门对残、次、冷、背存货的处置,应当选择有效的处理方式,并经相关部门审批后作出相应的处置。

案例 4-9

某企业的仓库存货管理

某企业仓库保管员负责登记存货明细账,以便对仓库中的所有存货项目的收、发、存进行永续记录。当收到验收部门送交的存货和验收单后,根据验收单登记存货领料单。平时,各车间或其他部门如果需要领取原材料,都可以填写领料单,仓库保管员根据领料单发出原材料。公司辅助材料的用量很少,因此领取辅助材料时,没有要求使用领料单。各车间经常有辅助材料剩余(根据每天特定工作购买而未消耗掉,但其实还可再为其他工作所用的),这些材料由车间自行保管,无须通知仓库。如果仓库保管员有时间,偶尔也会对存货进行实地盘点。

该企业存货管理存在的问题和可能导致的弊端如下:① 存货的保管和记账职责未分离。将可能导致存货保管人员监守自盗,并通过篡改存货明细账来掩饰舞弊行为,存货可能被高估。② 仓库保管员收到存货时不填制入库通知单,而是以验收单作为记账依据。将可能导致一旦存货数量或质量上发生问题,无法明确是验收部门还是仓库保管人员的责任。③ 领取原材料未进行审批控制。将可能导致原材料的领用失控,造成原材料的浪费或被贪污,以及生产成本的虚增。④ 领取辅助材料时未使用领料单和进行审批控制、对剩

(续上)

> 余的辅助材料缺乏控制，将可能导致辅助材料的领用失控，造成辅助材料的浪费或被贪污，以及生产成本的虚增。⑤ 未实行定期盘点制度，将可能导致存货出现账实不符现象，且不能及时发现，计价不准确。
>
> 存货内部控制的改进建议如下：① 建立永续盘存制，仓库保管人员设置存货台账，按存货的名称分别登记存货收、发、存的数量；财务部门设置存货明细账，按存货的名称分别登记存货收、发、存的数量、单价和金额。② 仓库保管员在收到验收部门送交的存货和验收单后，根据入库情况填制入库通知单，并据以登记存货实物收、发、存台账。入库通知单应事先连续编号，并由交接各方签字后留存。③ 对原材料和辅助材料等各种存货的领用实行审批控制。即各车间根据生产计划编制领料单，经授权人员批准签字，仓库保管员经检查手续齐备后，办理领用。④ 对剩余的辅助材料实施假退库控制。⑤ 实行存货的定期盘存制。
>
> 资料来源：http://www.bjnai.net/bicpa/info/0112084745.htm。

三、固定资产控制

固定资产是指为生产商品、提供劳务、出租或经营管理而持有的，使用寿命超过一个会计年度的有形资产。固定资产控制的目的在于引导企业加强对固定资产的内部控制，防止并及时发现和纠正固定资产业务中的各种差错和舞弊，保护固定资产的安全完整，提高固定资产的使用效率。

（一）固定资产控制概述

1. 固定资产失控风险

企业至少应当关注涉及固定资产的下列风险：

（1）固定资产业务违反国家法律、法规，可能遭受外部处罚、经济损失和信誉损失。

（2）固定资产业务未经适当审批或超越授权审批，可能因重大差错、舞弊、欺诈而导致资产损失。

（3）固定资产购买、建造决策失误，可能造成企业资产损失或资源浪费。

（4）固定资产使用、维护不当和管理不善，可能造成企业资产使用效率低下或资产损失。

（5）固定资产处置不当，可能造成企业资产损失。

（6）固定资产会计处理和相关信息不合法、不真实、不完整，可能导致企业资产账实不符或资产损失。

2. 固定资产控制的关键环节

企业在建立与实施固定资产内部控制中,至少应当强化对下列关键方面或者关键环节的控制:

(1) 企业应当加强房屋建筑物、机器设备等各类固定资产的管理,重视固定资产维护和更新改造,不断提升固定资产的使用效能,积极促进固定资产处于良好运行状态。

(2) 企业应当制定固定资产目录,对每项固定资产进行编号,按照单项资产建立固定资产卡片,详细记录各项固定资产的来源、验收、使用地点、责任单位和责任人、运转、维修、改造、折旧、盘点等相关内容。

(3) 企业应当严格执行固定资产日常维修和大修理计划,定期对固定资产进行维护保养,切实消除安全隐患。企业应当强化对生产线等关键设备运转的监控,严格操作流程,实行岗前培训和岗位许可制度,确保设备安全运转。

(4) 企业应当根据发展战略,充分利用国家有关自主创新政策,加大技改投入,不断促进固定资产技术升级,淘汰落后设备,切实做到保持本企业固定资产技术的先进性和企业发展的可持续性。

(二) 职责分工与授权批准

1. 职责分工

企业应当建立固定资产业务的岗位责任制,明确相关部门和岗位的职责、权限,确保办理固定资产业务的不相容岗位相互分离、制约和监督。同一部门或个人不得办理固定资产业务的全过程。

固定资产业务不相容岗位至少包括:① 固定资产投资预算的编制与审批。② 固定资产投资预算的审批与执行。③ 固定资产采购、验收与款项支付。④ 固定资产投保的申请与审批。⑤ 固定资产处置的审批与执行。⑥ 固定资产取得与处置业务的执行与相关会计记录。

企业应当配备合格的人员办理固定资产业务。办理固定资产业务的人员应当具备良好的业务素质和职业道德。

2. 授权批准

企业应当对固定资产业务建立严格的授权批准制度,明确授权批准的方式、权限、程序、责任和相关控制措施,规定经办人的职责范围和工作要求。严禁未经授权的机构或人员办理固定资产业务。

审批人应当根据固定资产业务授权批准制度的规定,在授权范围内进行审批,不得超越审批权限。经办人在职责范围内,按照审批人的批准意见办理固定资产业务。对于审批人超越授权范围审批的固定资产业务,经办人员有权拒绝办理,并及时向上级部门报告。

企业应当制定固定资产业务流程,明确固定资产投资预算编制、取得与验收、使用与维护、处置等环节的控制要求,并设置相应的记录或凭证,如实记载各环节业务开展情况,及时传递相关信息,确保固定资产业务全过程得到有效控制。

(三) 取得与验收控制

1. 取得控制

企业应当建立固定资产预算管理制度。企业应当根据固定资产的使用情况、生产经营发展目标等因素拟定固定资产投资项目,对项目可行性进行研究、分析,编制固定资产投资预算,并按规定程序审批,确保固定资产投资决策科学合理。

对于重大的固定资产投资项目,应当考虑聘请独立的中介机构或专业人士进行可行性研究与评价,并由企业实行集体决策和审批,防止出现决策失误而造成严重损失。

企业应当严格执行固定资产投资预算。对于预算内固定资产投资项目,有关部门应严格按照预算执行进度办理相关手续;对于超预算或预算外固定资产投资项目,应由固定资产相关责任部门提出申请,经审批后再办理相关手续。

企业对于外购的固定资产应当建立请购与审批制度,明确请购部门(或人员)和审批部门(或人员)的职责权限及相应的请购与审批程序。固定资产采购过程应当规范、透明。对于一般固定资产采购,应由采购部门充分了解和掌握供应商情况,采取比质比价的办法确定供应商;对于重大的固定资产采购,应采取招标方式进行。

企业应当按照国家统一的会计准则制度的规定,区分融资租赁和经营租赁,并根据风险、报酬转移情况,明确固定资产租赁业务的审批和控制程序。

2. 验收控制

企业应当建立严格的固定资产交付使用验收制度,确保固定资产数量、质量等符合使用要求。固定资产交付使用的验收工作由固定资产管理部门、使用部门及相关部门共同实施。对验收合格的固定资产应及时办理入库、编号、建卡、调配等手续,对需要办理产权登记手续的固定资产,企业应及时到相关部门办理。企业财会部门应当按照国家统一的会计准则、制度的规定,及时确认固定资产的购买或建造成本。

企业外购固定资产,应当根据合同协议、供应商发货单等对所购固定资产的品种、规格、数量、质量、技术要求及其他内容进行验收,出具验收单或验收报告。

验收合格后方可投入使用。企业自行建造的固定资产,应由制造部门、固定资产管理部门、使用部门共同填制固定资产移交使用验收单,验收合格后移交使用部门投入使用。企业对投资者投入、接受捐赠、债务重组、企业合并、非货币性资产交换、外企业无偿划拨转入以及其他方式取得的固定资产均应办理相应的验收手续。企业对经营租赁、借用、代管的固定资产应设立登记簿记录备查,避免与本企业财产混淆,并应及时归还。

(四) 使用与维护控制

1. 使用控制

企业应加强固定资产的日常管理工作,授权具体部门或人员负责固定资产的日常使用与维修管理,保证固定资产的安全与完整。固定资产移动应当得到授权。

企业应当定期或不定期检查固定资产明细及标签,确保具备足够详细的信息,以便固定资产的有效识别与盘点。

企业应根据国家及行业有关要求和自身经营管理的需要,确定固定资产分类标准和管理要求,并制定和实施固定资产目录制度。

企业应依据国家有关规定,结合企业实际,确定计提折旧的固定资产范围、折旧方法、折旧年限、净残值率等折旧政策。折旧政策一经确定,不得随意变更。确需变更的,应当按照规定程序审批。

2. 维护控制

企业应当建立固定资产的维修、保养制度,保证固定资产的正常运行,提高固定资产的使用效率。固定资产使用部门负责固定资产日常维修、保养,定期检查,及时消除风险。固定资产大修理应由固定资产使用部门提出申请,按规定程序报批后安排修理。固定资产技术改造应组织相关部门进行可行性论证,审批通过后予以实施。

3. 投保控制

企业应当根据固定资产的性质和特点,确定固定资产投保范围和政策。投保范围和政策应足以应对固定资产因各种原因发生损失的风险。

企业应当严格执行固定资产投保政策,对应投保的固定资产项目按规定程序进行审批,及时办理投保手续。对于重大固定资产项目的投保,应当考虑采取招标方式确定保险公司。

已投保的固定资产发生损失的,应当及时办理相关的索赔手续。

4. 抵押控制

企业应当规范固定资产抵押管理,确定固定资产抵押程序和审批权限等。

企业将固定资产用作抵押的,应由相关部门提出申请,经企业授权部门或人员批准后,由资产管理部门办理抵押手续。

企业应当加强对接收的抵押资产的管理,编制专门的资产目录,合理评估抵押资产的价值。

5. 盘点控制

企业应当定期对固定资产进行盘点。盘点前,固定资产管理部门、使用部门和财会部门应当进行固定资产账簿记录的核对,保证账账相符。企业应组成固定资产盘点小组对固定资产进行盘点,根据盘点结果填写固定资产盘点表,并与账簿记录核对,对账实不符,固定资产盘盈、盘亏的,编制固定资产盘盈、盘亏表。

固定资产发生盘盈、盘亏,应由固定资产使用部门和管理部门逐笔查明原因,共同编制盘盈、盘亏处理意见,经企业授权部门或人员批准后由财会部门及时调整有关账簿记录,使其反映固定资产的实际情况。

(五)处置与转移控制

1. 处置控制

企业应当加强固定资产处置的控制,关注固定资产处置中的关联交易和处置定价,防范资产流失。

固定资产的处置应由独立于固定资产管理部门和使用部门的其他部门或人员办理。固定资产处置价格应报经企业授权部门或人员审批后确定。对于重大的固定资产处置,应当考虑聘请具有资质的中介机构进行资产评估。对于重大固定资产的处置,应当采取集体合议审批制度,并建立集体审批记录机制。固定资产处置涉及产权变更的,应及时办理产权变更手续。

企业应区分固定资产不同的处置方式,采取相应控制措施:① 对使用期满、正常报废的固定资产,应由固定资产使用部门或管理部门填制固定资产报废单,经企业授权部门或人员批准后对该固定资产进行报废清理。② 对使用期限未满、非正常报废的固定资产,应由固定资产使用部门提出报废申请,注明报废理由、估计清理费用和可回收残值、预计出售价值等。企业应组织有关部门进行技术鉴定,按规定程序审批后进行报废清理。③ 对拟出售或投资转出的固定资产,应由有关部门或人员提出处置申请,列明该项固定资产的原价、已提折旧、预计使用年限、已使用年限、预计出售价格或转让价格等,报经企业授权部门或人员批准后予以出售或转让。

2. 转移控制

企业出租、出借固定资产,应由固定资产管理部门会同财会部门按规定报经批准后予以办理,并签订合同协议,对固定资产出租、出借期间所发生的维护保养、税负责任、租金、归还期限等相关事项予以约定。

对固定资产处置及出租、出借收入和发生的相关费用,应及时入账,保持完整的记录。

企业对于固定资产的内部调拨,应填制固定资产内部调拨单,明确固定资产调拨时间、调拨地点、编号、名称、规格、型号等,经有关负责人审批通过后,及时办理调拨手续。固定资产调拨的价值应当由企业财会部门审核批准。

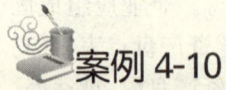

案例 4-10

长安福特公司的固定资产内部控制

长安福特公司是由中国汽车工业最大的"百年老店"——长安汽车集团和世界领先的福特汽车公司共同出资成立的。长安福特公司的固定资产内部控制流程包括:①固定资产投资项目的决策。②资产购置流程。③资产处置流程。④资产实物台账管理和报废流程。⑤固定资产盘点制度。其内部控制主要特点如下。

1. 注重流程管理

从上述的介绍中可以看到,长安福特公司的固定资产内部控制进行的是流程管理。从固定资产投资项目的决策、购置到固定资产的日常管理、最后处置都有一系列的流程图,相关业务经办人员根据这些流程图执行有关固定资产的业务。不少企业虽然有一整套的管理制度,但是执行起来却不尽如人意,很多业务人员经办有关事项时,不遵守企业的规章制度。在很多情况下,并不是业务人员有意违反企业的制度,一个重要的原因是企业缺乏可供操作性的流程,指导业务人员处理经济业务。长安福特公司在这方面做得就比较好,公司采用的是福特公司的管理经验,在流程设计上比较科学合理,有效地指导了业务人员的工作。如长安福特公司的不少员工就提到,在很多情况下,他们的工作不是来自于领导的命令,而是按程序办事。

2. 加强固定资产实物台账管理

固定资产的内部控制是全方位的控制,从固定资产投资决策、购置,一直到日常管理和处置,每个环节都很重要。很多企业比较重视固定资产的购置,但固定资产购买回来后,对日常管理却不够重视。长安福特公司设立了完善的固定资产实物台账管理制度,对台账的设置、登记、保管、报告进行了详细的

（续上）

规定，并加以执行。通过对固定资产的台账管理，公司较好地保证了固定资产的完整性和安全性，维护了资产的正常运行。

3. 注重固定资产的内部控制自我评价

内部控制的评价，在我国很多企业中一直是一个薄弱环节。一般来说，企业都有相应的内部控制制度。但不少企业对如何评价和考核内部控制的运行却缺乏经验和有效的手段。长安福特公司的内部控制制度中的一个重要组成部分就是内部控制评价。该公司制定了详尽的内部控制审核项目，从固定资产的购置到日常管理的处置，都是企业内部审核小组予以关注的对象。通过内部审核，长安福特公司有效地监督了内部控制的运行情况，对出现的问题能够及时发现，并予以纠正。

资料来源：丁小云.关于固定资产内部控制典型案例分析[J].会计之友，2007(13)。

四、无形资产控制

无形资产是指企业拥有或者控制的、没有实物形态的可辨认非货币性资产，即能够从企业中分离或者划分出来，并能够单独或者与相关合同协议、资产、负债一起用于出售、转移、授权许可、租赁或者交换的，以及源自合同协议性权利或其他法律权利的非货币性资产。无形资产通常包括专利权、非专利技术、商标权、著作权、特许权和土地使用权等。

无形资产控制的目的在于引导企业加强对无形资产的内部控制，防止并及时发现和纠正无形资产业务中的各种差错和舞弊，保护无形资产的安全并维护其价值，提高无形资产的使用效率。

（一）无形资产控制概述

1. 无形资产失控风险

企业至少应当关注涉及无形资产的下列风险：

（1）无形资产业务违反国家法律、法规，可能遭受外部处罚、经济损失和信誉损失。

（2）无形资产业务未经适当审批或超越授权审批，可能因重大差错、舞弊、欺诈而导致损失。

（3）无形资产购买决策失误，可能导致不必要的成本支出。

（4）无形资产使用和管理不善，可能导致损失和浪费。

（5）无形资产处置决策和执行不当，可能导致企业权益受损。

（6）无形资产的会计处理和相关信息不合法、不真实、不完整，可能导致企业资产账实不符或资产损失。

2. 无形资产控制的关键环节

企业在建立与实施无形资产内部控制中，至少应当强化对下列关键方面或者关键环节的控制：

（1）企业应当加强对品牌、商标、专利、专有技术、土地使用权等无形资产的管理，分类制定无形资产管理办法，落实无形资产管理责任制，促进无形资产有效利用，充分发挥无形资产对提升企业核心竞争力的作用。

（2）企业应当全面梳理外购、自行开发以及其他方式取得的各类无形资产的权属关系，加强无形资产权益保护，防范侵权行为和法律风险。无形资产具有保密性质的，应当采取严格保密措施，严防泄露商业秘密。

（3）企业购入或者以支付土地出让金等方式取得的土地使用权，应当取得土地使用权有效证明文件。

（4）企业应当定期对专利、专有技术等无形资产的先进性进行评估，淘汰落后技术，加大研发投入，促进技术更新换代，不断提升自主创新能力，努力做到核心技术处于同行业领先水平。

（5）企业应当重视品牌建设，加强商誉管理，通过提供高质量产品和优质服务等多种方式，不断打造和培育主业品牌，切实维护和提升企业品牌的社会认可度。

（二）职责分工与授权批准

1. 职责分工

企业应当建立无形资产业务的岗位责任制，明确相关部门和岗位的职责、权限，确保办理无形资产业务的不相容岗位相互分离、制约和监督。同一部门或个人不得办理无形资产业务的全过程。

无形资产业务不相容岗位至少包括：① 无形资产投资预算的编制与审批。② 无形资产投资预算的审批与执行。③ 无形资产取得、验收与款项支付。④ 无形资产处置的审批与执行。⑤ 无形资产取得与处置业务的执行与相关会计记录。⑥ 无形资产的使用、保管与会计处理。

企业应当配备合格的人员办理无形资产业务。办理无形资产业务的人员应当具备良好的业务素质和职业道德。

2. 授权批准

企业应当对无形资产业务建立严格的授权批准制度，明确授权批准的方式、权限、程序、责任和相关控制措施，规定经办人的职责范围和工作要求。严禁未经授权的机构或人员办理无形资产业务。审批人应当根据无形资产业务授权批准制度的规定,在授权范围内进行审批,不得超越审批权限。

经办人在职责范围内,按照审批人的批准意见办理无形资产业务。对于审批人超越授权范围审批的无形资产业务,经办人员有权拒绝办理,并及时向上级部门报告。

企业应当制定无形资产业务流程,明确无形资产投资预算编制、自行开发无形资产预算编制、取得与验收、使用与保全、处置和转移等环节的控制要求,并设置相应的记录或凭证,如实记载各环节业务开展情况,及时传递相关信息,确保无形资产业务全过程得到有效控制。

(三)取得与验收控制

1. 取得控制

(1)自创无形资产。企业应根据无形资产的使用效果、生产经营发展目标等因素拟定无形资产投资项目,对项目可行性进行研究、分析,编制无形资产投资预算,并按规定程序审批,确保无形资产投资决策科学合理。

对于重大的无形资产投资项目,应当考虑聘请独立的中介机构或专业人士进行可行性研究与评价,并由企业实行集体决策和审批,防止出现决策失误而造成严重损失。

企业应当严格执行无形资产投资预算。对于预算内无形资产投资项目,有关部门应严格按照预算执行进度办理相关手续;对于超预算或预算外无形资产投资项目,应由无形资产相关责任部门提出申请,经审批后再办理相关手续。

(2)外购无形资产。企业对于外购的无形资产应当建立请购与审批制度,明确请购部门(或人员)和审批部门(或人员)的职责权限及相应的请购与审批程序。

无形资产采购过程应当规范、透明。对于一般无形资产采购,应由采购部门充分了解和掌握产品及供应商情况,采取比质比价的办法确定供应商;对于重大的无形资产采购,应采取招标方式进行;对于非专有技术等具有非公开性的无形资产,还应注意采购过程中的保密保全措施。

2. 验收控制

企业应当建立严格的无形资产交付使用验收制度,确保无形资产符合使用要求。无形资产交付使用的验收工作由无形资产管理部门、使用部门及相关部门共同实施。对验收合格的无形资产应及时办理编号、建卡、调配等手续。对需要办理产权登记手续的无形资产,企业应及时到相关部门办理。

企业外购无形资产,必须取得无形资产所有权的有效证明文件,仔细审核有关合同协议等法律文件,必要时应听取专业人员或法律顾问的意见。企业自行开发的无形资产,应由研发部门、无形资产管理部门、使用部门共同填制无形资产移交使用验收单,移交使用部门使用。企业购入或者以支付土地出让金方式取得的土地使用权,必须取得土地使用权的有效证明文件。除已经确认为投资性房地产外,在尚未开发或建造自用项目前,企业应当根据合同协议、土地使用权证办理无形资产的验收手续。企业对投资者投入、接受捐赠、债务重组、政府补助、企业合并、非货币性资产交换、外企业无偿划拨转入以及其他方式取得的无形资产均应办理相应的验收手续。

(四) 使用与保全控制

1. 使用控制

企业应加强无形资产的日常管理工作,授权具体部门或人员负责无形资产的日常使用与保全管理,保证无形资产的安全与完整。

企业应根据国家及行业有关要求和自身经营管理的需要,确定无形资产分类标准和管理要求,并制定和实施无形资产目录制度。

企业应依据国家有关规定,结合企业实际情况,确定无形资产摊销范围、摊销年限、摊销方法、残值等。摊销方法一经确定,不得随意变更。确需变更的,应当按照规定程序审批。

2. 保全控制

企业应根据无形资产性质确定无形资产保全范围和政策。保全范围和政策应当足以应对无形资产因各种原因发生损失的风险。

企业应当限制未经授权人员直接接触技术资料等无形资产;对技术资料等无形资产的保管及接触应保有记录;对重要的无形资产应及时申请法律保护。

企业应当定期或者至少在每年年末由无形资产管理部门和财会部门对无形资产进行检查、分析,预计其给企业带来未来经济利益的能力。检查分析应包括定期核对无形资产明细账与总账,并对差异及时分析与调整。

无形资产存在可能发生减值迹象的,应当计算其可收回金额;可收回金额低于账面价值的,应当按照国家统一的会计准则、制度的规定计提减值准备、确认减值损失。

(五) 处置和转移控制

1. 处置控制

企业应当建立无形资产处置的相关制度,确定无形资产处置的范围、标准、程序和审批权限等。

无形资产的处置应由独立于无形资产管理部门和使用部门的其他部门或人

员办理。无形资产处置价格应当选择合理的方式,报经企业授权部门或人员审批后确定。对于重大的无形资产处置,无形资产处置价格应当委托具有资质的中介机构进行资产评估。对于重大的无形资产处置,应当采取集体合议审批制度,并建立集体审批记录机制。无形资产处置涉及产权变更的,应及时办理产权变更手续。

企业应区分无形资产不同的处置方式,采取相应控制措施:① 对使用期满、正常报废的无形资产,应由无形资产使用部门或管理部门填制无形资产报废单,经企业授权部门或人员批准后对该无形资产进行报废清理。② 对使用期限未满、非正常报废的无形资产,应由无形资产使用部门提出报废申请,注明报废理由、估计清理费用和可回收残值、预计出售价值等。企业应组织有关部门进行技术鉴定,按规定程序审批后进行报废清理。③ 对拟出售或投资转出的无形资产,应由有关部门或人员提出处置申请,列明该项无形资产的原价、已提折旧、预计使用年限、已使用年限、预计出售价格或转让价格等,报经企业授权部门或人员批准后予以出售或转让。

2. 转移控制

企业出租、出借无形资产,应由无形资产管理部门会同财会部门按规定报经批准后予以办理,并签订合同协议,对无形资产出租、出借期间所发生的维护保全、税负责任、租金、归还期限等相关事项予以约定。

对无形资产处置及出租、出借收入和发生的相关费用,应及时入账,保持完整的记录。

企业对于无形资产的内部调拨,应填制无形资产内部调拨单,明确无形资产名称、编号和调拨时间等,经有关负责人审批通过后,及时办理调拨手续。

无形资产调拨的价值应当由企业财会部门审核批准。

第三节 工程项目

工程项目是指企业自行或者委托其他单位所进行的建造、安装工程。工程项目控制的目的在于引导企业加强工程项目管理,提高工程质量,保证工程进度,控制工程成本,防范商业贿赂等舞弊行为,提高资金使用效益。

一、工程项目控制概述

(一)工程项目失控风险

企业至少应当关注涉及工程项目的下列风险:

(1) 立项缺乏可行性研究或可行性研究流于形式,可能导致难以实现预期效益或项目失败。

(2) 项目招标存在暗箱操作、商业贿赂,可能导致中标人实质上难以承担工程项目、中标价格失实及相关人员涉案。

(3) 工程造价信息不对称,技术方案不落实,概、预算脱离实际,可能导致项目投资失控。

(4) 工程物资质次价高,工程监理不到位,项目资金不落实,可能导致工程质量低劣,进度延迟或中断。

(5) 竣工验收不规范,最终把关不严,可能导致工程交付使用后存在重大隐患。

(二) 工程项目控制的关键环节

企业在建立与实施工程项目内部控制中,应当全面梳理各个环节可能存在的风险,规范工程立项、招标、造价、建设、验收等环节的工作流程,因此至少应当强化对下列关键方面或者关键环节的控制:

(1) 职责分工、权限范围和审批程序应当明确规范,机构设置和人员配备应当科学合理。

(2) 工程项目立项的决策依据应当充分适当,决策过程应当科学规范。

(3) 委托其他单位承担工程项目时,相关的招标程序和合同协议的签订、管理程序应当明确。

(4) 编制工程造价时,概、预算编制的依据、内容、标准应当明确规范。

(5) 工程建设过程,物资采购应当符合设计标准和合同要求,工程项目的质量、安全和进度应得到保障,制定相应的控制程序。

(6) 验收阶段,竣工决算环节的控制流程应当科学严密,竣工清理范围、竣工决算依据、决算审计要求、竣工验收程序、资产移交手续等应当明确。

(7) 工程项目的确认、计量和报告应当符合国家统一的会计准则、制度的规定。

(三) 职责分工与授权批准

1. 职责分工

企业应当建立工程项目业务的岗位责任制,明确相关部门和岗位的职责权限,确保办理工程项目业务的不相容岗位相互分离、制约和监督,确保工程项目的质量、进度和资金安全。

工程项目业务不相容岗位一般包括:① 项目建议、可行性研究与项目决策。② 概预算编制与审核。③ 项目决策与项目实施。④ 项目实施与价款支付。

⑤项目实施与项目验收。⑥竣工决算与竣工决算审计。

2. 岗位人员素质控制

企业应当根据工程项目的特点,配备合格的人员办理工程项目业务。办理工程项目业务的人员应当具备良好的业务素质和职业道德。

企业应当配备专门的会计人员办理工程项目会计核算业务,办理工程项目会计业务的人员应当熟悉国家法律、法规及工程项目管理方面的专业知识。

对于重大项目,企业应当考虑聘请具备规定资质和胜任能力的中介机构(如招标代理、工程监理、财务监理等)和专业人士(如工程造价专家、质量控制专家等),协助企业进行工程项目业务的实施和管理。企业应建立适当的程序对所聘请的中介机构和专业人士的工作进行必要的督导。

3. 授权批准

企业应当建立工程项目授权制度和审核批准制度,并按照规定的权限和程序办理工程项目业务。

企业应当制定工程项目业务流程,明确项目决策、概预算编制、价款支付、竣工决算等环节的控制要求,并设置相应的记录或凭证,如实记载工程项目各环节业务的开展情况,确保工程项目全过程得到有效控制。

二、立项与招标控制

(一)立项控制

企业应当建立工程项目决策环节的控制制度,对项目建议书和可行性研究报告的编制、项目决策程序等作出明确规定,确保项目决策科学、合理。

企业应当组织规划、工程、技术、财会、法律等部门的相关专业人员对项目建议书和可行性研究报告的完整性、客观性进行技术经济分析和评审,出具评审意见,作为项目决策的重要参考依据。

企业应当根据职责分工和审批权限对工程项目进行决策,决策过程应有完整的书面记录。重大的工程项目应当报经董事会或者类似决策机构集体审议批准。总会计师或分管工作的负责人应当参与项目决策。严禁任何个人单独决策工程项目或者擅自改变集体决策意见。

企业应当建立工程项目决策及实施的责任制度,明确相关部门及人员的责任,定期或不定期地进行检查。

企业应当在工程项目立项后,正式施工前,依法取得建设用地、城市规划、环境保护、安全施工等方面的许可。

(二) 招标控制

企业应当依照国家招投标法的规定,采用公开招标的方式,发布招标公告,提供载有招标工程的主要技术要求、主要合同条款、评标的标准和方法,以及开标、评标、定标的程序等内容的招标文件,择优选择具有相应资质的承包单位和监理单位。若需要编制标底的,标底编制过程和标底应当严格保密。在确定中标人之前,企业不得与投标人就投标价格、投标方案等实质性内容进行谈判。

企业应当依法组建评标委员会,评标委员会不得私下接触投标人,不得收受投标人的财务,应按照招标文件确定的标准和方法,对投标文件进行评审和比较,择优选择中标候选人。并对所提出的评审意见承担责任。

企业应当按照规定的权限和程序从中标候选人中确定中标人,及时向中标人发出中标通知书,在规定的期限内与中标人订立书面合同,明确双方的权利、义务和违约责任。企业和中标人不得再行订立背离合同实质性内容的其他协议。

三、造价控制

企业应当加强工程造价管理,明确初步设计概算和施工图预算的编制方法,按照规定的权限和程序进行审核批准,确保概、预算科学合理。

企业应当向招标确定的设计单位在技术和经济方面进行沟通,防止因设计深度不足、设计缺陷,造成施工组织、工期、工程质量、投资失控以及生产运行成本过高等问题。设计单位应提供全面、及时的现场服务,因过失造成设计变更的,应当实行责任追究制度。

企业应当组织工程、技术、财会等方面的相关专业人员对编制的概、预算进行审核,重点审查编制依据、工程量的估计、定额、参数、模型等的采用是否合理,项目内容是否完整,计算是否准确。审核人员应出具书面审核意见,并签章确认。

四、建设和验收控制

(一) 建设控制

1. 工程物资采购控制

企业应当加强对工程建设过程的监控,实行严格的概、预算管理,切实做到及时备料,科学施工,保障资金,落实责任,确保工程项目达到设计要求。

按照合同约定,企业自行采购工程物资的,应当按照采购业务有关规定组织工程物资采购、验收和付款;由承包单位采购工程物资的,企业应当加强监督,确保工程物资采购符合设计标准和合同要求。严禁不合格工程物资投入工程项目建设。对于重大设备和大宗材料的采购应当根据有关招标采购的规定执行。

企业财会部门应当加强与承包单位的沟通,准确掌握工程进度,根据合同约定,按照规定的审批权限和程序办理工程价款结算,不得无故拖欠。

2. 工程实施控制

企业应当实行严格的工程监理制度。对施工方的工程质量、工程进度、工程造价、工程安全进行控制,对合同执行、文件处理进行管理,对各施工方的交叉等进行协调。工程监理人员应当深入施工现场,监控工程进度和质量,及时发现和纠正建设过程中的问题。工程监理人员应当具备相应的资质和良好的职业操守。

对于自行建造的工程项目,以及以包工不包料方式委托其他单位承担的工程项目,企业应当建立针对材料采购、收发、保管和记录相关的控制程序。

企业应当严格控制项目变更,对于必要的项目变更应经过相关部门或中介机构(如工程监理、财务监理等)的审核。重大的项目变更应比照项目决策和概预算控制的有关程序严格加以控制。因工程变更等原因造成价款支付方式及金额发生变动的,应当提供完整的书面文件和其他相关资料。企业会计人员应当对工程变更所涉及的价款支付进行审核。

企业应当加强对工程项目资金筹集与运用、物资采购与使用、财产清理与变现等业务的会计核算,真实、完整地反映工程项目成本费用发生情况、资金流入流出情况及财产物资的增减变动情况。

企业应当加强对在建工程项目减值情况的定期检查和归口管理,建立、健全和严格执行减值准备的计提标准和审批程序。

企业应当针对工程项目质量、安全和进度等方面建立、健全和有效实施相应的控制程序。

(二) 工程项目验收控制

企业应当建立竣工决算环节的控制制度,对竣工财务决算说明书、竣工财务决算报表、工程竣工图和工程造价对比分析四个部分进行严格控制。对竣工清理、竣工决算、竣工验收和工程项目后评估等作出明确规定,确保竣工决算真实、完整、及时。

1. 竣工清理制度

企业应当建立竣工清理制度,明确竣工清理的范围、内容和方法,如实填写并妥善保管竣工清理清单。企业应当加强对工程剩余物资的管理,对需处置的剩余物资,应当明确处置权限和审批程序,并将处置收入及时入账。

2. 竣工决算制度

企业应当依据国家法律、法规的规定及时编制竣工决算。企业应当组织有关部门及人员对竣工决算进行审核，重点审查决算依据是否完备，相关文件资料是否齐全，竣工清理是否完成，决算编制是否正确。

企业应当建立竣工决算审计制度，及时组织竣工决算审计。未实施竣工决算审计的工程项目，原则上不得办理竣工验收手续。因生产经营急需确需组织竣工验收的，应同时组织竣工决算审计。

3. 竣工验收制度

企业应当及时组织工程项目竣工验收，确保工程质量符合设计要求。企业应当对竣工验收进行审核，重点审查验收人员、验收范围、验收依据、验收程序等是否符合国家有关规定，并可聘请专业人士或中介机构帮助企业验收。验收合格的工程项目，应当及时编制财产清单，办理资产移交手续，并加强对资产的管理。

4. 工程项目后评估制度

企业应当建立工程项目后评估制度，对完工工程项目的经济性与项目建议书和可行性研究报告提出的预期经济目标进行对比分析，重点对预期目标的实现情况和项目投资效益等进行评价，并作为绩效考核和责任追究的基本依据。

案例 4-11

某工程公司科长受贿案

2000年，上海检察院接到举报，某工程公司供销科科长张某在外购买高档住房，与其收入明显不符合，调查后发现张某的权力很大，每年公司的供应材料几乎由他一手操办。按公司内部规定，一次性采购款超过30万元的应由上级领导批准。但只要把握好尺度不超过上限，所有业务由科长一人说了算。2000年4月，张某当了科长近1年的时间，就受贿达到17万元。同时还有供应科采购人员李某。张某刚到供销科的时候，采购人员就授意其商行经理，为了多接业务，在张某的办公室给了其1万元的红包，经过李某介绍，张某收了某私营物资公司1万元，以购买450万元的供应材料作为交换。而此后李某本人也利用采购权，受贿9.21万元，随着案情的深入，与工程分包、材料采购

（续上）

等有关高层也纷纷落马。加工科科长熊某，主管钢结构外发加工业务，他透露想买家具后，客户立刻开车送其夫妇到外地家具城选购家具。1998年起，他先后收受数家单位6.6万元。公司下属金属结构厂副厂长余某，利用负责外加工项目的职务便利，收受承包人感谢费4万元。许某，主管公司所有工程项目的施工，在麻将桌上，业务单位的5万元借款不明不白成了"礼金"。同案，还有公司下属容器厂厂长陈某和公司机械部部长祝某，两人在2000年，通过截流、套现等方式，贪污数万元。

案件的发生促使我们反思内部控制制度设计和执行，究竟是哪些环节、哪些部门出现了问题，我们认为，至少应当从以下几个方面入手，加强相关内部控制，以杜绝此类案件的再次发生。

（1）材料采购业务的职务分离。工程承建企业在接到项目以后，即要着手进行材料的采购。由于工程项目标的额一般都比较大，所以材料采购这个环节的控制尤为重要。本案中，某工程公司供销科科长张某，每年公司的供应材料几乎由他一手操办，采购的申请和批准没有进行分离，以至于张某利用这个控制漏洞大肆收受贿赂，损害了企业的利益。一般而言，在采购业务中须进行关键职务的分离，这些职务分离主要包括：材料采购申请必须由生产部门提出，而具体的采购业务则由采购部门完成；付款审批人和付款执行人不能同时办理寻求供应商和索价业务；付款的审核人应同付款执行人在职务上相分离。案例表明，如果采购、审批和付款三者分离，就能有效地防止该类损失的再度发生。而实际上很多企业在采购业务方面的职务分离还是没有完全做到。

（2）材料采购业务采取招投标方式。材料采购批准后，应由专门的采购部门进行采购。采购时，应货比三家。那些违法犯罪分子就是利用手中的采购权，和供应商串通一气，以损害企业利益为代价，行贿受贿。

（3）对材料采购业务审批者的授权和复核。材料请购的提出、审批、执行和付款分离了不一定能保证完全得到执行，案例中发生的就是属于审批这个环节的漏洞。一般而言，采购业务的审批按照金额的大小分级审批，金额较小的采购由部门经理或项目经理审批，而金额比较大的采购需要总经理甚至董事会审批。但由于这种刚性的分级审批，很容易被绕过而钻空子。就本案例而言，按企业的内部规定，一次性采购款超过30万元的应由上级领导审批，但只要"把好尺度"不"上线"，所有业务都由科长一人说了算。所以，除了授权以外，必须设置独立的第三者对审批进行复核，对审批的业务进行再监督，防止在审批环节出漏洞造成损失。

（4）工程分包、材料采购业务实行招投标方式。如果采用招投标方式，可以在选择供应商方面公开、公平、公正，保证材料成本和质量。本案例中的"掌

(续上)

权者"在选择供应商和接包方上丝毫没有监督,以至于在价格、质量等方面不能完全最大化企业价值,甚至收取回扣、贿赂。浦东新区的试点效果也证明了这种方式在防止采购、分包、发包方面贪污舞弊的有效性。招投标制度不仅要在工程(劳务)发包环节上实行,还要向分包和材料采购领域渗透。

工程分包、发包和材料采购环节在国有企业里是一个事故高发的"地段",相关内控漏洞给不法分子提供了舞弊、贪污的机会。本案例中揭露的事实不能不引起我们的深思,反省内部控制的设计和执行是不是真正有效。事实证明,只有在发生一些漏洞之后及时弥补堵塞,才能有效地防止类似案件的再次发生。

资料来源:朱荣恩.内部控制案例[M].上海:复旦大学出版社,2005。

第五章　采购与销售控制

企业的生产经营活动是企业的心脏,必要的内部控制工作负责协调心脏各项机能正常运转。生产经营活动开始于采购业务,结束于销售活动。企业应当建立、健全采购与销售的内部控制制度,以防范经营活动中产生的重大差错、舞弊和企业面临的经济损失与信誉损失,降低企业的经营风险。

第一节　采购业务

采购是指购买物资(或接受劳务)及支付款项等相关活动。采购业务是企业生产经营、管理活动得以顺利进行的重要保证。采购活动往往形成债务,伴随着经济利益的流出,即出现付款业务,采购和付款是不可分离的业务过程。采购业务控制的目的在于促进企业合理采购,满足生产经营需要,规范采购行为,防范采购风险。

一、采购控制概述

(一)采购业务的失控风险

在采购业务中,常见的失控现状主要有:缺乏严格计划与审批的盲目采购;企业采购人员收受贿赂;货物的采购、储存、使用人与账务记录职责分工不明确;付款审批人与付款执行人同时办理寻求供应商和索价业务;采购与付款业务凭证流转存在任意性;结算账户记录不全,账情不清;大量结欠应付款项长期挂账等。企业应对以上失控点予以重点关注。

当该业务失控时企业将面临下列风险:

(1)采购计划安排不合理,市场变化趋势预测不准确,造成库存短缺或积压,可能导致企业生产停滞或资源浪费。合理的采购数量、科学的采购时间和严密的采购计划,是企业进行生产的前提条件。采购计划不合理,数量过大,将导致占用资金过多、储备成本增加,还可能面临物资的破损和变质;数量太少则直接导致生产活动无法进行。

(2) 供应商选择不当,采购方式不合理,招投标或定价机制不科学,授权审批不规范,可能导致采购物资质次价高,出现舞弊或遭受欺诈。采购环节中应特别注意人员的职责分工和授权批准控制,同时应适时进行岗位轮换。若采购人员与供应商的选择批准由同一人负责,就极有可能出现采购人员拿回扣而不顾企业的利益,一方面造成不必要的经济损失,另一方面采购物资的质量难以得到保证。

(3) 采购验收不规范,付款审核不严格,可能导致采购物资、资金损失或信用受损。作为采购的最后一个环节——验收与付款,与企业的直接经济利益紧密相关,要严格规范采购验收程序,并注意采购、验收、付款人员不相容职务的分离;否则,容易使验收环节形式化,无法保证采购物资与订货相符,使企业蒙受不必要的损失。

(二) 采购的关键控制环节

在采购流程的各环节中,企业应当至少强化以下关键环节的控制:

(1) 职责分工、权限范围和审批程序应当明确规范,机构设置和人员配备应当科学合理。

(2) 请购事项应当明确,请购依据应当充分适当。

(3) 采购行为应当合法合规,采购与验收流程及有关控制措施应当明确规范。

(4) 付款方式和程序、与供应商的对账办法应当有明确规定。

二、职责分工与授权批准

采购业务循环中需要经常处理物品或劳务采购、款项支付等敏感性业务。因此,企业应当建立采购与付款业务的岗位制,明确相关部门和岗位的职责、权限,确保办理采购与付款业务的不相容岗位相互分离、制约和监督,以保证对采购业务实施有效控制。职责分工和授权批准控制是其他控制实施的基础,一旦该环节出错,其他环节的控制也将失效。

(一) 职责分工

1. 岗位责任制

企业应当建立采购业务的岗位责任制,明确相关部门和岗位的职责、权限,确保办理采购业务的不相容岗位互相分离、制约和监督。

企业采购业务的不相容岗位至少包括：① 请购与审批。② 供应商的选择与审批。③ 采购合同协议的拟定、审核与审批。④ 采购、验收与相关记录。⑤ 付款的申请、审批与执行。

案例 5-1

XY 公司的采购控制

XY 公司是医药制品公司，对生产所需的原材料除考虑价格因素以外，还要注重对原材料的质量要求。XY 公司原材料采购主要是通过招投标方式进行的。采购部门首先从建立的供应商档案中确定参加招投标会议的供应商，通过比较产品性价比确定几家供应商，由 XY 公司的检验部门对待选供应商的原材料样本进行检验，经检验后，采购部门从中确定质优价廉的供应商。然后采购部门与供应商签订购买合同；购买的原材料到达后再经检验部门进行抽检，出具检验单；仓库保管部门对数量、品种进行检验并出具入库单，财务部门审核及核对检验单、入库单、购货发票后登记明细账；采购部门制订用款计划，财务部门根据用款计划筹备资金付款。

本案例中的 XY 公司虽然建立了采购与付款业务的岗位责任制，明确相关部门和岗位的职责、权限，但在该业务中，"询价与确定供应商"两个不相容岗位都由采购部门承担，这就存在舞弊的可能。建议 XY 公司修改内控制度，使不相容职务分离，并且在采购原材料确定价格环节上，增加控制程序，即购买原材料的价格应经价格委员会讨论，并由财务部门分析审查后，报管理层审批，可有效地防止错误和舞弊的发生。

2. 岗位轮换制

企业应当配备具有良好业务素质和职业道德的人员办理采购与付款业务，并应根据具体情况对办理采购与付款业务的人员进行岗位轮换，防范采购人员利用职权和工作便利收受商业贿赂、损害企业利益的风险。

（二）授权批准

1. 授权和审核批准制度

企业应当建立采购业务的授权制度和审核批准制度，并按照规定的权限和程序办理采购业务。有条件的企业或企业集团，采购职责权限应当尽量集中，避免多头采购或分散采购，以提高采购业务效率，堵塞管理漏洞。重要的和技术性较强的采购业务,应当组织相关专家进行论证,实行集体决策和审批。企业除小额零星物资或服务外,不得安排同一机构办理采购业务全过程。

首先,采购与付款业务审批人应当根据授权批准制度的规定,在授权范围内进行审批,不允许超越权限的审批。

其次,经办人应当在自己的职责范围内,按照审批人的批准意见办理采购与付款业务,未经审批的采购与付款业务不得办理。

再次,对于审批人超越授权范围审批的采购与付款业务,经办人员应当拒绝办理,并及时向审批人的上级授权部门报告。

最后,对于重要和技术性较强的采购业务,应当组织专家进行论证,实行集体决策和审批,防止出现决策失误而造成严重损失。

在采购与付款的各个业务环节中,请购与审批环节的授权批准是重点,应当特别予以关注。其具体要求将在后面的"购买与审批控制"中介绍。

2. 采购登记制度

企业应当按照请购、审批、采购、验收和付款等规定程序办理采购业务,并在采购与付款各环节设置相关的记录、填制相应的凭证,建立完整的采购登记制度,加强请购手续、采购订单或采购合同协议、验收证明、入库凭证、采购发票等文件和凭证相互核对工作。

案例 5-2

某机械厂的采购控制

某机械厂供应部设立两个小组,第一组负责决定请购、审批、询价并确定供应商;第二组负责采购、验收;财务部负责付款并进行会计处理。企业发生如下情况:由于长期的业务关系,第一组收到关系户(此时出现产品库存超标,因此要求机械厂采购)的采购邀请,考虑到平时关系不错,因此第一组决定采购 100 吨钢材。第二组采购员发现第一组人员可能获得个人私利,因此心理不平衡,在采购途中将购入的 20 吨钢材私自低价转卖 2 吨,获利 3 000 元,并以其他地方钢材便宜为由从其他供应商购入 30 吨。采购过程中有一供应商宣称,可以向机械厂提供特殊材料合金,50 吨钢材的价钱可以购入该合金 40 吨,而 40 吨合金可以充当 80 吨钢材使用。采购员信以为真,就用准备购买 50 吨钢材的款项购入 40 吨合金,然后办理正常验收入库手续。后来在使用

（续上）

中发现，该合金根本只能相当于45吨钢材的用途。

该机械厂在采购控制中存在以下问题：

（1）机械厂采购不相容岗位没有分设，导致了供应部不是从企业需要出发进行采购，而是通过采购牟取私利。一般情况下，请购与审批、询价与确定供应商、采购合同的订立与审计、采购与验收、采购验收与相关会计记录、付款审批与付款执行等岗位应分设。第一组不能既请购又决定采购，既询价又确定供应商；第二组不能既采购又验收入库（私自变卖2吨钢材的行为就是不相容岗位没有分离的结果）。

（2）采购岗位之间越权。采购部门应该根据确定的供应商采购，但是第二组擅自决定另行选择供应商，是越权行为；同理，第二组没有根据给定的采购任务采购，而是听信别人宣传，购买别的商品，也是越权行为。

（3）对重大的技术性强的购买决策，应通过专家论证，集体决策确定是否购买。本案例中，第二组直接决定采购技术发生重大变化的材料不符合内部控制要求，而应通过特定程序进行决策（如专家论证、集体决策等）。

三、购买与审批控制

（一）一般要求

1. 建立采购申请制度

企业应当建立采购申请制度，依据购买物资或接受劳务的类型，确定归口管理部门，授予相应的请购权，并明确相关部门或人员的职责权限及相应的请购和审批程序。

2. 采购需求审核制度

企业采购需求应当与企业生产经营计划相适应，具有必要性和经济性。需求部门提出的采购需求，应当明确采购类别、质量等级、规格、数量、相关要求和标准、到货时间等。有条件的企业应当设置专门的请购部门，对需求部门提出的采购需求进行审核，并归类汇总，统筹安排企业的采购计划。

3. 采购预算管理制度

具有请购权的部门对于预算内采购项目，应当严格按照预算执行进度办理请购手续，并根据市场变化提出合理采购申请。对于超预算和预算外采购，应当履行预算调整程序。由具备相应审批权限的部门或人员审批后，再行办理请购手续。

4. 采购请购审批制度

企业应当建立严格的购买审批制度，明确审批权限。

(二) 请购控制

1. 主要物品或劳务的请购

企业请购主要物品或劳务,依据企业生产经营与业务活动是否均衡可分为以下两种情况:

(1) 生产经营与业务活动不均衡的企业,如制造业中的单件小批生产企业,由于生产批量起浮不定,主要物品或劳务的需要量不易确定,应由生产、业务部门根据生产或业务计划(或预算)或即将签发的生产订单或业务通知单提出申请。仓库保管人员接到请购单以后,应将物品保管卡上记录的库存数同生产部门需要的数量进行比较,当生产所需数量超过库存数量时,就应签字同意请购。

(2) 生产经营与业务活动均衡的企业,如制造业中的大量大批生产企业,由于生产量比较均衡稳定,主要物品或劳务的需要量易于确定,可以由仓库保管员在库存物品达到再订货点时直接提出采购申请。

2. 临时性物品或劳务的请购

此类请购通常由物品或劳务的使用部门直接提出,请购单上一般应对采购需要作出描述,解释其目的和用途。

3. 特殊服务项目的请购

对于保险、广告、法律、审计等某些特殊服务项目的请购,企业应明确特别授权,只允许指定人员提出请购。请购单上应注明广告商、事务所、合作伙伴,以及费用水平的比较等。

(三) 购买控制

1. 购买数量控制

采购量要适当,采购量多,价格就便宜,但会增加存货储备成本,使资金积压;采购量小,则使单价提高,因此采购前确定适当的采购量是非常必要的。

采购部门首先应对每一份订购单审查其数量是否在控制限额的范围内,其次是检查请购部门主管是否在请购单上签字。对于需大量采购的原材料等物质,必须做各种采购数量下的成本分析。企业应建立相应的内部控制制度,对成本分析作出强制性的规定,并指定专人对成本分析是否实施进行监督。成本分析的具体方法是:将各种请购项目进行有效的归类,然后利用经济批量法测算其成本;对于请购数量不大或者零星采购的物品,采购批量的成本分析控制可对照资金预算来执行。

经济订购量是指使存货总成本最低时的订购批量。在不考虑缺货的情况下,存货总成本包括订购成本和存货储存成本。订购成本随订购量的增加而减少,如请购用品费用、采购人员的差旅费、订购电话费和电报费等。与订购成本相反,存货储存成本会随着订购量的增加而增加,如存货占用资金的机会成本、仓库的租金或维护费用、仓库管理费、存货发生品质变异、破损、报废、价值下跌损失、存货保险费用等。其计算公式为:

$$经济订购量 = \sqrt{\frac{2 \times 全年需要量 \times 订购成本}{储存成本}}$$

案例 5-3

仪征化纤的"零库存"采购

仪征化纤公司过去为了保证生产的需要,物资采购和库存的量比较大,以前仅包装材料每月入库额就达 400 多万元,占用的流动资金比较多,采购成本增大。同时,企业在采购过程中承担着很大的市场风险。

为了降低采购成本,抵御市场风险,公司首先对部分原辅材料、包装材料变间接供应为直接供应的方式,就是生产需要多少包装材料,供应商直接将需要的包装材料送到生产现场,定期结算,不占用流动资金。为了确保包装材料的稳定供应,仪征化纤公司还组织供应商参与到仪征化纤公司的生产经营中,供应商根据仪征化纤公司的生产经营情况安排物资供应,并根据仪征化纤公司的生产及时调整物资供应的品种和数量。2003 年 2 月中旬,仪征化纤公司原涤纶三厂设备大修期间,一家供应商准备了 50 多万元的密封件,由于现场大修人员通过修旧利废,仅用了 10 万元的密封件,供应商就把剩余的密封件调剂到浙江一家用户。如果在过去,这些备件就成了仪征化纤公司的库存积压物资。2004 年二季度以来,仪征化纤公司由于受市场低迷的影响,生产经营形势处于低谷,与仪征化纤公司签订协议的供应商就把多生产出来的包装材料存在自己的仓库内。

仪征化纤公司使用的包装材料等物资通过直供的方式,不仅保障了物资供应,也保证了物资的质量,为仪征化纤公司生产的长周期安全稳定运行创造了有利的条件。由于实行物资的直供方式,包装材料等物资已实现了零库存,仅这一项,仪征化纤公司 2003 年就减少流动资金占用 2 亿多元。

资料来源:王为人.采购案例精选[M].北京:电子工业出版社,2007。

2. 供应商的选择

企业应当建立科学的供应商评估和准入制度,确定合格供应商清单,与选定的供应商签订质量保证协议,建立供应商管理信息系统,对供应商提供物资或劳务的质量、价格、交货及时性、供货条件及其资信、经营状况等进行实时管理和综合评价,根据评价结果对供应商进行合理选择和调整。企业可委托具有相应资质的中介机构对供应商进行资信调查。

企业应当充分了解和掌握供应商的信誉、供货能力等有关情况,采取由采购、使用部门共同参与比质比价的方式,并按规定的授权批准程序确定供应商。

企业应当建立供应商评价制度,由企业的采购部门、请购部门、生产部门、财会部门、仓储部门等相关部门共同对供应商进行评价,包括对所购商品的质量、价格、交货及时性、付款条件及供应商的资质、经营状况、信用等级等进行综合评价,并根据评价结果对供应商进行调整。企业应当对紧急、小额零星采购的范围、供应商的选择作出明确规定。

案例 5-4

TCL 公司的供应商选择之道

TCL 公司评估的物件主要有两类:一类是现有供应商;另一类是新的潜在供应商。"对于现有合格的供应商,我们每个月都要做一个调查,着重就价格、交货期、进货合格率、质量事故等进行正常评估。1~2 年做一次现场评估。"该公司部门经理助理晏华斌介绍说。由于 TCL 公司在行业内是较为领先的企业,因而其供应商在行业内也是很优秀的。"产品合格率基本上可以做到 100%,交货期也一样。"晏华斌说。

接纳新的供应商,其评估过程要复杂一些。公司采购部经理孙敏说:"通常是产品设计提出了对新材料的需求,然后我们就会要求潜在的目标供应商提供基本情况,内容包括:公司概况、生产规模、生产能力、给哪些企业供货、ISO9000 认证、安全认证、相关记录、样品分析等,然后就是报价。"

随后,公司就要对该供应商做一个初步的现场考察,看看所说的和实际情况是否一致,现场考察基本上按 ISO9000 的要求进行。最后汇总这些材料交部品管理小组讨论。在供应商资格认定之后,公司各相关部门、品质部、产品部、采购部门等再进行正式的考察。如果正式考察认为没有问题,就可以小批量供货了。供货期考察一般进行 3 个月,若没有问题,再增加数量。

资料来源:http://www.mba163.com/glwk/cwgl/200606/65474_2.html。

第五章　采购与销售控制

3. 购买时间控制

采购量和供货商确定后,还必须确定采购时间。现代企业竞争非常激烈,时间就是金钱。采购计划的制订要非常准确,采购不及时,会造成停工待料,增加管理费用,进而影响销售和信誉;采购太早又会使物资囤积、资金积压、场地浪费、物资变质。所以依据生产计划制订采购计划,按采购计划进行适时采购,使生产、销售顺畅,节约成本,提高竞争力的有力保证。

采购时间的控制主要由存货管理部门运用经济批量法和分析存货最低库存量法来进行。采购部门要根据具体分类,对物资进行重点控制或一般控制。对经常采购或采购金额较大的物资应实施重点控制,其订货时间一般可以通过以下两种方式确定:

(1) 定期订货。所谓定期,即物资采购的时间固定,如每 10 天、20 天或每个月进行采购,对于企业经常使用的物资,可采用此种订货方式。其采购批量的计算为:

$$订货量 = 平均每日需用量 \times 订货间隔期 + 保险备用量 - 实际库存量 - 订货在途量$$

(2) 定量订货。所谓定量,就是物资采购的数量固定。对于价格较低或临时性需求的物资可采用此种订货方式。其采购时间的安排可考虑如下方式:

$$订货点 = 平均每月需用量 \times 订货时间 + 保险储备量$$

当库存物资的储备量达到订货点时,就填制请购单,送至采购部门,据以组织订货。

4. 购买价格控制

采购价格的确定是企业采购控制中的核心问题。企业应当建立采购物资定价机制,采取协议采购、招标采购、谈判采购、询比价采购等多种方式合理确定采购价格,最大限度地减小市场变化对企业采购价格的影响。大宗采购应当采用招标方式确定采购价格,其他商品或劳务的采购,应当根据市场行情制定最高限价,并对最高采购限价适时调整。采购项目技术含量较高的,应当组织相关专家进行论证。

将物资采购的所有条件(如物资名称、规格、品质要求、数量、交货期、付款条件、处罚规则、投标押金和投标资格等)详细列明,刊登公告。投标厂商按公告的条件,在规定时间内,缴纳投标押金,参加投标。采购人员请数家厂商提供采购物资的价格、性能、质量等,在作出比较后,决定向选中的厂商进行采购。招标采购的开标规定必须至少3家以上厂商从事报价,投标方才能开标,开标后原则上以报价最低的厂商得标,但得标的报价仍高过地标时,采购人员有权宣布废标,或征得监办人员同意,以议价方式办理。

企业应当建立购买公示制度,确保采购信息公开、透明。

5. 采购过程控制

企业应当根据市场情况和采购计划合理选择采购方式。大宗采购应当采用招标方式,合理确定招标投标的范围、标准、实施程序和评标规则;一般物资或劳务等的采购可以采用询价或定向采购的方式并签订合同协议;小额零星物资或劳务等的采购可以采用直接购买等方式。

企业应当根据确定的供应商、采购方式、采购价格等情况拟订采购合同,准确描述合同条款,明确双方权利、义务和违约责任,按照规定权限签订采购合同。企业应当根据生产建设进度和采购物资特征,选择合理的运输工具和运输方式,办理运输、投保等事宜。

企业应当加强物资采购供应过程的管理,依据采购合同中确定的主要条款跟踪合同履行情况,对有可能影响生产或工程进度的异常情况,应出具书面报告并及时提出解决方案。企业应当做好采购业务各环节的记录,实行全过程的采购登记制度或信息化管理,确保采购过程的可追溯性。

案例 5-5

重庆汽摩配套企业的捆绑采购

为帮助重庆汽摩配套企业控制居高不下的成本,政府组织汽摩配套企业实行原材料(主要是钢铁)捆绑采购。

捆绑采购的想法源于钢材价格持续上涨。重庆市城调队资料显示,今年1~3月,市黑色金属冶炼及压延加工业出厂价格上涨25.17%。钢材涨价对以钢材为主要原材料的钢压延加工、机械加工企业带来了巨大的影响,合结钢每吨涨价3 000元,涨了1倍;碳结钢每吨涨价1 800元,上涨67%;气阀钢每吨涨价1 500元,上涨20%。

一边是钢铁价格持续攀高,另一边是配套产品价格未动,导致90%左右的汽摩配套企业不得不采取了限产措施。严重的是,限产已波及嘉陵、力帆、

(续上)

宗申、隆鑫等大型整车生产厂家。市摩托车行业协会证实,全市摩托车生产企业(包括配套厂家和整车生产厂家)有近80%都悄悄地采取了限产或者减产的措施。2004年2月,重庆摩托车企业减产幅度达到10%。与摩托车行业一样,重庆汽车企业的限产也在悄然进行。

市经委市场处官员表示,钢材涨价带来的成本猛增无法转嫁,汽摩配套企业走向联合采购是降低成本的唯一出路。

资料来源:李文.重庆汽摩配套企业的捆绑采购[N].中国汽车报,2004-5-25。

(四)审批控制

企业应当建立严格的购买审批制度,明确审批权限,根据生产经营的客观需要,确定采购项目、质量等级、可选供应商以及交货付款方式等相关内容。

采购物品或劳务,应当在实施采购预算控制的基础上,实行严格、规范的审批手续。对此,通常从以下两方面来执行:第一是由负有该类支出的预算责任的管理人员来批准该项请购单;第二是由购买部门在执行前检查请购单。有时也可以通过请购项目与预定标准或核定项目单的比较来提供其他形式的控制。也即采购审批控制可分为预算内采购控制、预算外采购控制和预定标准控制三种形式。采购审批控制的要点主要有以下几点:

(1)对于预算内采购项目,具有请购权的部门应严格按照预算执行。

(2)对于超预算和预算外采购项目,应当明确审批权限,由审批人根据其职责、权限以及企业实际需要等对请购申请进行审批。

(3)对于不符合规定的请购申请,审批人应当要求请购人员调整采购内容或不予批准。

(4)企业应根据请购物品或劳务的类别及金额大小,分别确定审批主管。即:不同类别的物品或劳务的请购单要由不同的主管核准,不同的请购额也要由不同的管理层次的主管核准。

四、验收与付款控制

(一)验收控制[①]

企业应当根据规定的验收制度和经批准的订单、合同协议等采购文件,确定

---

① 陈元芳.内部会计控制[M].武汉:华中科技大学出版社,2005.

检验方式,由专门的验收部门或人员、采购部门、请购部门以及供应商等各方共同对所购物品或服务等的品种、规格、数量、质量和其他相关内容进行验收,出具检验报告、计量报告和验收证明。涉及大宗和新、特物资采购的,还应进行专业测试。验收过程中发现的异常情况,负责验收的机构或人员应当立即向企业有权管理的相关机构报告,相关机构应当查明原因并及时处理。验收环节的控制要点如下。

1. 审核凭证

物品采购的入库凭证一般包括装箱单、发货单等。凭证审核的主要内容包括:检查是否存有订单副本,如果找不到副本,要落实是否属于紧急订货,若是紧急订货,要尽快补办相关手续;若非紧急订货,又不能找到订单副本,要及时与采购部门及供应厂商联系,协商解决;检查收货凭证上注明的合同编号、物品数量和编号与订单副本的记录是否一致;确认入库物品的相关凭证,如果发现问题,应当及时与采购部门和生产部门联系,并采取相应措施。

2. 检查数量

货物入库前对凭证审核无误后,应该对收货数量进行检查。即:检查实际交货数量与交货通知单上的应交数量、订单副本上的订货数量是否一致;检查实际交货数量是否能达到生产经营与业务活动计划(或预算)规定的需要量。

通过以上比较检查,如发现欠交或迟交等问题,仓库验收人员应及时报请有关部门或人员进行处理,以免影响生产经营与业务活动的正常进行。

3. 检验质量

质量检验是物品入库前的重要控制环节。企业应制定严格的质量检验标准和程序,必要时还应与供应厂商进行协商。对于检验合格的物品才能办理入库手续,并进行相应的账务处理;对于不合格的物品不得办理入库手续,应及时通知供应厂商,办理退货或折让手续,并办理相应补订手续,以减少单位的损失,避免影响生产经营与业务活动。

对验收过程中发现的异常情况,负责验收的部门或人员应当立即向有关部门报告;有关部门应当查明原因,及时处理。

(二)付款控制

完善付款流程,明确付款审核人的责任和权力,严格审核采购预算、合同、相关单据凭证、审批程序等相关内容,审核无误后办理付款。在付款过程中,应当严格审查采购发票的真实性、合法性和有效性。发现虚假发票的,应查明原因,及时报告处理。重视采购付款的过程控制和跟踪管理,发现异常情况的,应当拒绝付款,避免出现资金损失和信用受损。

企业应当合理选择付款方式,并严格遵循合同规定,防范付款方式不当带来的法律风险,保证资金安全。付款控制是采购与付款的关键控制点,应对以下方面采取相应的控制措施。

1. 采购付款控制

财会部门应当参与商定对供应商付款的条件。企业采购部门在办理付款业务时,应当对采购合同协议约定的付款条件以及采购发票、结算凭证、检验报告、计量报告和验收证明等相关凭证的真实性、完整性、合法性及合规性进行严格审核,并提交付款申请,财务部门依据合同协议、发票等对付款申请进行复核后,提交企业相关权限的机构或人员进行审批,办理付款。

对于已经验收入库而发票尚未到达单位的采购项目,会计人员应当根据供应厂商的报价单暂估价格入账,并要求采购部门及时追交采购发票。

2. 往来款项控制

单位在购货过程中,会与供应单位发生预付账款或应付账款等往来。其控制要点如下:

(1) 加强预付账款和定金的管理。涉及大额或长期的预付款项,应当定期进行追踪核查,综合分析预付账款的期限、占用款项的合理性、不可收回风险等情况,发现有疑问的预付款项,应当及时采取措施,尽量降低与杜绝账款资金风险和形成损失的可能性。

(2) 加强对购买、验收、付款业务的会计系统控制,详细记录供应商情况、请购申请、采购合同、采购通知、验收证明、入库凭证、商业票据、款项支付等情况,确保会计记录、采购记录与仓储记录核对一致。按照规定标准,根据购货发票和验收单等及时将已经发生的采购业务记入采购日记账和应付账款明细账。

(3) 加强应付账款和应付票据的管理,由专人按照约定的付款日期、折扣条件等要素管理应付款项,对于已经到期的应付款项须经有关授权人员审批后,方可办理结算与支付。

(4) 指定专人通过函证等方式,定期与供应商核对应付账款、应付票据、预付账款等往来款项。

(5) 负责往来账项核算的人员必须与保管现金、有价证券和其他资产的职责相分离,采购日记账和总账、往来明细账和总账的登记职责必须分离。

案例 5-6

关注采购资金的安全

3M公司位于成都市,每年要采购数百万元物资。某年年末盘点时,仓库保管员B发现有30吨W材料盘盈,价值约60万元,如果按正常程序处理,这批盘盈材料将作为公司资产同时冲减公司费用(或作为营业外收入处理)。这时,保管员起了私心,想占为己有。于是他便私下与采购部领导进行联系。采购部领导A就指示仓库保管员B将盘盈的30吨W材料隐瞒不报,并与供应商D进行了私下接触。然后,A指派采购员C到供应商D处购得购货发票,并指示C在B处办理虚假入库,总价值60万元,从公司账上付款给D,最后从D处提取现金由几人私分(D收到了开发票应交纳的增值税税金和"好处费")。这是一起典型的内部欺诈案件,原因在于采购内部控制制度不完善(采购部门不能提出申请并自己采购,而应由需要物资的部门提出申请)和相关人员的道德风险。

资料来源:许斌. 基于信息不对称的企业资金安全性控制研究[D]. 四川大学 MBA 学位论文,1999。

五、退货与折让控制

企业应当建立退货与折让管理制度,对退货与折让条件、手续、货物出库、货款的回收等作出明确规定,并在与供应商的合同中明确退货事宜,及时收回退货货款。涉及符合索赔条件的退货,应在索赔期内及时办理索赔,以保证及时收回退货款项。

对于退货与折让的控制,至少应当从以下几方面采取措施:

(1) 提出退货或折让申请。由采购部门与供应厂商进行协商,提出退货或折让要求;将所有应退货或折让的货物加以显著标记,并在与其他货物隔离置放后,填制退货通知单或折让单;在退货情况下,采购部门应授权运输部门将货物退回,将退货通知单副本邮寄给供应厂商,并编制借项通知单交财务部门办理会计核算手续。

(2) 审批。所有退货与折让必须经过有关授权主管人员批准。

(3) 退货与折让分析。按月编制已经或准备退货与折让的报告,供采购部门和质检部门审查分析;按原因编制并审核退货与折让报告,用以考核供应厂商的商品质量与商业信誉,为采购部门选择供应厂商时提供参考信息。

案例 5-7

真假水晶灯

2001年8月8日,星龙湾大酒店在鲜花的簇拥和鞭炮的喧嚣中正式对外营业了。最让星龙湾人感到骄傲和夸耀的是酒店大堂里的一盏绚丽夺目、熠熠生辉的水晶灯。这盏水晶灯是公司王副总经理亲自组织货源,最终从奥地利某珠宝公司高价购回的,货款总价高达120万美元。这样的超级豪华水晶灯不仅是在全国罕见,即使是国外,也只有在少数几家5星级大酒店里能见到。开业当天,来往宾客无不对这盏豪华的水晶灯赞不绝口,称美不已。尤其是经过媒体报道,更成为当天的头条新闻,星龙湾大酒店在这一天也像那盏水晶灯一样,一举成名,当天客房入住率就达到了80%以上。

然而,好景不长。2个月后,这盏高规格高价值的水晶灯就出了问题。首先是失去了原来的光泽,变得灰蒙蒙的,即使用清洁布使劲擦拭都不复往日光彩。其次是部分金属灯杆都出现了锈斑,还有一些灯珠破裂甚至脱落。人们看到这破了相的水晶灯,议论纷纷,这就是破费数百万美元换回的高档水晶灯吗?鉴于情况严重,公司领导责令王副总经理在限期内对此事作出合理解释,并停止了他的一切职务。这个时候,王副总经理是再也笑不出来了。

事件真相很快就水落石出,原来这盏价值近千万元人民币的水晶灯根本不是从奥地利某珠宝公司购得的,而是通过南方某地的 W 公司代理购入的赝品水晶灯。王副总经理在交易过程中贪污受贿,中饱私囊。经查实,这笔交易都是由王副总经理一人操纵的,从签订合同、验收入库到支付货款都是由他说了算,而他之所以会这样做,正是因为收受了 W 公司的巨额好处费。

根据这个案例涉及的环节应做如下控制:

首先,要做到职务分离,采取集体措施。诸如采购申请必须由生产、销售部门提出,具体采购业务由采购部门完成,而货物的验收又应该由其他部门进行。在本案例中,采购大权由王副总经理一人独揽,反映出该公司控制环节中权责不明;货物的采购人不能同时担任货物的验收工作,以防止采购人员收受客户贿赂,购买伪劣材料影响企业生产乃至整体利益;

(续上)

付款审批人和付款执行人不能同时办理寻求代理商和索价业务。付款的审批通常经过验货或验单后执行(预付款除外),以保证货物的价格、质量、规格等符合标准。

其次,要做好入库验收控制。应根据购货单及合同规定的质量、规格、数量以及有关质量鉴定书等技术资料核查收到的货物,只有两者相符时才予以接受;对于所有已收到的货物,应定期完整填写收货报告,将货物编号并登记明细账簿,对验收中所出现的问题要及时向有关部门反映;货物入库和移交时,经办人之间应有明确的职责分工,要对所有可能接触货物的途径加以控制,以防调换、损坏和失窃。本案例中,王副总经理同时主管验货,那么验货查假自然只是走过场了。

最后,还必须做好货款支付控制。发票价格、运费、税费等必须与合同符合无误,凭证齐全后才可办理结算、支付货款,如有部分退货,则注意要从原发票中扣除后再办理结算;除了向不能转账支付和不足转账金额的单位、个人支付现金外,货款一般应办转账。货款支付前应由企业授权人签字,支票签章时应仔细审核有关票据;在购货发票以外增加的费用如装卸、搬运以及在途损耗等,支付前必须经会计部门进行审核,有关部门进行耗损原因分析,以确定其合法性和合理性;付款凭证要连续编号,付款业务及时准确记录;与供货商定期联系,了解未付款情况,追查耽误原因。

资料来源:http://www.chinaacc.com/new/2005_3/5030913501172.htm。

第二节 销 售 业 务

销售是指企业出售商品(或提供劳务)及收取款项等相关活动。销售业务是企业经营活动中的重要环节、企业获利的前提和必要条件。因此,加强销售环节的控制对整个内部控制系统来说是至关重要的。销售业务控制的目标就是促进企业销售稳定增长,扩大市场份额,规范销售行为,防范销售风险。

一、销售业务控制概述

(一)销售业务的失控风险

企业至少应当关注销售业务的下列风险:

(1)销售政策和策略不当,市场预测不准确,销售渠道管理不当等,可能导致销售不畅,库存积压,经营难以为继。积压库存将直接影响销售利润,过大的积压库存容易造成销售商资金运转困难,这就出现了所谓的"销售渠道肠梗阻",轻则让厂商利润打水漂,重则令厂商元气大伤,甚至销售渠道坏死(客户亏本关门),能使一个品牌在某个区域甚至所有区域退出市场竞争,直至销声匿迹。

(2)客户信用管理不到位,结算方式不当,账款回收不力等,可能导致销售款项不能收回或遭受欺诈。销售的最终目的就是能收到客户的钱,回收账款才是销售工作的结束。如果顾客只是签了合同、签了订单,但是并没有收到钱,那不是一个完整的销售,收回账款才是销售工作的结束。如果应收账款回收期过长,也会导致企业的资金运转困难。

(3)销售过程存在舞弊行为,可能导致企业利益受损。企业应针对销售过程的操纵价格行为建立内部控制监控制度,以防企业的利益受损。

(二)销售的关键控制环节

企业在建立与实施销售内部控制中,至少应当强化以下关键环节的控制:

(1)职责分工、权限范围和审批程序应当明确规范,机构设置和人员配备应当科学合理。

(2)销售政策和信用管理应当科学合理,销售与发货控制流程应当规范严密。

(3)应收账款应当有效管理、及时催收,往来款项应当定期核对,如有差错,及时改正。

(4)销售的确认、计量和报告应当符合国家统一的会计准则、制度的规定。

二、职责分工与授权批准

销售与收款业务是经常接触物品或劳务、货款等财产物资的重要岗位。单位应当建立销售与收款业务的岗位责任制,明确相关部门和岗位的职责、权限,确保办理销售与收款业务的不相容岗位相互分离、制约和监督,以保证对销售与收款业务的有效控制。

(一)职责分工

1. 岗位责任制

企业应当建立销售与收款业务的岗位责任制,明确相关部门和岗位的职责、权限,确保办理销售与收款业务的不相容岗位相互分离、制约和监督。

销售与收款不相容岗位至少应当包括:① 客户信用管理与销售合同协议的审批、签订。② 销售合同协议的审批、签订与办理发货。③ 销售货款的确认、回收与相关会计记录。④销售退回货品的验收、处置与相关会计记录。⑤销售业务经办与发票开具、管理。⑥坏账准备的计提与审批、坏账的核销与审批。

企业应当配备具备良好的业务素质和职业道德的人员办理销售与收款业务,并根据具体情况对办理销售与收款业务的人员进行岗位轮换或者管区、管户调整。

案例 5-8

为求暴富买彩票侵吞房租 12 万元

据 2001 年 11 月 25 日东方新闻网报道,在上海市某物业有限公司任职房租收款员的黄云峰为求暴富,侵吞居民房租 12 万余元用于购买彩票,日前被上海市杨浦区人民检察院以涉嫌职务侵占罪批准逮捕。黄云峰因妻子早逝,独自抚养女儿。为改善生活条件,他决定买彩票以求一搏。为获取购买彩票的资金,他动起了所收房租的脑筋。

从 1998 年 8 月至 2001 年 11 月间,他通过截留后面收的钱款来填补前面被侵吞的漏洞的手法,在一式二联的房租单据上,给居民的单据上如实盖上收银章,但在另一张回执上却不盖章,将这笔钱做周转之用,等手头宽裕时再将这笔钱补进去,并在单据上盖章上缴财务。起初,黄不敢拿得太多,但屡屡得手后,他的胆子和胃口越来越大。除了将居民的房租占为己有,还将售后房管理费予以侵吞。至案发时,他侵占居民上缴的房租等费用共计人民币 12 万余元。

之所以发生收款人员挪用所收款项的现象,主要是由于其内部控制存在以下几个方面问题:

(1) 应收款凭证管理制度存在问题。一般而言,企业销售和收款业务循环中,应由会计部门将事先连续编号的销售发票提供给开票人。使用和保留连续编号的发票(包括作废的发票)通常被看作是开票人员应负的一种会计责任。对填制发票的控制,是通过对开票的授权来进行的。结合本案,会计部门应该对房租收款员授权开票风险予以关注,因为开票人与收款人合二为一。正是由于这一看似简化了工作流程的改动,造成了内部控制的缺陷,致使黄某能截留房租,造成了公司的损失。

物业管理公司应该建立严格的凭证管理制度,并且要仔细记录凭证由谁领用、领用数量是多少以及领用日期等信息。在以后收到交回的凭证时也要

第五章　采购与销售控制

（续上）

仔细记录，并且要定期进行凭证核对。如果领用人员领用凭证损坏、丢失，应该询问原因并且作出相应记录，对交回的凭证应该进行核对，这样就能严格控制领用凭证的人员利用凭证进行舞弊行为。

（2）职务分离制度存在问题。在收款职务分离制度中要求应收账款的记账员不能同时成为应收账款的核实人员，销售发票的开列人员一般不宜直接收款。对上述开列发票会计责任的控制也应由独立于发运货物和开单的职员定期地检查事先连续编号的销售发票和发货通知单来实现。如果收款人员和记录人员为同一人员的话，那么该人员就可以在记录上做手脚，比如少记或者不记或者不按照实际收款日期记账，从而利用这个空当挪用或者占用所收款项等行为。在本案例中，收款事务由黄某一人负责，黄某在几次未上缴应收取的房租款后，负责记录该收款于会计账簿的物业公司财务人员却没有及时对开列的发票进行定期检查，从而影响了内部控制的效用，致使黄某截留房租款几年后才发现。

资料来源：朱荣恩. 内部控制案例[M]. 上海：复旦大学出版社，2005。

2. 信用管理制度

（1）有条件的企业可以设立专门的信用管理部门或岗位，负责制定企业信用政策，监督各部门信用政策执行情况。信用政策应当明确规定定期（或至少每年）对客户资信情况进行评估，并就不同的客户明确信用额度、回款期限、折扣标准以及违约情况下应采取的应对措施等。企业应当合理采用科学的信用管理技术，不断收集、健全客户信用资料，建立客户信用档案或者数据库，关注重要客户资信变动情况，采取有效措施，防范信用风险。对于境外客户和新开发客户，应当建立严格的信用保证制度。

（2）有条件的企业，可以运用计算机信息网络技术集成企业分、子公司或业务分部的销售发货信息与授信情况，防止向未经信用授权客户发出货品，并防止客户以较低的信用条件同时与企业两个或两个以上的分、子公司进行交易而损害企业利益。

（3）有条件的企业可以利用国家政策性出口信用保险机构的政策支持，防范风险。

（二）授权批准

销售与收款业务是现金流入单位的主要渠道，加强此环节的授权批准控制，对于保证收入的如实取得、货款的及时回收尤为重要。销售与收款业务的授权批准控制，主要包括以下内容：

(1) 建立销售与收款授权批准制度。单位应当对销售与收款业务建立严格的授权批准制度,明确审批人员对销售与收款业务的授权批准方式、权限、程序、责任和相关控制措施,规定经办人的职责范围、审批权限和工作要求。应当建立授权批准制度的主要业务有定价、赊销、折扣、折让、退货、合同订立、货物发运等。

(2) 严格执行销售与收款的授权批准制度。审批人应当根据销售与收款授权批准制度的规定,在授权范围内进行审批,不得超越审批权限。经办人应当在职责范围内,按照审批人的批准意见办理销售与收款业务,不得办理未经审批的,如发货、赊销、销售折让、折扣、销货退回等销售与收款业务。对于审批人超越授权范围审批的销售与收款业务,经办人员应当拒绝办理,并及时向审批人的上级授权部门报告。

(3) 实行特殊销售业务集体决策制度。对于超过单位既定销售政策和信用政策规定范围的特殊销售业务,单位应当进行集体决策,防止决策失误而造成严重损失。

(4) 严禁未经授权的机构和人员经办销售与收款业务。

案例 5-9

某企业的销售内部控制制度

某企业销售环节的内部控制制度为:设立销售部,处理订单、签订合同、执行销售政策和信用政策;销售部经理对 30 万元以内的赊销业务有权批准,并根据具体情况确定产品售价。由于人手紧张,大宗销售都是由业务员甲与客户谈判并签订合同。没有签订合同的购买方提货的销售业务直接由财务部收款后开具提货单据和发票,客户自行提货;货到付款的业务由销售业务员乙负责赴购买方收款,并将现金或者支票等票据转交财务部。财务部经理保管所有票据,并有权决定应收票据是否贴现。某月企业发生如下业务:

(1) 销售部经理凭某一老客户以前给其留下的良好印象批准向该客户赊销 23.4 万元的业务,后来该款项迟迟未能收到,财务部证实该客户财务状况恶化,当时已经有数笔货款没有如期支付了。

(2) 另一新客户要求签订 3 年期供货合同,3 年中每月月末按照市场价格 80 万元购货,提供下一批货物时清偿上一批货物款项;由于企业销售政策中

(续上)

没有此类情况,销售部经理向总经理请示,总经理当即决定签署该合同。1个月后,该客户未能还款,公司调查,发现该客户并无偿还能力。

该企业内部控制制度及执行存在以下问题。

1. 内部控制中的问题

(1) 尽管企业销售、发货、财务部门分设,但职责划分不合理。第一,开具销售发票应该是销售部门的职责,财务部根据销售部开具的销售发票收款即可,但企业规定由财务部开票,容易造成销售政策执行脱节、财务部收款作弊等;第二,收款是财务部的职责,但规定由销售部业务员赴外地收款,造成同一部门和人员经办整个销售收款业务的全过程,同时也违背了销售人员不得接触现款的规定。

(2) 由销售部经理根据具体情况确定售价的做法容易造成销售价格失控、销售收入流失,应根据制定好的价目表、折扣政策、付款政策等加以执行。

(3) 在进行业务谈判时一般需要两名谈判人员,以增强谈判能力、减少作弊的可能。

(4) 财务部经理保管所有的票据并有权决定应收票据贴现的做法违背了票据保管人员与贴现批准人员的相互分离的要求,容易导致贴现行为失去监督。

2. 企业销售业务的操作问题

(1) 在决定是否赊销时,应进行客户资信状况的审查,而不是凭个人印象;同时企业应该按客户设置应收账款台账,及时反映与客户债权债务关系,以便于评价客户信用状况,作出正确的销售决策。

(2) 对于企业发生的超过现有销售政策的特殊业务(如本案例中的长期供货合同),企业应进行集体决策,避免因决策失误造成损失。本案例中,总经理当即决定签订合同的做法过于草率,同时也可以看出企业对客户信用控制太不严格。

三、销售与收款控制

(一) 销售与发货控制

销售与发货是销售业务的起点环节,在这一环节要着重对销售定价、客户信用分析、赊销业务、销售与发货程序等关键控制点采取相应的控制措施,保证销售与发货业务活动的正常进行。

1. 一般要求

(1) 企业对销售业务应当建立严格的预算管理制度,制定销售目标,确立销售管理责任制。

（2）企业应当建立销售定价控制制度、制定价目表、折扣政策、付款政策等并予以执行。企业在选择客户时，应当充分了解和考虑客户的信誉、财务状况等有关情况，降低账款回收中的风险。

（3）企业应当加强对赊销业务的管理。赊销业务应遵循规定的销售政策和信用政策。对符合赊销条件的客户，应经审批人批准后方可办理赊销业务；超出销售政策和信用政策规定的赊销业务，应当实行集体决策审批。

（4）企业应当在销售与发货各环节做好相关的记录，填制相应的凭证，建立完整的销售登记制度，并加强销售订单、销售合同协议、销售计划、销售通知单、发货凭证、运货凭证、销售发票等文件和凭证的相互核对工作。

销售部门应当设置销售台账，及时反映各种商品、劳务等销售的开单、发货、收款情况，并由相关人员对销售合同协议执行情况进行定期跟踪审阅。销售台账应当附有客户订单、销售合同协议、客户签收回执等相关购货单据。

2. 销售与发货控制要点

（1）销售谈判。企业在销售合同订立前，应当与客户进行业务洽谈、磋商或谈判，关注客户信用状况、销售定价、结算方式等相关内容。重大的销售业务谈判应当吸收财会、法律等专业人员参加，并形成完整的书面记录。

（2）合同协议审批。销售合同应当明确双方的权利和义务，审批人员应当对销售合同草案进行严格审核。企业应当建立健全销售合同协议审批制度，明确说明具体的审批程序及所涉及的部门人员，并根据企业的实际情况明确界定不同合同协议金额审批的具体权限分配等。审批人员应当对销售合同协议草案中提出的销售价格、信用政策、发货及收款方式等严格审查并建立客户信息档案。重要的销售合同协议，应当征询法律顾问或专家的意见。

（3）合同协议订立。销售合同协议草案经审批同意后，企业应当授权有关人员与客户签订正式销售合同协议。签订合同协议应当符合《中华人民共和国合同法》的规定。

（4）组织销售。企业销售部门应当按照经批准的销售合同开具相关销售通知。发货和仓储部门应当对销售通知进行审核，严格按照所列项目组织发货，确保货物的安全发运。企业应当严格按照发票管理规定开具销售发票。严禁开具虚假发票。企业应当做好销售业务各环节的记录，填制相应的凭证，设置销售台账，实行全过程的销售登记制度。

（5）组织发货。企业发货部门应当对销售发货单据进行审核，严格按照销售通知单所列的发货品种和规格、发货数量、发货时间、发货方式、接货地点组织发货,并建立货物出库、发运等环节的岗位责任制,确保货物的安全发运。不断完善客户服务制度,加强客户服务和跟踪,提升客户满意度和忠诚度,改进产品质量和服务水平。

3. 销货退回控制

企业应当加强销售退回管理,分析销售退回原因,及时妥善处理。

(1) 企业应建立销货退回的管理制度。企业销货退回必须经销售主管审批后方可执行。

(2) 销售退回的货物应经质监部门检验和仓储部门清点后,方可入库。质监部门应对客户退回的货物进行检验并出具检验证明;仓储部门应在清点货物、注明退回货物的品种和数量后填制退货接受报告。

(3) 财务部门应对检验证明、退回接受报告以及退货凭证等进行审核后办理相应的退款事宜。

(二) 收款控制

销售业务既有现销,又有赊销。在现销方式下,需要办理现款收取手续;在赊销方式下,需要对应收账款进行确认、计量,并按照规定计提坏账准备,进行坏账损失核算。因此,收款控制包括现款收取控制、应收款项控制和坏账损失控制这三个关键控制点。

1. 现款收取控制

(1) 企业应当及时办理销售收款业务。对以银行转账方式办理的销售收款,应当通过企业核定的账户进行结算。

(2) 企业应当将销售收入及时入账,不得账外设账,不得擅自坐支现金。

(3) 企业应当避免销售人员直接接触销售现款。

案例 5-10

加油站站长挪用销售款

陈某原是南京某石油公司加油站站长兼任管账员。自 1997 年以来,他采取截留销售款、账内做假账等方式,将单位公款用于赌博,使国家直接经济损失 70 余万元。他开始也只是玩点"小来兮",但逐步由小赌变成大赌、狂赌。1997 年他有过 1 个月内输掉 21 万元的"记录"。

（续上）

> 陈某挪用公款的手段很简单，一是直接挪用销售款，陈某自1997年担任站长起，多次从加油站油款中直接拿取现金，2年的时间里挪用公款50多万元去赌博；在兼任管账员期间，他又利用负责清理回收油站的外欠款机会，将收回的外欠款数十万元输在了赌桌上。二是做假账。陈某利用自己既是站长又是管账员的便利，一方面大力截留销售款，另一方面又采取账内做假账的方式来掩盖其舞弊行为。
>
> 本案例是一起典型的由于单位内部控制混乱而导致的挪用公款案。本案例从内部控制的角度看主要存在以下几个方面的问题：
>
> 一是没有将不相容的岗位分离。单位应当建立销售与收款业务的岗位责任制，明确相关部门和岗位的职责、权限，确保办理销售与收款业务的不相容岗位相互分离、制约和监督。陈某既"管事"又"管账"，为他挪用公款创造了便利条件。
>
> 二是没有加强对销售收入款项的控制。单位应将销售收入及时入账，不得账外设账，不得擅自坐支现金。销售人员应当避免接触现款。而本案例的陈某多次从加油站油款中直接拿取现金用于赌博，后来又将收回的外欠款输在赌桌上，都严重违反了内控制度。
>
> 三是缺乏严格的监督检查制度。在本案例中，在陈某任站长期间，尽管公司也每年都对他的经营情况进行审计，但都是走形式，走过场，只是简单地核对账目，什么问题也没发现。

2. 应收款项控制

企业的应收款项包括应收账款、应收票据和其他应收款的控制。企业应当加强对销售、发货、收款业务的会计系统控制，详细记录销售客户、销售合同、销售通知、发运凭证、商业票据、款项收回等情况，确保会计记录、销售记录与仓储记录核对一致。定期抽查、核对销售业务记录、销售收款会计记录、商品出库记录和库存商品实物记录，及时发现并处理销售与收款中存在的问题；同时，还应定期对库存商品进行盘点。指定专人通过函证等方式，定期与客户核对应收账款、应收票据、预收账款等往来款项。如有不符，应当查明原因，及时处理。

(1) 应收账款控制。企业应当完善应收款项管理制度，严格考核，实行奖惩。销售部门负责应收款项的催收，催收记录（包括往来函电）应妥善保存；财会部门负责办理资金结算并监督款项回收。对催收无效的逾期应收账款可通过法律程序予以解决。

应收账款应分类管理，针对不同性质的应收款项，采取不同方法和程序。应严格区分并明确收款责任,建立科学、合理的清收奖励制度以及责任追究和处罚制度,以利于及时清理催收欠款,保证企业营运资产的周转效率。

企业应当按客户设置应收账款台账,及时登记并评估每一客户应收账款余额增减变动情况和信用额度使用情况。

(2) 应收票据控制。企业应当加强商业票据管理,明确商业票据的受理范围,严格审查商业票据的真实性和合法性,防止票据欺诈。企业应当关注商业票据的取得、贴现和背书,对已贴现但仍承担收款风险的票据以及逾期票据,应当进行追索监控和跟踪管理。

企业应收票据的贴现必须经由保管票据以外的主管人员的书面批准,还应当有专人保管应收票据,对于即将到期的应收票据,应当及时向付款人提示付款;已贴现但仍承担收款风险的票据应当在备查簿中登记,以便日后追踪管理。此外,企业应当制定逾期票据追索监控和冲销管理制度。

3. 坏账损失控制

(1) 企业应当在期末分析各项应收款项的可收回性,并预计可能产生的坏账损失。企业对于可能成为坏账的应收账款,应当按照国家统一的会计准则、制度的规定计提坏账准备,并按照权限范围和审批程序进行审批。对确定发生的各项坏账,应当查明原因,明确责任,并在履行规定的审批程序后作出会计处理。

(2) 对于可能成为坏账的应收账款应当报告有关决策机构,由其进行审查,确定是否确认为坏账。单位发生的各项坏账,应当查明原因,明确责任,并在履行规定的审批程序后作出会计处理。坏账的批准职责应当同收款岗位相分离。

(3) 注销的坏账应当进行备查登记,做到账销案存。已注销的坏账又收回时应当及时入账,防止形成账外款。

案例 5-11

BBC 公司的应收账款管理

BBC 公司是从事机电产品制造和兼营家电销售的国有中型企业,资产总额 4 000 万元,其中,应收账款 1 020 万元,占总资产额的 25.5%,占流动资产的 45%。近年来企业应收账款居高不下,营运指数连连下滑,已到了现金枯竭、举步维艰、直接影响生产经营的地步。造成上述状况除了商业竞争的日益加剧外,企业自身内部会计控制制度不健全是主要原因。

（续上）

会计师事务所2004年3月对BBC公司2003年度会计报表进行了审计，在审计过程中根据获取的不同审计证据将该公司的应收账款作了如下分类：

（1）被骗损失尚未作账务处理的应收账款60万元。

（2）账龄长且原销售经办人员已调离，其工作未交接，债权催收难以落实，可收回金额无法判定的应收账款300万元。

（3）账龄较长、回收有一定难度的应收账款440万元。

（4）未发现重大异常，但期后能否收回，还要待时再定的应收账款220万元。

针对上述各类应收账款内控存在的重大缺陷，注册会计师认为BBC公司应收账款管理部门存在以下问题：

（1）企业未制定详细的信用政策，并根据调查核实的客户情况，明确规定具体的信用额度、信用期间、信用标准并经授权审批后执行赊销，而是盲目放宽赊销范围，在源头上造成大量的坏账损失。

1999年年末，四川李老板前来BBC公司购买20万元电视机，并一次支付现金结算货款，2000年春节前夕，李老板再次携现金20万元要求购买80万元的电视机并承诺60万元货款在春节后1个月内结清，同时留下其公司营业执照和其本人身份证复印件以及联系方式。BBC公司销售部门及有关人员在未进一步调查核实李老板真实身份及其资信状况也未经公司领导批准的情况下，仅凭李老板提供的复印件以及携带的大量现金就断定遇到了财神爷，怕失去此次乃至今后财源滚滚而来的机会，积极组织货源向李老板供货。谁知此后李老板人间蒸发毫无音讯。待之后公安机关侦破此案时，货款已被李老板挥霍一空，60万元血本无归。

（2）企业没有树立正确的应收账款管理目标，片面追求利润最大化，而忽视了企业的现金流量，忽视了企业财富最大化的正确目标，这其中一个重要的原因就是对企业领导以及销售部门和销售人员考核时过于强调利润指标，而没有设置应收账款回收率这样的指标，一旦发生坏账则已实现的利润就会落空。

由于企业产品销售不畅，为了扩大销量，完成利润考核指标，企业一味奖励销售人员"找路子"促销产品，而对货款能否及时收回无所顾忌，一时间应收账款一路攀升，甚至出现个别销售人员在未与客户订立合同的情况下，"主动"送货上门，加大了坏账风险。同时大量资金被客户白白占用。

（3）企业没有明确规定应收账款管理的责任部门，没有建立起相应的管理办法，缺少必要的合同、发运凭证等原始凭证的档案管理制度，导致对应收账款损失或长期难以收回的无法追究责任。

（续上）

  公司财务每年年度过账时抄陈账、抄死账，尤其是当销售人员调离公司后，其经手的应收账款更是无人问津或相互推诿，即使指派专人去要账，也经常因为缺失重要的原始凭证，导致要账无据以致无功而返。由于上述原因企业对造成发生坏账损失以及资金长期难以回笼的责任人无法追究其责任。

  (4) 对应收账款的会计监督相当薄弱。企业没有明确规定财务部门对应收账款的结算负有监督检查的责任、没有制定应收账款结算监督的管理办法，财务部门与销售部门基本上是各自为政，"老死不相往来"，造成对客户的信息资料失真或失灵。

  此外，财务部门未定期与往来客户通过函证等方式核对账目，无法及时发现出现的异常情况，尤其是无法防止或发现货款被销售人员侵占或挪用的风险。

  资料来源：http://www.xici.net/b495078/d61287572.htm。

第六章 全面预算控制

全面预算是指企业对一定期间经营活动、投资活动、财务活动等作出的预算安排。企业结合整体目标及资源调配能力,经过合理预测、综合计算和全面平衡,对当年或者超过一个年度的生产经营和财务事项进行相关额度、经费的计划和安排。全面预算控制的目标在于促进企业实现发展战略,发挥全面预算管理作用。

第一节 全面预算概述

一、全面预算控制的失控风险

企业的全面预算管理失控可能存在以下风险:

(1) 不编制预算或预算编制不健全,可能导致企业经营缺乏约束或盲目经营。所谓"预则立,不预则废",其中的"预"包含了预谋、预计、预算等过程;"立"是成功、兴旺、发展的意思;"废"则为失败、衰退、落后的意思,这是对"预"的作用的充分肯定,作为企业一样应当重视预算在企业管理控制中的作用。

(2) 预算目标不合理、编制不科学,可能导致企业资源浪费或发展战略难以实现。企业首先应根据自身的实际情况,确立合理的预算目标、科学的预算标准,其次再按照科学的预算编制程序编制预算,这是预算控制的初步工作。企业还应建立预算执行控制制度,监督预算的执行情况,从而有助于企业发展战略的实现。

(3) 预算缺乏刚性、执行不力、考核不严,可能导致预算管理流于形式。企业一旦确定了预算目标,就应当严格执行,并辅以相应的考核指标和程序;否则,会导致预算失效。

二、全面预算的关键控制环节

企业应当建立全面预算管理制度,强化预算约束,明确预算编制、执行、考核等环节的主要风险点,采取相应措施,实施有效控制。

企业在建立与实施预算内部控制中,至少应当强化对下列关键方面或者关键环节的控制:

(1)职责分工、权限范围和审批程序应当明确规范,机构设置和人员配备应当科学合理。

(2)预算编制、执行、调整、分析、考核的控制流程应当清晰严密,对预算编制方法、审批程序、预算执行情况检查、预算调整、预算执行结果的分析考核等应当有明确的规定。

第二节 岗位分工与授权批准

一、预算工作岗位责任制

企业应当建立预算工作岗位责任制,明确相关部门和岗位的职责、权限,确保预算工作中的不相容岗位相互分离、制约和监督。

预算工作不相容岗位一般包括:① 预算编制(含预算调整)与预算审批。② 预算审批与预算执行。③ 预算执行与预算考核。

二、预算工作组织领导与运行体制

企业应当加强全面预算工作的组织领导,明确预算管理体制以及各预算执行单位的职责权限、授权批准程序和工作协调机制。预算控制的岗位一般包括以下几级。

(一)股东大会(或类似企业最高权力机构)

股东大会(股东会)或企业章程规定的类似最高权力机构(以下统称企业最高权力机构)负责审批企业年度预算方案。

(二)董事会(或类似企业决策机构)

董事会或者企业章程规定的经理、厂长办公会等类似决策机构(以下统称企业决策机构)负责制订企业年度预算方案。

(三)预算委员会(企业预算管理部门)

企业应当设立预算管理委员会,履行全面预算管理职责,其成员由企业负责人及内部相关部门负责人组成。不具备设立专门机构条件的企业,可以指定财会部门等负责预算管理工作。

企业预算管理委员会主要负责拟订预算目标和预算政策;制定预算管理的具体措施和办法;组织编制、审议、平衡年度等预算草案;组织下达经批准的年度等预算;协调、解决预算编制和执行中的具体问题;考核预算执行情况,督促完成预算目标。

预算管理委员会下设预算管理工作机构,由其履行日常管理职责。预算管理工作机构一般设在财会部门。

(四)总会计师

总会计师或分管会计工作的负责人应当协助企业负责人负责企业全面预算管理工作的组织领导。

(五)各业务部门主要负责人

企业内部相关业务部门的主要负责人应当参与企业预算管理工作。

(1)企业内部生产、投资、筹资、物资管理、人力资源和市场营销等业务部门和所属分支机构在企业预算管理部门的领导下,具体负责本部门、本机构业务预算的编制、执行、控制和分析等工作,并配合预算管理部门做好企业总预算的综合平衡、控制、分析和考核等工作。

(2)企业所属子公司在上级企业预算管理部门指导下,负责本企业预算的编制、执行、控制和分析工作,并接受上级企业的检查和考核。

(3)所属基层企业负责人对本企业预算的执行结果负责。

企业应当制定预算工作流程,明确预算编制、执行、调整、分析与考核等各环节的控制要求,并设置相应的记录或凭证,如实记载各环节工作的开展情况,确保预算工作全过程得到有效控制。

案例 6-1

某公司的预算管理

某公司最高权力机关是董事会,指定财务部为预算管理机构。2002年年初,董事会根据上年度的生产经营情况,结合对未来各种因素的合理估计,确定当年的年度预算方案,并将内容详细的预算下发给内部各单位执行。到2002年10月,年度经营实际执行只完成了预计的一半。

第六章 全面预算控制

（续上）

销售部门认为，下半年属于销售淡季，全年任务肯定不能完成，因此向预算管理机构（财务部）提出调整经营预算。

财务部认为，既然实际销售情况和预算相去甚远，预算不能发挥应有的作用，那么就将预算中销售收入调整为原来的2/3。年末，预算管理机构向董事会报告，全面完成全年经营预算。

首先，公司对与预算编制有关机构的职责划分不清晰，指定财务部为预算管理机构是可以的，但应该规定财务职能。从本案例销售部向财务部提出预算调整，并由财务部作出调整决定，从中可以看出，财务部做了应该由董事会做的事情，即董事会是预算审批和预算调整审批的机构，应由董事会决定是否进行调整。从本案例情况看，很可能是职责规定不清造成的。应该明确与预算编制有关机构的职责和权限，避免预算编制、执行、调整和监督检查等过程中可能出现的紊乱。

其次，预算编制机构应该是预算管理机构，即财务部，由董事会编制年度预算并自行决定实施的做法不符合岗位分工原理，预算编制和审批是不相容的岗位，应该分设机构办理两项业务。

再次，年度预算应该分解为季度和月度预算，以便于随时对预算执行情况进行监督。本案例到10月份才发现实际执行情况与预算有很大差异，说明公司很可能没有编制月度、季度预算，以致不能及时发现预算执行中可能存在的问题，或者没有实施预算执行情况内部报告制度和预警制度。正确的做法应该是制定月度、季度预算后，实施执行情况内部报告和预警制度，及时发现预算执行中的问题。

最后，在是否调整预算的问题上，不但审批机构不符合规定，而且审批的重点没有把握好，单纯认为实际情况与预算有较大偏差，预算失去了意义因而立即进行调整，使它符合实际情况，是片面的看法。正确的做法应该是，重点对预算执行中的偏差进行分析，找出原因，然后判断是否应该调整，是否需要采取其他奖惩措施等。

第三节 全面预算的编制、执行与考核控制

一、编制控制

对预算编制环节的控制，企业应当建立和完善预算编制工作制度，明确编制原则、编制依据、编制程序、编制方法等内容，确保预算编制依据合理、程序适当、

方法科学,避免预算指标过高或过低。企业应当在预算年度开始前完成全面预算草案的编制工作。

（一）编制原则

为了使预算内容更精确、更符合实际情况,应遵循财政部《关于企业实行财务预算管理的指导意见》中"效益优先,积极稳健,权责对等"的原则,此外,还应考虑实行全员参与、上下结合、分级编制、逐级汇总、综合平衡的原则,以使企业年度预算方案符合本企业发展战略、整体目标和其他有关重大决议,反映本企业预算期内经济活动规模、成本费用水平和绩效目标,满足控制经济活动、考评经营管理业绩的需要。

（二）编制依据

企业应当根据发展战略和年度生产经营计划,综合考虑预算期内经济政策、市场环境等因素,按照上下结合、分级编制、逐级汇总的程序,编制年度全面预算。企业应当在企业战略的指导下,以上一期间实际状况为基础,结合本企业业务发展情况,综合考虑预算期内经济政策变动、行业市场状况、产品竞争能力和内部环境变化等因素可能对生产经营活动造成的影响,根据自身业务特点和工作实际编制相应的预算,并在此基础上汇总编制预算方案。制定预算方案,应当做到内容完整、指标统一、要求明确、权责明晰。因此,为了保证预算的统一性,企业预算管理委员会应编制一些基本目标、要求和原则,作为各部门、各单位自编预算的统一基础。一般包括以下几点：① 预算期的目标利润。② 预算期的销售总额。③ 工资标准、主要原材料的单价和工料消耗定额。④ 物资的储备水平和控制。

（三）编制程序

预算编制程序视企业不同情况、不同预算模式分为自上而下式、自下而上式、上下结合式。

1. 自上而下式

该程序是一种最传统的预算管理程序,其预算由集团公司总部按照战略管理需要,结合集团公司股东大会意愿及企业集团所处的行业市场环境而提出,预算是全面而详细的,各分部或子公司是预算执行主体。它与战略规划型的母子控制模式相对应。自上而下式的最大好处是在于能保证母公司总部利益,同时考虑企业集团战略发展需要。其最大的不足在于将权力高度集中在总部,从而不能发挥各子公司自身的管理主动性和创造性,达成的协议往往难以在基层管理层达成共识,不利于"人本管理",不利于企业集团的未来发展。它一般只适用于生产和经营单一产品、单一项目的企业集团。

2. 自下而上式

在这种程序中,管理总部对预算只具有最终审批权,主要起到一个管理中心的作用,极大地发挥各责任单位的主动性。总部的管理责任是确定目标,各责任单位编制预算如何实现这一目标,总部审批下级上报的预算的目的是核实下级承诺的可靠性。这种方式的优点是提高了各责任单位的主动性,但其较大的决策性可能会损害企业整体战略计划。这种编制程序适用于资本性的控股集团(即财务控制型的母子公司管理关系)。

3. 上下结合式

这种编制程序是现代预算管理最可取的一种方式,它通过上下结合达到预算意识的沟通与协调,促进总部预算目标的执行,同时,通过上下结合,避免单纯自上而下和自下而上的各种不足。一般按照"上下结合、分级编制、逐级汇总"的程序进行,在具体的预算编制过程中,基本步骤如下:

第一,下达目标。企业董事会或经理办公会根据企业发展战略和预算期经济形势的预测,作出相关决策,提出企业预算期的财务目标和非财务目标,并确定预算编制的政策,由预算管理委员会下达各预算执行单位。

第二,编制上报。各预算执行单位按照预算管理委员会下达的预算目标和编制政策,结合自身特点以及预测的执行条件,提出详细的本单位预算实施方案,上报预算管理委员会。

第三,审查平衡。预算管理委员会对各预算执行单位上报的预算实施方案进行审查、汇总,提出综合平衡的建议。在审查、平衡过程中,预算管理委员会进行充分协调,对发现的问题提出初步调整的意见,并反馈给有关预算执行单位予以修正。

第四,审议批准。在讨论、调整的基础上,预算管理委员会将企业年度预算草案提交董事会或股东大会审议批准。

最后,下达执行。预算管理委员会将已获董事会或股东大会批准的年度总预算,分解成各部门、分公司预算。各部门、分公司将下达的预算指标分解到各基层预算单位,逐级下达执行。

(四)编制方法

企业编制预算,应当遵循经济活动规律,并符合自身经济业务特点、生产经营周期和管理需要,可以选择或综合运用固定预算、弹性预算、零基预算、滚动预算和概率预算等方法。

1. 固定预算

固定预算是一种最基本的方法。固定预算也叫静态预算,是指以预算期内正常的、可能实现的某一业务量水平为基础所编制的预算。显然,该预算编制方法具有简便易行的优点,多数企业均采用此法编制预算。但是当实际业务量偏离预算编制所依据的业务量时,预算便失去了其作为控制和评价标准的意义,耗费大量的精力编制的预算会不符合成本效率原则。由上可见,固定预算适用于固定费用或者数额比较稳定的预算项目,在一般情况下,业务水平比较稳定的企业和非营利组织编制预算时可以采用此方法。

2. 弹性预算

弹性预算也叫变动预算或滑动预算,它根据预算期可预见的不同业务量分别编制其相应的预算,反映在不同业务量水平下所发生的成本、费用和收入水平。其预算范围宽,可比性强,可以将实际指标与实际业务量相应的预算额进行对比,揭示生产经营过程中的问题,更好地发挥预算的控制作用。弹性预算的表达方式主要有列表法、公式法和图标法。在实际操作中,制造费用等间接费用摊销应用弹性预算的频率较高,也可用于利润预算的编制。

3. 零基预算

零基预算是以零为基础编制预算的方法,是为了克服增量预算的缺点而设计的。它是指编制成本费用预算时,不考虑以往会计期间发生的费用项目或费用数额,而是以所有项目支出均为零为出发点,按照预算期内应该达到的总体目标,重新考虑每项支出的必要性,并进行效益分析,确定各项支出的优先顺序,并分配资金的预算。该预算方法能调动各级管理部门降低费用的积极性,将有限的资金用在刀刃上,提高资金的利用效率。其缺点在于这种方法一切从零出发,工作量大。该方法特别适用于产出较难辨认的服务性部门费用预算的编制。

4. 滚动预算

滚动预算又称为连续预算或永续预算,是指将预算期始终保持一个固定期间,连续进行预算编制的方法。其预算期通常以1年为固定长度,每过去1个月或1个季度,便补充1个月或1个季度的预算,永续向前滚动。滚动预算是对定期预算的改进。滚动预算遵循了生产经营活动的变动规律,保证了预算的连续性、完整性和稳定性。滚动预算不受日历年度限制,能够连续不断地规划未来的经营活动,不会造成预算的人为间断,可以使企业管理人员始终了解未来12个月内企业的总体规划与近期预算目标,能够确保企业管理工作的完整性与稳定性。并且,它能根据前期预算的执行情况,结合各种因素的变动影响及时调整和修订近期预算,从而使预算更加切合实际,充分发挥预算的指导和控制作用。当然,采用滚动预算的方法编制预算也会加大预算的工作量。

5. 概率预算

概率预算实际上是一种修正的弹性预算,即将每一事项可能发生的概率结合运用到弹性预算的变化中。前述有关预算的编制过程中,都是假设生产和销售的情况稳定,所涉及的业务量、价格、成本等变量是一个确定的值,所编制的预算是一种确定性预算。然而,实际上企业生产经营的不确定性因素很多,在市场供需、产销变动比较大的情况下,业务量、价格和成本等变量有时甚至难以确定。这时,企业就需要根据客观条件对有关变量进行分析,估计它们可能变动的范围及其在该范围内出现的概率,然后结合概率对各变量进行调整,计算期望值编制预算。这种运用概率来编制预算的方法称为概率预算。概率预算考虑了计划年度的各种可能情况,由于考虑问题较全面,所以,比较符合多变的市场实际情况。但如何估计未来的各种可能情况及其概率比较困难,尤其是概率的确定容易受主观因素的影响。一般而言,在具备历史资料的条件下,可以通过对历史资料的统计分析来确定各种可能情况及其概率。

由此可见,各种预算方法各有所长,各有所短,企业应该根据自身的业务特点和需要选择适当的方法进行预算编制,尤其应该注意各种方法的结合应用,以及与计算机技术的结合。

企业预算管理委员会应当对预算管理工作机构在综合平衡基础上提交的预算方案进行研究论证,从企业发展全局角度提出建议,形成全面预算草案,并提交董事会。企业董事会审核全面预算草案,应当重点关注预算的科学性和可行性,确保全面预算与企业发展战略、年度生产经营计划相协调。全面预算应当按照相关法律、法规及企业章程的规定报经审议批准。批准后,应当以文件形式下达执行。企业批准下达的预算应当保持稳定,不得随意调整。由于市场环境、国家政策或不可抗力等客观因素,导致预算执行发生重大差异确需调整预算的,应当履行严格的审批程序。

二、执行控制

预算执行即预算的具体实施,它是预算目标实现与否的关键,是预算控制的核心环节。企业应当加强对预算执行的管理,明确预算指标分解方式、预算执行审批权限和要求、预算执行情况报告等,落实预算执行责任制,确保预算刚性,严格预算执行。

(一)建立预算执行责任制度

具体包括如下方面:

(1)企业预算一经批准下达,各预算执行单位必须认真组织实施,将预算指标层层分解,从横向和纵向落实到内部各部门、各环节和各岗位,形成全方位的预算执行责任体系。企业应当以年度预算作为组织、协调各项生产经营活动的基本依据,将年度预算细分为季度、月度预算,通过实施分期预算控制,实现年度预算目标。

(2)企业预算管理工作机构和各预算执行单位应当建立预算执行情况分析制度,定期召开预算执行分析会议,通报预算执行情况,研究、解决预算执行中存在的问题,提出改进措施。企业分析预算执行情况,应当充分收集有关财务、业务、市场、技术、政策、法律等方面的信息资料,根据不同情况分别采用比率分析、比较分析、因素分析等方法,从定量与定性两个层面充分反映预算执行单位的现状、发展趋势及其存在的潜力。

(3)企业应当建立预算执行责任制度,对照已确定的责任指标,定期或不定期地对相关部门及人员责任指标完成情况进行检查,实施考评。

(4)企业对重大预算项目和内容,应当密切跟踪其实施进度和完成情况,实行严格监控。

(5)企业应当根据全面预算管理要求,组织各项生产经营活动和投、融资活动,严格预算执行和控制,加强对货币资金收支业务的预算控制,及时组织预算资金的收入,严格控制预算资金的支付,调节资金收付平衡,严格控制支付风险。企业办理采购与付款、销售与收款、成本费用、工程项目、对外投融资、研究与开发、信息系统、人力资源、安全环保、资产购置与维护等业务和事项,应当符合预算要求。涉及生产过程和成本费用的,还应执行相关计划、定额、定率标准。对超出企业预算的资金支付,实行严格的审批制度。

(6)企业应当建立预算执行结果质询制度,要求预算执行单位对预算指标与实际结果之间的重大差异作出解释,并采取相应措施。

(二)预算执行的记录与报告制度

企业应当建立预算执行情况内部报告制度,及时掌握预算执行动态及结果。企业预算管理部门应当运用财务报告和其他有关资料监控预算执行情况,及时向企业决策机构和各预算执行单位报告或反馈预算执行进度、执行差异及其对企业预算目标的影响,促进企业完成预算目标。

预算报告的形式主要有报表、数据分析和文字说明等。将预算目标、实际执行情况及其产生的差异用报表予以列示,是反馈报告的基本形式,其具体内容应根据不同的责任中心分别确定,包括成本中心、利润中心和投资中心的预算反馈报告。

1. 成本中心预算反馈报告

在业绩考评中,成本中心只应对其可控成本负责。所以,成本中心预算反馈报告应以反映责任成本为重点,主要反映其责任成本的各明细项目,列示其预算数、实际数和差异数。采用不同成本计算方法的责任中心,其预算反馈报告的成本费用项目不完全相同。用完全成本法计算成本的责任中心,其预算反馈报告的责任成本预算额可以根据产量和单位产品标准完全成本计算,责任成本实际发生额根据生产产品实际耗费的可控成本计算,根据责任成本预算额和实际发生额计算责任成本差异额。用变动成本法计算成本的责任中心,其预算反馈报告应按变动责任成本和固定责任成本分别列示。变动责任成本预算额根据各种产品产量和单位产品标准变动成本计算,变动责任成本实际发生额根据各种产品实际耗费的变动成本计算,根据变动责任成本预算额和实际发生额计算责任成本差异额。固定责任成本预算额可以根据上级责任中心分解下达的固定成本责任预算确定,固定责任成本实际发生额可以直接根据成本中心当期发生的可控固定成本确定,根据固定责任成本预算额和实际发生额计算固定责任成本差异额。最后,根据变动责任成本和固定责任成本的预算数、实际发生数和差异数,计算全部责任成本预算额、实际发生额和差异额。为了便于成本责任中心和上级责任中心了解差异的具体内容,预算反馈报告中的变动责任成本和固定责任成本应按各自的构成项目分别列示。下面均以变动成本法为例,成本中心的预算执行反馈报告格式,如表6-1所示。

表6-1

成本中心预算执行反馈报告

项　　　目	预　算	实　际	差　异
可控成本			
变动成本			
直接材料			
直接人工			
变动性制造费用			
变动成本合计			
固定成本			
固定性制造费用			
不可控成本			
成本合计			

通过成本中心的预算反馈报告,可以了解成本中心责任成本预算的完成情况和产生差异的原因,有助于对成本中心进行控制,提高企业总体效益,并据此对各成本中心的业绩进行考评。

2. 利润中心预算反馈报告

由于利润中心既对成本负责,又对收入及利润负责,因而利润中心的预算反馈报告应以反映贡献毛益和营业利润的完成情况为重点,主要反映其贡献毛益和营业利润的预算额、实际发生额和差异额。预算反馈报告应按利润的形成过程分项列示。其报告格式如表6-2所示。

表6-2

利润中心预算执行反馈报告

项 目	预 算	实 际	差 异
销售收入			
变动成本			
变动生产成本			
变动销售费用			
变动成本合计			
贡献毛益			
固定成本			
可控性固定成本			
不可控性固定成本			
固定成本合计			
营业利润			

通过利润中心的预算反馈报告,可以了解利润中心的销售、成本等情况,分析影响责任中心目标利润完成的主要原因,并据以对利润中心的工作业绩进行考评。

3. 投资中心预算反馈报告

投资中心的预算反馈报告与利润中心相似,除需列出销售收入、销售成本、营业利润外,还要列示投资报酬率、剩余收益、销售利润率和资产周转率等项指标,重点应放在投资报酬率、剩余收益和资产周转率这些指标上,并将预算数与实际数对比。据此计算差异,分析原因,以便对投资中心的业绩进行全面考核与评价。投资中心的预算反馈报告格式,如表6-3所示。

表 6-3

投资中心预算执行反馈报告

项　　目	预　算	实　际	差　异
销售收入			
变动成本			
变动生产成本			
变动销售费用			
变动成本合计			
贡献毛益			
固定成本			
可控性固定成本			
不可控性固定成本			
固定成本合计			
营业利润			
资产平均占用额			
销售利润率			
资产周转率			
投资报酬率			
要求的最低报酬率			
剩余收益			

（三）预算执行情况预警机制

企业应当建立预算执行情况预警机制，通过科学选择预警指标，合理确定预警范围，及时发出预警信号，积极采取应对措施。有条件的企业，应当逐步推进预算管理的信息化，通过现代电子信息技术手段控制和监控预算执行，提高预警与应对水平。

（四）预算执行结果质询制度

企业应当建立预算执行结果质询制度，要求预算执行单位对预算指标与实际结果之间的重大差异作出解释，并采取相应措施。

三、考核控制

企业应当建立预算执行情况考核制度，对各预算执行单位和个人进行考核，切实做到有奖有惩、奖惩分明。企业预算管理部门应当定期组织预算执行情况考核。将各预算执行单位负责人签字上报的预算执行报告和已掌握的动态监控信息进行核对,确认各执行单位预算完成情况。必要时,实行预算执行情况内部审计制度。企业预算执行情况考核工作,应当坚持公开、公平、公正的原则,考核过程及结果应有完整的记录。预算考核是预算管理的重要环节,它通常是以企业正式下达的预算方案为标准,或以有关部门审定的预算执行报告为依据,依照预算执行单位上报预算执行报告、预算管理部门审查核实、企业决策机构批准的程序进行。企业内部预算执行单位上报的预算执行报告,应经本单位负责人签章确认。

(一)预算考核的基本原则

对预算考核除应当遵循公开、公平、公正原则外,还应遵循分级考评原则、可控性原则、目标一致性原则、时效性原则和例外考评原则。

1. 分级考评原则

分级考评原则要求预算考评与预算目标的确定及分解相适应,针对每一层次责任主体所拥有的权力和承担的责任进行业绩考评,这也是实现责权利相结合的基本要求。

2. 可控性原则

考核评价各个责任层次要以该层次责任主体的责权范围为限,也就是说对各个责任层次的考核评价内容应该是各该层次主体所能控制的业务或因素,所有可控因素带来的预算差异才应该由相应的预算主体负责,利益分配也应以此为前提。但是,应该注意的是可控应是相对的,而不是绝对的。只要某责任主体对某因素具有重大影响和作用力,或者说没有比其更具控制力的责任主体,则该因素应是该责任主体的可控因素。

3. 目标一致性原则

预算考评的一项主要功能就是通过对分解、落实到各个责任主体的预算指标的考核,明确各相关部门和人员的具体目标并督促其积极完成。对此,要注意的一个问题就是一定要确保各级责任单位和个人目标的一致性。在预算考评工作中必须遵循目标一致性原则,保证企业全面预算体系的一致性,引导各级责任单位和个人在预算执行过程中协调各自工作的进行,共同实现企业整体预算的目标。

4. 时效性原则

预算考评应及时进行,并适时依据奖惩制度进行兑现。只有这样才会有助于预算管理工作的改进,确保预算指标的完成。如果将本期的预算执行结果推迟到下期去考评就失去了考评应有的作用。

5. 例外考评原则

在企业预算管理中,要特别注意那些有可能影响预算指标完成的关键因素,并应关注这些因素的例外情况。这里又包括两层意思:一是对于关键因素要超出常规地实施例外的细致考评;二是如果企业不可控的外部因素变化对预算执行造成影响,如宏观经济环境变化、自然灾害等,企业就应及时修正预算,按照修订后的预算指标进行例外考评。

(二)预算考核指标体系

预算考核的评价值指标需要满足科学性、适用性和多样性(财务与非财务指标结合)三个方面的基本要求,并且预算考评指标体系要具有战略导向性。其中,科学性包括准确性、可靠性和灵敏性;实用性包括经济适用性、普遍接受性和可操作性;多样性包括财务指标和非财务指标,其中,非财务指标是指难以或无法计量的因素,如产品质量、新产品的研发设备完好率、设备利用率等指标。

企业可以根据不同的责任中心设计不同的评价指标,如成本中心以可控成本为主要考评依据,以成本费用的节约额、成本降低额与降低率为考核标准;利润中心分别对人为利润中心和自然利润中心设定考核指标;投资中心可以设置投资报酬率、剩余收益和 EVA 等指标。

案例 6-2

大亚湾核电站的预算管理

大亚湾核电站一直非常重视预算管理的运用。基建期设立投资预算管理机构进行专门预算管理,1994 年进入商业运营期以后在电站推行预算管理,从 1997 年开始在全公司推行全面预算管理,至今已建立起一整套行之有效的以成本为中心的全面预算管理体制。

1. 预算管理方法

针对核电站运行管理的特点,大亚湾核电站采用了"零基预算"的管理方法。这样做的优点是成本中心每年在预算申报时都需对以往的工作进行进一步的检查、讨论,同时亦可有效消除、减少"今年存在或开支的费用支出在下一年度就一定存在"的成本费用开支习惯性心理,所有项目均需重新审视其开支的合理性。采用零基预算管理方法的难点是所有项目均需重新审视,工作量极大,而且效率低,时效性差,投入成本巨大。为了避免上述问题的发生,充分

（续上）

发挥公司预算计划的作用,我们在设计公司预算运作模式的时候,采取"折中"模式,即对新的项目、重要的项目(5万美元以上)全部采用"零基预算"管理,对其他项目采用滚动预算进行管理,同时采取年度预算编制、年中预算调整、预算变更等具体的工作方式来使预算与实际工作相匹配,真正达到通过工作计划来编制预算,又通过预算来衡量指导工作计划的作用。

2. 预算管理的组织建设

预算管理功能通过设立各级成本中心组织来实现。成本中心责任管理体系是按照统一领导,分级管理的原则,并根据技术上的特点和管理上的要求而设置的。目前,在公司机构划分为决策、管理和执行三个层次的基础上,又将执行层划分为三级成本中心,即部级成本中心、处级成本中心和科级成本中心。各级成本中心负责人分别是部长、处长和科长,对各自成本中心的预算、成本及其他资源进行规划、申报、执行、控制和考核。成本中心基本单位一般以处为单位划分,但业务较多的处可以科为单位设置;对于临时性的较大项目或跨处的工程项目,可设置单独的、临时的成本中心,项目经理为该成本中心的负责人。每个成本中心应指定一个专人为兼职预算员,协助成本中心负责人的日常预算管理或其他经济管理工作。

预算管理的决策层是董事会、执委会,管理层是总经理部,执行层是各级职能部门。总经理部委托财务部实施公司预算归口管理。

3. 预算管理循环

核电站的预算管理遵循"工作计划—预算编制—立项—承诺—支付—反馈—工作计划"的管理循环。

(1) 工作计划。这是一切预算形成的基础,离开工作计划编制出来的预算不是真正的预算,是无法执行的预算。

(2) 预算编制。每年8月,财务部向公司各级成本中心负责人下达下年度《预算编制计划大纲》并开展相关的在岗业务培训,各级成本中心负责人及预算协调员在接受在岗业务培训和阅读理解该大纲的基础上,开展年度预算的编制与申报工作;整个公司年度预算的编制工作是以各级预算成本中心为单位开展实施的,科级成本中心负责向处级成本中心申报,处级成本中心负责向部级成本中心或预算归口管理部门申报;各部级成本中心负责对所属下级成本中心所报预算进行综合审议后正式报送财务部;凡有归口管理部门的项目,应首先报送归口管理部门所在的科或处级预算成本中心,然后由归口管理部门所在的部级预算成本中心统一向财务部申报;预算编制过程中,财务部成本处及各部预算归口单位预算人员将按预算大纲中的协调计划进行预算编制协调工作,而各级成本中心在预算编制过程中也可与财务部成本处随时保持

(续上)

联络与沟通，以便财务部成本处能够掌握充足的信息，随时进行必要的协助。

(3) 立项。所有项目实施前均应按《合同采购手册》等公司章程中的规定进行立项申请。在这一过程中各级成本中心的工作内容是：各级成本中心在填制立项申请单前首先应经过本成本中心预算协调员运用财务系统中的预算管理系统对其预算与立项情况进行检查，在保证确有预算后，对立项单进行编码并签字认可，然后送有关授权成本中心负责人批准。有归口管理的项目还需经归口管理部门审批，无归口管理成本中心的批准，任何部门不得动用属于归口管理资源的预算。对于无预算的项目，各级成本中心预算协调员应先进行"预算变更申请单"的填制报批工作。各级成本中心预算协调员应对有关立项予以记录，并定期与预算管理计算机系统数据或与财务部成本处核对分析。

(4) 承诺。在立项申请获得批准之后，公司商务部门将组织对外询价、签订合同的活动。商务部门申请的合同推荐除按程序逐步审批外，还须经过原申请立项的各部预算归口管理单位在"签订合同/订单推荐书"的预算控制栏签字认可。各部预算归口管理单位应对有关合同推荐予以记录并定期与预算管理计算机系统数据或与财务部成本处核对分析。

(5) 支付。商务部门申请的合同支付除按程序逐步审批外，还须经过原申请立项的各部预算归口管理单位在"支付申请单"的预算控制栏签字认可。各部预算归口管理单位应对有关合同支付资料予以记录并定期与预算管理计算机系统数据或与财务部成本处核对分析。

(6) 反馈。预算反馈包括对预算执行情况实行定期分析、报告与考核。财务部成本处每月汇总编制《预算执行情况及成本分析月报》，分析预算及成本的执行情况，揭示发展趋势及重大异常现象，汇总公司生产经营、财务状况的重要信息及各成本中心的运作状况，报财务部经理、总经理部审核批示。每年年终财务部成本处根据预算年度成本执行状况编制《年度预算执行情况分析表》和《预算年度成本与往年同期成本费用对比分析表》，对年度内预算管理工作进行考核，揭示成本控制工作的成绩与不足，并编制《年度预算控制回顾》报告，报财务部经理、总经理部审核批示。财务部成本处每月按成本中心提供预算监控报告，发送各级成本中心，以便各级成本中心掌握预算开支情况；了解各申请项目的具体执行情况，促使各项目按原计划日期及时完成并办理支付。

公司制度规定，公司采购执行"没有预算不能立项，没有立项不能承诺，没有承诺不能支付"这一不可逆过程，同时通过预算系统的在线监控，保证公司业务按计划开展，促进公司目标的顺利实现。

4. 预算管理计算机系统

为了保证预算管理的顺利进行，必须建立计算机网络管理系统。公司将

（续上）

预算管理系统作为财务系统的一个管理子模块,将预算系统与财务系统紧密结合的一个显著优势就是预算系统能随时接受财务系统内的数据支持。通过分级授权控制技术和独立的数据库结构来保证会计数据与预算数据的独立性和安全性。目前,预算系统分为三个子系统,即生产预算系统、更新改造预算系统和材料采购预算系统。每个子系统又包括预算书管理、预算编制、预算执行和报告四大模块。财务部于2003~2005年整合现有的预算系统为全面预算管理系统,内容包括生产预算系统(OBS)、更新改造预算系统(PBS)、材料采购预算系统(MBS)、财务预算系统(FBS)、人力资源预算系统(HBS)和管理信息系统(MIS)。所有成本中心负责人及预算协调员可以通过网络,按财务部成本处预先授予的ID和密码,随时从预算管理系统中进行本成本中心相关信息的查询与维护。通过预算管理计算机系统,各级成本中心都能随时了解成本中心的预算、立项、承诺、支付数据、加强预算控制管理。

资料来源：http://www.ccpan.com/html/gl/qycw/cwys/2006/0108/104861.php。

第七章　特殊活动与方法控制

企业的各种特殊活动在给企业带来收益的同时,也存在很高的风险,因此,企业应加强对特殊活动的控制。本章主要介绍合同、担保、业务外包、研发、衍生工具、企业并购和关联交易等企业经营活动与控制方法。

第一节　合同管理

合同是指企业与自然人、法人及其他组织设立、变更、终止民事权利义务的协议。企业生产经营活动的开展与合同协议的编制、审核、订立和履行是密不可分的。合同控制的目标就是规范合同的编制、审核、订立与履行行为,防范与合同相关过程中的差错和舞弊。

一、合同控制概述

（一）合同业务的失控风险

目前,企业合同协议业务出现的失控情形主要表现为:缺乏合同的适当审核或超越权限的审核;协议内容不完善、权利义务不明确甚至未签订书面合同协议;条款履行不当;合同信息安全措施不当,导致商业机密泄露等。由上述情形导致的失控风险主要有以下几点:

（1）未订立合同、未经授权对外订立合同、合同对方主体资格未达要求、合同内容存在重大疏漏的欺诈,可能导致企业合法权益受到侵害。

（2）合同未全面履行或监控不当,可能导致企业诉讼失败、经济利益受损。

（3）合同纠纷处理不当,可能损害企业利益、信誉和形象。

（二）合同的关键控制环节

企业在建立与实施合同内部控制中,至少应当强化以下关键环节的控制:

(1) 签约主体资格及合同订立的程序、形式和内容等应当合法合规。
(2) 合同协议的履行、变更或解除应当得到有效监控。
(3) 合同违约风险应当及时识别和有效处理。

二、合同签署的控制

企业应当建立相应的制度,规范合同正式订立前的资格审查、内容谈判和文本拟定等流程,确保合同的签署符合国家及行业有关规定和企业自身利益,防范合同签署过程中的舞弊和欺诈等风险。

(一) 合同签署前的准备工作

首先,企业应当根据合同内容对标的物的生产商、价格及变化趋势、质量、供货期和市场分布等方面进行综合分析论证,掌握市场情况,合理选择合同的对方。合同标的物涉及重大事项的,应当进行充分协商,坚持自愿、平等、互利原则,明确双方的权利义务和违约责任。对于技术含量较高或法律关系复杂的合同,应当指定法律、技术、财会和审计等专业人员参加谈判,必要时可以聘请外部专家参与,对谈判中的重要事项予以记录,并妥善保存。

其次,企业应对拟签约对象的民事主体资格、注册资本、资金运营、技术和质量指标保证能力、市场信誉和产品质量等方面进行资格审查,以确定其是否具有对合同的履约能力和独立承担民事行为的能力,并查证对方签约人的合法身份和法律资格。

再次,企业应指定专人负责拟定合同文本。合同文本原则上由业务承办部门起草,法律部门审核,重大合同或特殊合同应当由企业的法律部门参与起草,必要时可以聘请外部专家参与起草。由对方起草的合同,应当进行认真审查,确保合同内容准确反映企业诉求。国家或行业有示范文本的,企业可以优先选用,但在选用时,对涉及权利义务关系的条款应当进行严格的审查,并根据企业的实际需要进行修改。

(二) 合同审核控制

企业应当建立合同审核和内部会签制度。合同协议承办部门应当将起草的合同协议文本交由合同协议关键条款涉及的其他专业部门和法律部门会同审核并出具书面意见。会同审核的重点主要包括以下方面:

(1) 经济性。合同协议内容符合企业的经济利益。
(2) 可行性。签约方资信可靠,有履约能力,具备签约资格;资金来源合法,担保方式可靠,担保资产权属明确。

(3) 严密性。合同协议条款齐备、完整,文字表述准确,附加条件适当、合法;合同协议约定的权利、义务、违约责任和争议解决条款明确,数量、价款、金额等标示准确;合同协议有关附件齐备,手续完备。

(4) 合法性。合同协议的主体、内容和形式合法;合同协议订立的程序符合规定,会审意见齐备;资金的来源、使用及结算方式合法,资产动用的审批手续齐备。

企业针对主营业务拟定格式合同协议的,应当根据格式合同法律义务的特殊性及对企业经营的影响程度,履行更加严格的审查程序。未经授权,签约人员不得擅自更改合同协议内容,按照规定应当报经国家有关部门审查或备案的格式合同协议,企业应及时报请审批或备案。

(三) 合同的正式签署

企业应当按照规定的权限和程序与对方当事人签署合同。正式对外订立的合同,应当由企业法定代表人或其授权人签名并加盖有关印章。授权签署合同的,应当签署授权委托书。属于上级管理权限的合同,下级单位不得签署。下级单位认为确有需要签署涉及上级管理权限的合同,应当提出申请,并经上级合同管理机构批准后办理。上级单位应当加强对下级单位合同订立、履行情况的监督检查。

(1) 合同用印控制。经审核同意后签订合同,交由印章管理部门统一进行分类连续编号。应当建立合同专用章专人保管和收回制度。印章管理部门(或岗位)不得对未经编号或缺少合同审核、报签文件以及代签而缺少授权委托书的合同用印,合同用印后,应当及时收回合同专用章并妥善保管。

(2) 合同签订控制。企业对于重要的合同,原则上应当与合同对方当事人当面签订。对于确需企业先行签字并盖章,然后寄送对方签字并盖章的,应当采用在合同协议各页码之间加盖骑缝章、使用防伪印记等方法对合同协议文书加以控制。

正式订立合同的载体,除即时清结外,应当采用书面形式,包括合同协议书、补充协议、公文信件和数据电文等。因情况紧急或条件限制等原因未能及时签订书面形式合同的,应当在事后采取相关补签手续。

(四) 合同档案控制

合同管理部门应当加强合同登记管理,充分利用信息化手段,定期对合同进行统计、分类和归档,详细登记合同的订立、履行和变更等情况,实行合同的全过程封闭管理。

根据国家有关法律、行政法规规定应当办理批准、登记等手续生效的合同,应当及时按规定办理批准和登记手续。

（五）合同保密控制

企业应当按照信息安全内部控制相关规定做好合同保密工作，未经批准任何人不得以任何形式泄露合同在订立和履行过程中涉及的商业秘密和技术秘密或国家机密。

三、合同履行的控制

合同生效后，双方当事人应当正确、适当、全面地完成合同中规定的各项义务。合同履行的过程中，当事人应当遵循诚实信用原则，根据合同的性质、目的和交易习惯履行通知、协助和保密等义务。合同生效后，当事人就质量、价款或者报酬、履行地点等内容没有约定或者约定不明确的，可以协议补充；不能达成补充协议的，按照合同有关条款或者交易习惯确定。

（一）合同履行的监控

企业应当监控合同的履行情况。在合同协议履行过程中，如对方可能发生违约、不能履约和延迟履约等行为的，或企业自身可能无法履行或延迟履行合同的，应当及时采取应对措施，并向企业有关负责人汇报。合同到期时，应及时与对方办理相关清结手续，了结权利义务关系。

企业应当建立合同履行结果验收职能部门，强化对合同履行情况及效果的检查、分析、验收，确保合同有效履行。企业财务部门应当根据合同条款审核结算业务。凡未按合同条款履约的，或应签订书面合同而未签订的，或验收未通过的业务，财务部门有权拒绝付款。

（二）合同协议的变更或解除

合同一经签署，不得随意变更。因政策调整和市场变化等客观因素确需变更的，应由双方协商一致，按照规定的权限和程序办理变更或终止手续。

对于合同协议已订立，但发现有显失公平、条款有误或对方有欺诈行为等情形的，已经或可能导致企业利益受损，合同协议归口管理部门应当及时向企业有关负责人报告，并采取合法、有效的措施，制止危害行为的发生与扩大，并经双方协商一致，按照规定的权限和程序办理合同变更或解除事宜。必要时可以请求仲裁机构或法院对原合同协议予以变更或解除。变更或解除合同协议的审核程序与合同协议订立前的审核程序相同，解除合同协议还应当报有关部门办理注销手续。

（三）合同的违约和纠纷处理

企业应当建立合同协议违约和纠纷处理制度。

第七章 特殊活动与方法控制

1. 违约处理

对方违约时,应按照合同协议条款约定收取违约金,违约金不足以弥补企业损失时,应当要求对方赔偿损失,必要时应采取相应的保全措施;企业自身违约时,应当由合同协议承办部门以书面形式报告企业有关负责人,经批准后履行相应赔偿责任。

2. 纠纷处理

合同协议在履行过程中发生纠纷的,应当依据国家相关法律、法规,在规定时效内与对方协商谈判并向企业有关负责人报告。经双方协商达成一致意见的合同协议纠纷解决方法,应当签订书面协议,由双方法定代表人或其授权人签章并加盖单位印章后生效。

当合同协议无法解决时,应向企业有关负责人报告,并依据合同协议约定选择仲裁或诉讼方式解决。法律部门会同有关部门研究仲裁或诉讼方案,报企业有关负责人批准后实施。企业内部授权处理合同纠纷的,应当签署授权委托书。纠纷处理过程中任何单位或个人未经授权不得向合同协议对方作出实质性答复或承诺。

案例 7-1

BP 石油经销合同纠纷

BP公司由前英国石油、阿莫科、阿科和嘉实多等公司整合重组形成,是世界上最大的石油和石化集团公司之一。BP公司总部设在英国伦敦,在百余个国家拥有生产和经营活动。从 2004 年起,BP 石油(上海)贸易有限公司(以下简称 BP 石油)与洛阳润源贸易有限公司(以下简称洛阳润源贸易)因为 BP 石油单方面原因合同条款终止《经销商合同》而引发诉讼,洛阳润源贸易先后在陕西西安市、河南三门峡市和洛阳市与 BP 石油及其关联企业嘉实多贸易公司(以下简称嘉实多)打了近十起官司。

双方最主要的争议焦点是,在双方签署的多份《经销商合同》中都有一个允许单方面解除合同的"自愿终止条款"。根据这一条款,任何一方都可以在提前 30 天作出书面通知的情况下无条件地、单方面地终止合同。作为经销商的洛阳润源贸易认为《经销商合同》的自愿终止条款无效,BP 石油和嘉实多单方面终止合同的行为构成违约并须作巨额赔偿,而 BP 石油和嘉实多则认为

(续上)

该条款对等地赋予双方解除合同的权利,符合公平原则。

围绕这一问题,近5年来,双方除在洛阳发生诉讼外,官司还打到了河南三门峡、陕西西安等地,面对同样的合同条款,有的法院支持经销商的诉求,也有的法院支持BP石油和嘉实多,而有的诉讼至今还没有完结。

从上述案例可知,BP石油没有对经销商合同的风险进行控制,导致纠纷的产生。纠纷可以通过诉讼或仲裁解决,在诉讼解决纠纷时,可能会存在不同省份或地域法院对同一问题判决不尽一致的情况,可以通过仲裁解决纠纷,但BP石油原有的经销商合同中就没有订立仲裁条款,自然也会影响纠纷的解决。在与洛阳润源贸易进行了多年诉讼后,BP石油和嘉实多的新版经销商合同都订明了仲裁条款。

资料来源:何勇. BP案背后的经销合同风险控制案例. 中国经营网 http://www.cb.com.cn/channel/1634425。

第二节 担保业务

担保是指企业作为担保人按照公平、自愿、互利的原则与债权人约定,当债务人不履行债务时,依照法律规定和合同协议承担相应法律责任的行为。

一、担保控制概述

(一)担保控制的目标

1. 合理规避担保风险

担保是一项风险性强的业务,担保方在担保业务中承担着债务人不按期偿还债务的连带责任,这种连带责任有可能形成担保方的一项或有负债,导致担保方经济利益的流出。所以,单位担保内部控制的目标之一,就是要规范单位的担保行为,合理规避担保风险,保证单位利益不受损失。

2. 保证债权人的合法权益

担保业务的重要目的之一,就是以法律措施要求债务人按期履行合同或协议,从而保障合同或协议债权的实现,使债权人的合法权益不受侵害,利益得到保护。所以,担保业务内部会计控制的一个重要目标,就是要通过建立、健全内部会计控制制度,保证担保业务中债权人的合法权益。

3. 保证反担保资金与财产安全

在反担保业务中,通常以资金与财产物资设定反担保。可见,反担保资金与财产物资的安全完整是规避担保风险、维护债权人合法权益的重要保障。所以，在担保业务控制中，保证反担保资金与财产物资的安全完整，是担保业务内部会计控制的一项重要目标。

4. 保证信息的正确披露

或有负债等相关信息是单位重要的财务资料，单位应当保证或有负债信息的真实性和完整性，以及在会计报表上的正确披露。

（二）担保业务失控风险

企业的担保业务失控可能存在以下风险：第一，对担保申请人的资信状况调查不深，审批不严或越权审批，可能导致企业担保决策失误或遭受欺诈。第二，对被担保人出现财务困难或经营陷入困境等状况监控不力，应对措施不当，可能导致企业承担法律责任。第三，担保过程中存在舞弊行为，可能导致经办审批等相关人员涉案或企业利益受损。

（三）担保的关键控制环节

企业在建立与实施担保业务内部控制过程中，至少应当强化对下列关键方面或关键环节的控制：第一，职责分工、权限范围和审批程序应当明确规范，机构设置和人员配备应当科学合理。第二，担保业务政策控制，即担保的对象、范围、方式、条件、程序、限额和禁止担保的事项应当明确规范。第三，担保评估应当科学严密。第四，担保执行环节的控制措施应当充分有效。

二、担保的职责分工与授权批准

（一）岗位责任制度

企业应当建立担保业务的岗位责任制，明确相关部门和岗位的职责权限，确保办理担保业务的不相容岗位相互分离、制约和监督。即对于不相容的职务应当分别由不同的职员担任，不得由同一部门或个人办理担保业务的全过程。

担保业务不相容岗位一般包括：① 担保业务的评估与审批。② 担保业务的审批与执行。③ 担保业务的执行与核对。④ 担保业务相关财产保管与担保业务记录。

单位办理担保业务的人员应当掌握与担保相关的专业知识和法律、法规，熟悉担保业务流程，并具备良好的职业道德和较强的风险意识。

（二）授权制度和审批制度

1. 担保授权制度和审核批准制度

企业应当建立担保授权制度和审核批准制度，并明确审批人对担保业务的授权批准方式、权限、程序、责任和相关控制措施，规定经办人办理担保业务的职责范围和工作要求,并按照规定的权限和程序办理担保业务。严禁未经授权的机构或人员办理担保业务。企业内设机构和分支机构未经授权不得对外提供担保。

企业应当明确担保业务的审批权限。审批人应当根据担保业务授权批准制度的规定,在授权范围内进行审批,不得超越权限审批。授权批准制度应当明确以下授权审批要点:第一,严格审批担保政策。第二,担保业务发生之前,应经过正当审批。第三,非经正当审批,不得签订担保合同。第四,企业应当实行集体决策审批制度。

经办人应当在职责范围内,按照审批人的批准意见办理担保业务。对于审批人超越权限审批的担保业务,经办人员有权拒绝办理,并及时向审批人的上级授权部门报告。

2. 担保政策及责任追究制度

企业应当制定担保政策,明确担保的对象、范围、方式、条件、程序、担保限额和禁止担保的事项,定期检查担保政策的执行情况及效果。

企业还应当建立担保业务责任追究制度,对在担保中出现重大决策失误、未履行集体审批程序或不按规定执行担保业务的部门及人员,应当严格追究责任人的责任。企业对外部强制力强令的担保事项,有权拒绝办理。未拒绝办理的,因该担保事项引发的法律后果和责任,由作出担保决策的人员承担。

三、担保评估与审批控制

在担保评估与审批控制阶段,其控制重点在于对担保业务是否符合国家法律、法规和本企业的担保政策进行审查及担保风险的评估,然后按照确定的权限对担保业务进行严格审批。

(一)对担保申请人的审查

1. 审查申请担保人提供的业务材料

主要从三个方面进行审查:① 完整性,主要审查申请担保人提交的文件、资料的种类是否完整、齐全。② 合法性,主要审查申请担保人提交的文件、资料以及申请的担保事项是否真实、合法、有效。③ 条件性,主要审查申请担保人是否符合单位规定的担保原则、担保标准和担保条件。

2. 审查申请担保人是否符合担保政策

被担保人出现下列情形之一的,企业不得提供担保:① 担保项目不符合国家法律、法规和本企业担保政策的。② 已进入重组、托管、兼并或破产清算程序的。③ 财务状况恶化、资不抵债、管理混乱、经营风险较大的。④ 与其他企业存在较大经济纠纷,面临法律诉讼,且可能承担较大赔偿责任的。⑤ 与本企业已经发生过担保纠纷且仍未妥善解决的,或不能及时足额交纳担保费用的。

(二) 担保风险评估控制

企业也可以自行委托中介机构对担保业务进行风险评估,并将评估结果形成书面报告。对担保业务进行风险评估,至少应当采取下列措施:

(1) 审查担保业务是否符合国家有关法律、法规以及本企业发展战略和经营需要。

(2) 评估申请担保人的资信状况。评估内容一般包括:申请人基本情况、资产质量、经营情况、行业前景、偿债能力、盈利水平、信用程度、行业前景、用于担保和第三方担保的资产状况及其权利归属等。

(3) 审查担保项目的合法性、可行性。

(4) 综合考虑担保业务的可接受风险水平,并设定担保风险限额。

(5) 企业要求申请担保人提供反担保的,还应当对与反担保有关的资产状况进行评估。

(三) 担保审批控制

担保业务的审批与决策,可以根据担保事项的重要程度,授权有关人员、部门审批,或进行集体决策。对于重大担保业务,应当报经董事会或者企业章程规定的类似决策机构批准。企业应当采取合法有效的措施加强对子公司担保业务的统一监督。

此外,对于企业为关联方提供担保的,应当按照关联交易内部控制相关规定处理。企业为关联方提供担保的,与关联方存在经济利益或近亲属关系的有关人员在评估与审批环节应当回避。对境外企业进行担保的,应当遵守外汇管理规定,并关注被担保人所在国家的政治、经济、法律等因素。被担保人要求变更担保事项的,企业应当重新履行评估与审批程序。

四、担保执行控制

(一) 担保合同控制

第一,企业应当根据审核批准的担保业务订立担保合同,订立担保合同协议应当符合合同协议内部控制相关规定。申请担保人同时向多方申请担保的,企业应当与其在担保合同协议中明确约定本企业的担保份额,并落实担保责任。企业应当在担保合同协议中明确要求被担保人定期提供财务报告与有关资料,并及时报告担保事项的实施情况。

第二,企业应当加强对担保合同协议的管理。企业应指定专门部门和人员妥善保管担保合同协议、与担保合同协议相关的主合同协议、反担保函或反担保合同协议,以及抵押、质押权利凭证和有关的原始资料,保证担保项目档案完整、准确。定期监测被担保人的经营情况和财务状况,对被担保人进行跟踪和监督,了解担保项目的执行、资金的使用、贷款的归还、财务运行及风险等情况,确保担保合同有效履行。担保合同履行过程中,如果被担保人出现异常情况,应当及时报告,妥善处理。对于被担保人未按有法律效力的合同条款偿付债务或履行相关合同项下义务的,企业应当按照担保合同履行义务,同时主张对被担保人的追索权。

第三,企业应当在担保合同协议到期时全面清理用于担保的财产、权利凭证,按照合同协议约定及时终止担保关系。

(二)担保记录、监督与信息披露制度

企业应当加强对担保业务的会计系统控制,及时足额收取担保费用,建立担保事项台账,详细记录担保对象、金额、期限、用于抵押和质押的物品、权利和其他有关事项。

企业财会部门应当及时收集、分析被担保人担保期内经审计的财务报告等相关资料,持续关注被担保人的财务状况、经营成果、现金流量以及担保合同的履行情况,积极配合担保经办部门防范担保业务风险。对于被担保人出现财务状况恶化、资不抵债、破产清算等情形的,企业应当根据国家统一的会计准则制度规定,合理确认预计负债和损失。

对担保业务的信息披露,按照国家有关法律、法规和信息披露内部控制相关规定执行。

(三)反担保财产管理

企业应当加强对反担保财产的管理,妥善保管被担保人用于反担保的财产和权利凭证,定期核实财产的存续状况和价值,发现问题及时处理,确保反担保财产安全完整。

案例 7-2

甲公司的担保内部控制

甲公司有关担保业务的内部控制情况为:由于日常营业活动中担保业务比重较大,因此专设担保业务部,负责办理担保业务的全过程。2003 年,乙企

(续上)

业将其位于繁华商业区的某房地产作为抵押,要求甲公司为乙企业申请的5 000万元银行贷款提供担保。应甲公司的要求,乙企业将该房地产的房屋所有权证、土地使用权证交付甲公司持有。甲公司担保业务部考虑到两份合法证件都在自己手中,应该没有风险,就没有办理抵押登记手续,并决定对贷款行为提供担保。半年后,乙企业经营状况恶化,资金周转困难,于是以房地产有关权属证书遗失为由申请补办了上述两证,并将该房地产转让给另一企业,且办理过户手续。担保的贷款期满时乙企业无力还款,甲公司依法承担担保责任后,在准备处置该抵押物时发现,房地产已经易主。法院审议此案认为,甲公司和乙企业之间的抵押合同无效,因乙企业破产财产不足抵偿债务,甲公司净亏损4 000万元。

甲公司担保方面的内部控制制度存在的问题有:

(1) 在岗位设置方面,专门设立担保业务部办理担保业务的全过程,不符合不相容岗位相分离的要求。正确的做法是:担保业务的评估与审批、审批、执行与监督,财产保管与会计记录等岗位应分别设立。另外,内部控制也禁止由一个人或者部门办理担保业务的全过程。

(2) 重大担保业务应该进行集体决策,但该公司所有业务是由担保业务部决策,违背了分级授权批准的要求,属于授权不当。

(3) 甲公司在担保期间对被担保人的生产经营情况、资金流向等疏于监督,造成了尽管被担保方财务状况恶化,但甲公司没有及时发现并采取措施,这也是担保业务出现巨大亏损的原因之一。正确的做法是:建立担保业务的检测报告制度,重点加强对被担保单位、被担保项目资金流向的日常监测,定期了解被担保单位的经营管理情况,形成报告。对异常情况应及时要求被担保单位采取有效措施化解风险。

第三节 研究与开发

研究与开发是指企业为获取新产品、新技术和新工艺等所开展的各种研发活动。研究与开发控制是确保研究项目可行性和科学性,对研发过程实施控制,保护研发成果,推进成果的运用,促进企业自主创新,增强核心竞争力,实现发展战略。

一、研究与开发概述

(一) 研发失控的风险

企业至少应当关注研发业务的下列风险:

(1) 研究项目未经科学论证，或论证不充分，可能导致创新不足或资源浪费。

(2) 研发人员配备不合理或研发过程管理不善，可能导致研发成本过高、舞弊或研发失败。

(3) 研发成果保护措施不力，可能导致企业利益受损。

(二) 研发控制的关键环节

(1) 对研究项目进行科学性论证，要求具有可行性。

(2) 企业应当加强对研究过程的管理，落实岗位责任制，跟踪检查研究项目进展，对研发项目持续性评估。

(3) 加强研发成果的保护，并促进研究成果转化成直接生产力。

二、研究与开发控制

(一) 研究项目的科学性论证

企业应当根据发展战略，结合市场开拓和技术进步要求，提出研究项目，开展可行性研究，编制可行性研究报告，并组织独立于申请及立项审批之外的专业机构和人员进行评估论证，出具评估意见。审批重点关注研究项目促进企业实现发展战略的必要性、技术的先进性以及成果转化的可行性。研究项目应当按照规定的权限和程序进行审批，重大研究项目应当报经董事会或者类似权力机构集体审议决策。

(二) 研发过程的管理

(1) 建立岗位责任制。企业应当加强对研究过程的管理，合理配备专业人员，严格落实岗位责任制，充分发挥专业人员在研究中的作用，确保研究过程高效、可控。

(2) 研发支出控制。企业应当跟踪检查研究项目进展情况，提供足够的经费支持，确保项目按期、按质完成，避免研究失败。

但与此同时，研发支出应和预算的限制保持一致，对研发成本进行控制。研发是项目导向的，研发成本是通过项目累计的。由于研发项目具有长期性，从项目启动开始到项目结束为止，应对不断累计的成本进行控制。

研究项目委托外单位承担的，应当采用招标协议等适当方式确定受托单位，签订外包合同，明确研究成果的产权归属、研究进度和质量标准等相关内容。此外，企业研发项目外包，还应当按照《企业内部控制应用指引第13号——业务外包》要求进行规范。企业与其他单位合作进行研究的，应当对合作单位进行尽职调查，签订书面合作研究合同，明确双方投资、分工、权利义务、研究成果的产权归属。

第七章 特殊活动与方法控制

（3）研发项目持续性评估。企业应对研发项目作持续评估，以便确定哪些需要扩张，哪些需要放弃，哪些需要修正，还有哪些需要延期。如果某个特定的研发项目成本超出太多而且时间拖延太久，那么该项目的可行性就会受到质疑。

（4）企业应当建立研究成果验收制度，组织专业人员对研究成果进行独立评审和验收。

（5）企业应当建立严格的核心研究人员管理制度，明确界定核心研究人员范围和名册清单，签署符合国家有关法律、法规要求的保密协议。

（三）研发成果的开发、保护与运用

企业应对研发成果予以保护，避免成果流失。企业对于通过验收的研究成果，可以委托相关机构进行审查，确认是否申请专利或非专利技术、商业秘密等进行管理。需要申请专利的研究成果，应当及时办理有关专利申请手续。

企业应当加强研究成果的开发，形成市场、科研、生产一体化的自主创新机制，促进研究成果转化。研究成果的开发应当分步推进，通过试生产充分验证产品性能，在获得市场认可后方可进行批量生产。

案例 7-3

一个家电产品的研发控制

一个家电产品的研发至少包括几个组成部分：前期的外观设计、模具开发、产品的结构设计、产品的模拟开发和物料采购、产品上市和售后服务等，专业分工非常细，如果所有这些步骤都是串行，前面一个步骤完成才进入到后面一个步骤，那么开发时间会非常长，速度会非常慢，可能这个产品还没有开发出来，竞争对手的同类产品已经上市了，这意味着失去市场机会、丧失竞争力。所以，在速度就是竞争力的今天，必须以有效协同来弥合专业分工，才能既有专业分工、又有速度，优秀企业在研发过程中，以流程结合标准化管理，使整个研发过程的多个环节围绕一个中心，几乎能够同步开展，并行推进，从而大大加快了研发速度，使研发能够快速响应市场，从而提高了企业的竞争力。

在上述研发的案例中可以看出，企业应当加强研发的控制，在研发的过程中，要加强专业化分工，要为整个研发体系和各个环节制定标准，提高研发质量，加快研发速度，节约成本，从而提高企业的竞争力。

资料来源：卢强.小企业大成功：从试错到卓越的成功路线图[M].北京：机械工业出版社，2006。

第四节 业务外包

业务外包主要是指企业利用专业化分工优势,将日常经营中的部分业务委托给本企业以外的专业服务机构或其他经济组织(以下简称承包方)完成的经营行为。业务外包控制的目标是指规范业务外包行为,防范业务外包过程中的差错和舞弊。

一、业务外包概述

(一)业务外包失控的风险

企业的外包业务失控可能存在以下风险:

(1)业务外包违反国家法律、法规,可能遭受外部处罚、经济损失和信誉损失。

(2)业务外包未经适当审核或超越授权审批,可能因重大差错、舞弊和欺诈而导致损失。

(3)业务外包策略不科学、外包范围和价格确定不合理、承包方选择不合理,可能导致企业遭受损失。

(4)业务外包流程未恰当履行或监控不当,服务质量低劣可能导致企业外包战略失败或经营效率低下,难以发挥外包的优势。

(5)业务外包信息保护措施不当,可能导致企业商业秘密泄露。

(6)业务外包会计处理不当,可能导致财务报告信息失真。

(7)业务外包存在商业贿赂等舞弊行为,可能导致企业相关人员涉案。

(二)业务外包控制的关键环节

企业在建立与实施业务外包内部控制中,至少应当强化对下列关键方面或者关键环节的控制:

(1)职责分工应当合理明确,授权审核制度和外包业务归口管理制度应当规范。

(2)外包策略应当科学合理,承包方的选择依据应当充分,外包合同协议应当规范。

(3)外包业务流程应有明确规定,固定资产使用应有授权,外部存货管理应当规范,外包业务会计处理应当符合有关规定。

二、职责分工与授权批准

(一)职责分工

企业应当建立业务外包的岗位责任制,明确相关部门和岗位的职责权限,确保办理业务外包的不相容岗位相互分离、制约和监督。同时企业应当对所有涉及外包业务流程的员工进行培训,确保员工正确理解和掌握外包业务管理制度。

其中不相容岗位(或职责)一般应包括:① 业务外包的申请与审批。② 业务外包的审批与执行。③ 外包合同协议的订立与审核。④ 业务外包的执行与相关会计记录。⑤ 付款的申请、审批与执行。

(二) 授权批准

企业应当建立业务外包的授权制度和审核批准制度,明确企业内部各单位、各部门授权范围、授权内容、授权期间和被授权人条件等。

企业重大或核心业务外包,应当提交董事会及其审计委员会审议通过后方可实施。非核心业务或涉及金额较小的业务外包,应当由相关部门在授权范围内提出申请,报董事长、总经理审核通过后实施。

企业应当实行业务外包归口管理制度。企业应当根据外包业务职能的不同,指定外包业务归口管理部门,负责对外包业务的管理工作进行规范。

三、外包策略及承包商的选择

企业应当根据外部环境要求和中长期发展战略需要制定科学合理的业务外包策略,要求企业指定相关职能部门编制外包项目计划书,具体阐述业务外包背景、外包内容、实施程序、主要风险和预期收益等信息,经本部门负责人审核后,提交董事长、总经理审议。必要时,还应提交董事会及其审计委员会讨论审议。其中主要的是业务外包内容控制和外包商选择控制。

(一) 业务外包内容控制

企业应当明确企业经营目标和外包之间的联系,明确需要外包的领域,明确从哪些外包的业务中可获得最快、最佳的投资回报,并且要避免将核心业务外包。企业应当对外包业务实施分类管理,通常划分为重大外包业务和一般外包业务。重大外包业务是指对企业生产经营有重大影响的外包业务。外包业务通常包括:研发、资信调查、可行性研究、委托加工、物业管理、客户服务、IT 服务等。

核心业务一般具有以下特点:① 价值性:核心竞争力富有战略价值,它能为顾客带来长期性的关键利益,为企业创造长期性的竞争主动权,为企业创造超过同业平均利润水平的超值利润。② 稀缺性:即企业核心竞争力为企业独自所拥有。同行业中几乎不存在两个企业都拥有准确意义上相同或相似的核心竞争力。③ 难以模仿和不可替代性:由于企业核心竞争力是企业内部资源、技能和知识的整合能力,常常难以让竞争对手模仿和替代;否则,其独特性自然也就不具备了,竞争优势也相应丧失。④ 延展性:它有力支持企业向更有生命力的新事业拓展。这种能力是一种应变能力,是一种适应市场不断变化的能力。

(二)外包商选择控制

外包商的选择评价不仅仅是一个简单的过程,其本身也是企业自身一个业务流程的重构过程,实施得好,对企业外包战略的成功实施具有重要的意义。企业应当建立外包商选择目标,并对外包的业务进行外部市场环境分析,建立外包商评价指标体系,选择合格的外包合作伙伴,并建立良好的外包关系。

1. 建立外包商选择小组

企业应当建立一个小组,由其负责外包商选择的任务。小组成员以来自管理、技术和质量等与外包业务密切相关的部门为主,组员需具有团队合作精神、具有一定的专业技能。项目小组需得到企业高层管理者的大力支持。

2. 建立外包商资质审核和遴选制度

企业应当建立外包商资质审核和遴选制度,确保引入合格的外包合作伙伴。外包商的遴选一般应当考虑下列因素:① 承包方是依法成立和合法经营的专业服务机构或其他经济组织,具有相应的经营范围和固定的办公场所。② 承包方应当具备相应的专业资质,其从业人员符合岗位要求和任职条件,并具有相应的专业技术资格。③ 承包方的技术及经验水平符合本企业业务外包的要求。

需要指出的是,不同的企业,因所处的行业不同或自身资源的不同或要达到的目标不同,在考虑外包商选择的评价指标时,考虑的侧重点肯定应有所不同。因此,企业在实际操作中,可以根据自己的需要对评价指标进行增减。此外,企业应当综合考虑内外部因素,合理确定外包价格,严格控制业务外包成本,切实做到符合成本效益原则。

3. 引入外包商竞争机制

企业应当引入竞争机制,遵循公开、公平、公正的原则,采用适当方式,择优选择外包业务的承包方。采用招标方式选择承包方的,应当符合招投标法的相关规定。企业及相关人员在选择承包方的过程中,不得收受贿赂、回扣或者索取其他好处。承包方及其工作人员不得利用向企业及其工作人员行贿、提供回扣或者给予其他好处等不正当手段承揽业务。

(三)外包合同协议管理制度

企业应当建立规范的外包合同协议管理制度。企业应当根据外包业务性质的不同,及时与外包商签订不同形式的合同协议文本,包括:技术协议书、外包加工协议、规划试验大纲、咨询合同协议等。外包合同协议的订立、履行流程及其控制应符合《企业内部控制应用指引第16号——合同管理》的有关规定。

业务外包合同内容主要包括：外包业务的内容和范围，双方权利和义务，服务和质量标准，保密事项，费用结算标准和违约责任等事项。企业外包业务需要保密的，应当在业务外包合同或者另行签订的保密协议中明确规定承包方的保密义务和责任，要求承包方向其从业人员提示保密要求和应承担的责任。

除合同协议约定的保密事项外，企业应当根据业务外包项目实施情况和外界环境的变化，不断更新、修正保密条款，必要时可与外包商补签保密协议。

四、外包业务流程控制

企业应当建立外包业务流程管理制度，明确外包业务流程、外包业务参与人员主要职责、资产管理政策和流程中断应急措施等内容，报业务主管部门负责人、企业总经理审批通过后执行。

（一）一般要求

企业应当对所有涉及外包业务流程的员工进行培训，确保员工正确理解和掌握外包业务管理制度。外包业务归口管理部门应当指定专人跟踪监督外包业务流程管理制度的执行情况。

企业应当将本单位与外包商在外包业务执行过程中有关利益冲突、商务往来等方面的政策及时以明确方式告知外包商。外包业务归口管理部门应当指定专人定期检查和评价与外包商的关系，确保外包业务流程顺利执行。

企业应当做好与承包方的对接工作，加强与承包方的沟通与协调，及时收集相关信息，发现和解决外包业务日常管理中存在的问题。对于重大业务外包，企业应当密切关注承包方的履约能力，建立相应的应急机制，避免业务外包失败造成本企业生产经营活动中断。

（二）资产管理政策

1. 固定资产管理制度

企业应当建立外包业务固定资产管理制度。对于企业拥有或有优先购买权的固定资产，如因业务需要交由外包商使用，企业有权要求外包商按照发包方固定资产管理制度要求使用和管理固定资产，并定期审查外包商使用和管理固定资产的情况。交由外包商使用但所有权在本企业的资产，只能用于外包业务活动。未经发包方书面同意，外包商不得将固定资产用作其他用途。

2. 流动资产管理制度

企业应当建立外包业务流动资产管理制度。业务外包过程中形成的原材料、产成品等流动资产，企业应当建立明确的防火、防盗、防未经授权接触和未经批准转移等政策，并有权要求外包商遵循。对因外包商责任所造成的流动资产损失,企业有权要求外包商赔偿。业务外包过程中形成的商业信息资料(如有关咨询材料)等,外包商有责任保密,并防止企业竞争对手获取同样信息。

(1) 企业应当建立外购存货授权管理制度。对于因业务外包需要由外包商购进的存货,外包商只能接受经发包方授权批准的存货订单,并代表发包方检验存货的数量和质量。外购存货信息应当准确、及时地在企业存货系统中加以记录和反映。

(2) 企业应当建立自销存货管理制度。因业务外包需要由发包方销售给外包商的存货,外包商只能将其用于外包活动,不得另作他用。存货销售收入应当按照国家统一的会计准则、制度的规定加以确认和计量。

(3) 企业应当加强对企业所有、交由外包商使用的存货的管理。企业应当定期对外包商处的存货进行盘点,盘点频率由企业根据实际情况确定。对于盘盈盘亏的存货,应当经企业总会计师审批后方可进行会计处理。

(4) 企业应当建立外部存货库存管理制度。对于企业所有的、在外包商(或分包方)储存的存货,外包商应当按照发包方存货库存管理制度要求对库存存货进行管理。

企业应当指定专人定期对库存存货进行检查。检查中发现的次品、损坏品或过期存货,应当及时予以确认、分离和保护。

(5) 企业应当建立存货补偿制度。企业应当指定专人追踪、调查外部存货的一切变动,查明原因,报货归口管理部门审核后处理。对于外包商无正当原因过度使用存货,造成企业生产成本的上升,企业有权要求外包商进行补偿。

(6) 企业应当建立外包业务产品验收制度。外包商最终提供的产品(或服务)应当与外包合同协议约定一致。业务外包归口管理部门应当对所有产品差异予以确认,并及时告知外包商进行调整。无法达成一致,应当按照《企业内部控制应用指引第 16 号——合同管理》有关规定,进行处理。对于验收合格的,出具验收证明。

因外包商提供附加产品等原因需要额外交费的,应当在企业授权范围内提交审议。

企业应当根据国家统一的会计准则制度,加强对外包业务的核算与监督做好业务外包费用的结算。企业财会人员应当准确计算业务外包中的退款和折扣金额,报财会部门负责人审核后予以确认和计量。

(三) 外包索赔管理

企业应当加强对外包业务的索赔管理。企业应当对承包方的履约能力进行持续评估,有确凿证据表明承包方存在重大违约行为,导致业务外包合同无法履行的,应当及时终止合同。对于因外包商原因导致的外包合同协议未完整履行,企业有权要求外包商索赔,并追究责任人责任。

对于外包商认可的赔款事项,企业应当指定专人进行跟踪、报告,及时收回赔款,并追究责任人责任。对于长期未决赔款,企业可以通过法律手段予以解决。终止对外包商的索赔,应当由业务外包归口管理部门提出申请,详细说明终止索赔理由,报企业总经理审批后执行并备案。

案例7-4

通用汽车公司的运输业务外包

通用汽车公司(General Motors,GM)是全球最大的制造公司,它在全球50多个国家都拥有汽车制造、销售、仓储管理及技术服务中心。通用汽车公司通过采用业务外包策略,把零部件的运输和物流业务外包给理斯维物流公司(Leaseway Logistics)。理斯维物流公司负责通用汽车公司的零部件到几个北美组装厂的运输工作,通用汽车公司则集中力量于其核心业务上——轿车和卡车制造。通用汽车公司与理斯维物流公司的这种外包合作关系始于1991年,节约了大约10%的运输成本,缩短了18%的运输时间,裁减了一些不必要的物流职能部门,减少了整条供应链上的库存,并且在供应链运作中保持了高效的反应能力。理斯维物流公司在Cleveland设有一个分销中心,处理交叉复杂的运输路线,通过电子技术排列它与各通用汽车公司北美工厂的路线,这样可以动态地跟踪装运情况,并且根据实际需求实现JIT方式的运输。理斯维物流公司的卫星系统可以保证运输路线组合的柔性化。如果一个供应商的装运落后于计划,理斯维物流公司可以迅速地调整运输路线的组合。理斯维物流公司采用的"精细可视路线"技术保证了通用汽车公司生产线上的低库存水平。

由上述案例可知,通用汽车公司采用了科学合理的业务外包策略,选择了合格的外包合作伙伴理斯维物流公司,利用了理斯维物流公司在运输方面的优势——先进的电子技术和卫星系统准确调整运输路线,提高运输效率,节约了运输成本,并与外包商建立了良好的伙伴关系。此外,准确定位自己的核心业务,避免将其外包,将非核心的物流业务外包给物流公司,要把资源集中在企业的核心业务上,以便获取最大的投资回报。

资料来源:郭德军,刘宏武.哈佛模式公司资本战略[M].北京:中央民族大学出版社,2002。

第八章 信息与沟通

信息与沟通是指企业及时、准确地收集、传递与内部控制相关的信息,确保信息在企业内部、企业与外部之间进行有效的沟通。它是建立与实施有效的内部控制要素之一。随着经济市场化程度的提高,企业必须加强信息管理,充分发挥信息技术在信息与沟通中的作用,保证内部报告和财务报告等信息的准确性、真实性和完整性,确保信息的使用者作出正确的决策。

第一节 信息系统

信息系统是指企业利用计算机和通信技术,对内部控制进行集成、转化和提升,形成由人员、硬件、软件、信息和运行规程等组成的管理平台。信息系统的内部控制,旨在发挥信息系统在企业内部控制中的作用,实现信息系统与内部控制的有机结合。企业对信息系统实施控制能够规范交易行为,提高信息系统的可靠性、稳定性、安全性及数据的完整性和准确性,降低人为因素导致内部控制失效的可能性,形成良好的信息传递渠道。因此,企业建立与实施内部控制,应当利用现代管理手段,开发信息系统,优化管理流程,减少人为操纵因素,不断提高内部控制效能。

一、信息系统控制概述

(一)信息系统失控的风险

企业利用信息系统实施内部控制,至少应当关注下列风险:

(1)信息系统缺乏或规划不合理,可能导致重复建设,形成信息孤岛,导致企业经营管理效率低下。

(2)开发不合理或不符合内部控制要求,可能导致无法利用信息系统实施有效控制。

（3）授权管理不当，可能导致非法操作和舞弊。

（4）安全维护措施不当，可能导致信息泄漏或毁损，系统无法正常运行。

（二）信息系统的关键控制环节

在发挥信息系统在企业内部控制中的作用时，要求制定信息系统建设整体规划，进行统筹安排，明确系统开发、运行与维护中的主要风险点，采取相应措施，实施有效控制。企业至少应当强化对下列关键方面或者关键环节的控制：

（1）对信息系统建设进行整体规划，信息系统开发流程应当清晰合理。

（2）加强信息系统的运行与维护控制，应当建立访问安全制度，操作权限、信息使用、信息管理应当有明确规定，硬件管理事项和审批程序应当科学合理。

二、信息系统的开发

（一）信息系统开发前的准备工作

企业应当根据发展战略，结合组织架构、业务范围、地域分布和技术能力等因素，制定信息系统建设整体规划，企业信息系统归口管理部门再根据信息系统建设整体规划，提出信息系统项目建设方案，明确建设目标、人员配备、职责分工、经费保障和进度安排等相关内容，按规定的权限和程序审批后实施。

企业信息系统归口管理部门应当组织内部各单位提出开发需求和关键控制点，规范开发流程，明确系统设计、编程、安装调试、验收、上线等全过程的管理要求，严格按照建设方案、开发流程和相关要求组织开发工作。此外，企业信息系统归口管理部门应当加强信息系统开发全过程的跟踪管理，组织开发单位与内部各单位的日常沟通和协调，督促开发单位按照建设方案、计划进度和质量要求完成编程工作，对配备的硬件设备和系统软件进行检查验收，组织系统上线运行等。

（二）信息系统设计的控制

1. 信息系统设计方式控制

信息系统开发方式包括自行设计、外购调试和外包合作开发。

（1）信息系统自行设计。企业应当成立项目管理小组，负责信息系统的开发，对项目整个过程实施监控，并要求系统开发过程中不相容岗位（或职责）相互分离、制约和监督，具体是指开发（或变更）立项、审批、编程和测试。

（2）外购调试和外包合作开发。企业对外购调试或外包合作开发项目需要进行招投标，应当保证招投标过程公平、公正、公开，同时企业还应当加强对外包第三方的监控，并采取多种方式与开发单位进行充分沟通，为系统开发奠定良好基础。此外,企业外包开发项目还应当按照《企业内部控制应用指引第 13 号——业务外包》要求进行规范。

2. 信息系统设计内容控制

企业开发信息系统,应当将生产经营管理业务流程、关键控制点和处理规则嵌入系统程序,实现手工环境下难以实现的控制功能。企业在系统开发过程中,应当按照不同业务的控制要求,通过信息系统中的权限管理功能控制用户的操作权限,避免将不相容职责的处理权限授予同一用户。

企业应当针对不同数据的输入方式,考虑对进入系统数据的检查和校验功能。对于必需的后台操作,应当加强管理,建立规范的流程制度,对操作情况进行监控或者审计。

企业应当在信息系统中设置操作日志功能,确保操作的可审计性。对异常的或者违背内部控制要求的交易和数据,应当设计由系统自动报告并设置跟踪处理机制。

(三)信息系统的验收测试与上线控制

企业应当组织专业机构对开发完成的信息系统进行验收测试,验收测试与系统开发应当相互分离,确保在功能、性能、控制要求和安全性等方面满足开发需求。

验收通过的信息系统,应当按照规定的权限和程序审批后上线实施。企业应当切实做好信息系统上线前的各项准备工作,培训业务操作和系统管理人员,制订科学的上线计划和新旧系统转换方案,考虑应急预案,确保新旧系统顺利切换和平稳衔接。新旧系统切换时,如涉及数据迁移,企业应当制订详细的数据迁移计划。用户部门应当积极参与数据迁移过程,对数据迁移结果进行测试,并在测试报告上确认。

三、信息系统的运行与维护

企业应当加强信息系统运行与维护的管理,制定信息系统工作程序、信息管理制度及各模块子系统的具体操作规范,及时跟踪和发现系统运行中存在的问题,不断进行调整和完善,确保信息系统按照规定的程序、制度和操作规范持续稳定运行。

(一)访问控制

企业应加强对用户部门的操作控制,用户部门包括财务部门、生产部门、销售部门、仓储部门和其他部门。企业应当严格规范信息系统操作人员的账号、密码和使用权限,建立相应的操作管理制度。未经操作培训的人员不得作为操作人员。

1. 操作人员的账号、密码控制

企业应当建立账号审批制度,加强对重要业务系统的访问权限管理。对于发生岗位变化或离岗的用户,企业应当及时调整其在系统中的访问权限;企业应当定期对系统中的账号进行审阅,避免有授权不当或非授权账号存在;对于超级用户等特权用户,企业应该严格限制其使用,并对其在系统中的操作全程进行监控。使用完毕后,应当由不相容岗位对其操作日志进行审阅。

为了加强控制,可以设立多级口令。如操作员首先输入证明其身份的口令,经系统验证后,进入系统,然后再输入欲处理的特殊模块的口令,经验证后,进入特定模块,调用该模块的功能。

2. 操作权限控制

信息系统操作人员应当在权限范围内进行操作,不得利用他人的口令和密码进入软件系统。更换操作人员或密码泄露后,必须及时更改密码。操作人员如果离开工作现场,必须在离开前锁定或退出已经运行的程序,防止其他人员利用自身账号操作。

企业应当充分利用操作系统、数据库和应用系统自身提供的安全性能,在系统中设置安全参数,以加强系统访问安全。禁止未经授权人员擅自调整、删除或修改系统中设置的各项参数。计算机信息系统操作人员不得擅自进行系统软件的删除、修改等操作,不得擅自升级、改变系统软件版本,不得擅自改变软件系统环境配置。

(二)信息管理控制

1. 建立信息化平台

企业应当利用计算机信息系统建立信息化平台,规范信息的使用和传递,促进业务流程与信息流程的统一,提高经营管理的效率和效果。生产、销售和存储等各子系统,应及时反映和记录交易。交易责任部门在其授权范围内对子系统录入信息的真实性、完整性、准确性和及时性负责,并定期检查、核对所录信息。企业财会部门应当认真审核采购、生产、销售、仓库等部门与财务相关的关键业务数据,保证会计信息与业务流程在时间、数量和价值上的统一。

同时,企业还应当建立信息数据变更处理(包括数据导入、数据提取、数据修改等)规范。一经发现已输入数据信息有误,必须按照信息系统操作规定加以修正。

2. 信息的安全控制

企业应当建立信息系统安全保密和泄密责任追究制度。委托专业机构进行系统运行与维护管理的,应当审查该机构的资质,并与其签订服务合同和保密协议。企业应当采取安装安全软件等措施防范信息系统受到病毒等恶意软件的感染和破坏。

(1) 重要信息控制。企业应当根据业务性质、重要性程度和涉密情况等确定信息系统的安全等级,将信息分为绝密类、机密类、秘密类和重要类等,采用相应的制度和技术手段,确保信息系统安全、稳定、高效运行。

(2) 建立数据备份制度。企业应当建立系统数据定期备份制度,明确备份范围、备份频度、备份方法、备份责任人、备份存放地点和备份有效性检查等内容。

企业应当建立数据信息定期备份制度和数据批处理或实时处理的处理前自动备份制度以及恢复制度。数据的定期备份一般包括日备份和月备份。日备份是为了防止意外的数据丢失,月备份是属于安全性备份。月备份的数据作为档案资料保存,在备份完毕后,将备份介质异地保存。

确保数据备份成功应注意以下几个关键因素:

第一,使备份成为例行性工作。

第二,备份数据包括存储在磁性介质或光盘介质的数据和计算机打印出来的书面等形式的数据应当指定专人负责保管,做好防消磁、防火、防潮和防尘等工作;对于存储介质保存的档案,应当定期检查,防止由于介质损坏而使档案丢失。

第三,要不断地为备份做好记录,记录备份执行日期、备份设备名及备份磁盘位置等。

此外,为了防止系统发生故障,数据库管理员必须能够在最短的时间内把数据恢复到某一正确的状态,并且尽可能不影响计算机系统其他部分的正常运行。

(三) 网络安全控制

企业应当综合利用防火墙、路由器等网络设备,漏洞扫描、入侵检测等软件技术,以及远程访问安全策略等手段加强网络安全,防范来自网络的攻击和非法侵入。通过网络传输的涉密或者关键数据,应当采取加密传输等措施确保信息传递的保密性、准确性和完整性。

(四) 硬件管理

企业应当加强服务器等关键信息设备的管理,建立良好的物理环境,指定专人负责检查,及时处理异常情况,任何人未经授权不得接触关键信息设备。对于主要系统服务器应当配备不中断电源供给设备。

企业操作人员应当严格遵守用电安全,不得在计算机专用线路上使用其他

第八章 信息与沟通

用电设备。企业还应当加强计算机信息系统硬件设备异常状况管理,一旦发生异常状况(如冒烟、打火、异常声响等),应当立即通知有关部门,并按处理制度进行处理。

企业对设备的新增、报废、流转等情况建档登记,统一管理。硬件设备的更新、扩充、修复等工作应当由相关人员提出申请,报上级主管负责人审批。同时规范审批流程,对于设备的替代应确保数据的连续性。

四、评估与披露

企业应当建立利用信息系统实施内部控制的评估制度,对信息系统开发、运行与维护的全过程进行评估,发现异常情况,应当及时报告。企业应披露利用信息系统实施内部控制的情况及存在的主要问题。

案例 8-1

一起数额巨大的金融盗窃案

2003年11月14日,甘肃省破获首例利用邮政储蓄专用网络,进行远程金融盗窃的案件。张少强,会宁邮政局一名普通的系统维护人员,2003年11月5日利用笔记本电脑侵入邮政储蓄网络后,非法远程登录访问临洮太石邮政储蓄所的计算机,破译对方密码之后进入操作系统,以营业员身份向自己8月末预先在兰州利用假身份证开设的8个活期账户存入了11笔共计83.5万元的现金,并在退出系统前,删除了营业计算机的打印操作系统,造成机器故障。第二天,他在兰州10个储蓄网点提取现金5.5万元,并将30.5万元再次转存到他所开设的虚假账户上。10月11日,张少强乘车到西安,利用6张储蓄卡又提取现金1.8万元。

案发当天,定西地区临洮县太石镇邮政储蓄所的营业电脑一阵黑屏,随即死机。营业员不知何故。急忙将刚刚下班尚未走远的所长叫了回来。所长以为电脑出现了故障,向上级报告之后,没太放在心上。17日,电脑经过修复重新安装之后,工作人员发现打印出的报表储蓄余额与实际不符。经过对账发现,5日13时发生了11笔交易,总计金额达83.5万元的异地账户系虚存(有交易记录但无实际现金)。当储蓄所几天之后进一步与开户行联系时,发现存款已经分别于6日、11日被人从兰州、西安两地取走37.81万元,他们意识到了问题的严重性。于10月28日向临洮县公安局报了案。

（续上）

> 从本案例的情况看，临洮县太石镇邮政储蓄所管理存在漏洞，没有加强信息系统的控制，工作人员安全意识淡薄，才造成了如此严重的局面。案发前，临洮县太石镇的邮政储蓄网点竟然一直使用原始密码，不仅没有定期更改，也没有在工作人员之间互相保密，于是张少强很轻松地就突破了数道密码关，直接进入了操作系统，盗走了83.5万元。而且，当工作人员发现已经出了问题时，还认为是内部网络系统出了故障，根本没有想到会有网络犯罪的情况发生，说明工作人员安全意识的淡薄。
>
> 资料来源：李战吉，彭波. 黑客为何能轻易闯入金融网络[N]. 人民日报，2003-12-8．

第二节 内部信息传递

内部信息传递是指企业内部各管理层级之间通过内部报告传递生产经营管理信息的过程。它通过全面反映经济业务活动情况，及时提供经济业务活动中的重要信息，增强内部管理的时效性和针对性，便于管理者及时作出决策。加强内部信息传递，旨在促进企业生产经营管理信息在内部各管理层级之间的有效沟通和充分利用。

一、内部信息传递控制概述

（一）内部信息传递失控风险

企业内部信息传递至少应当关注下列风险：

(1) 内部报告系统缺失、功能不健全、内容不完整，可能影响生产经营有序运行。

(2) 内部信息传递不通畅、不及时，可能导致决策失误、相关政策措施难以落实。

(3) 内部信息传递中泄露商业秘密，可能削弱企业核心竞争力。

（二）内部信息传递控制的关键环节

企业应当加强内部报告管理，全面梳理内部信息传递过程中的薄弱环节，建立科学的内部信息传递机制，明确内部信息传递的内容、保密要求及密级分类、传递方式、传递范围以及各管理层级的职责权限等，促进内部报告的有效利用，充分发挥内部报告的作用。企业至少应当强化对下列关键方面或者关键环节的

控制:
(1) 内部报告形成控制,内部报告编制符合企业编制原则,编制内容合理、准确。
(2) 内部报告使用与评估控制。

二、内部报告的形成

(一) 内部报告的编制原则

单位内部报告体系的建立应体现以下要求:

(1) 根据发展战略、风险控制和业绩考核要求,科学规范不同级次内部报告的指标体系,采用经营快报等多种形式,全面反映与企业生产经营管理相关的各种内外部信息。

(2) 内部报告指标体系的设计应当与全面预算管理相结合,并随着环境和业务的变化不断进行修订和完善。设计内部报告指标体系时,应当关注企业成本费用预算的执行情况。

(3) 内部报告应当简洁明了、通俗易懂、传递及时,便于企业各管理层级和全体员工掌握相关信息,正确履行职责。

(二) 内部报告内容

内部报告是由企业内部编制,并在企业内部传递,为企业董事会、管理者和其他员工所使用,以满足企业决策与控制需要,实现企业战略目标的信息报告。

内部报告的内容一般可分为以下四大类。

1. 生产经营分析报告

生产经营是指企业以市场为导向,组织供产销活动,以一定的人力、物力消耗,生产与销售尽可能多的社会需要的商品,取得尽可能多的利润。生产经营报告系统主要包括产品(服务)生产日报、营业或销售收入报告、商品销售价格报告、原材料采购报告和销售退回与顾客反映报告等。

(1) 产品(服务)生产日报主要反映当日的产品产量或服务量、产品的废品率等,由基础生产组织如班组负责编报。

(2) 营业或销售收入报告主要反映每天和累计的营业或销售收入,包括赊销和现销收入,销售计划完成的进度、比例等。

(3) 商品销售价格报告主要反映商品销售价格的变动情况,包括销售折扣和折让,并需要说明折扣与折让的原因和依据。

(4) 原材料采购报告主要反映各种原材料的采购数量与价格,其中包括现金购买数量与金额、已经入库的数量、在途数量、在途损耗数量和损耗率等。

（5）销售退回与顾客反映报告主要反映商品出售后退回，以及顾客对商品质量、价格、服务等的反馈意见。

反映生产经营的指标有销售净利率、销售毛利率、主营业务利润率和营业利润率等，其计算公式为：

$$销售净利率=（净利润÷销售收入）×100\%$$

$$销售毛利率=（销售收入-销售成本）÷销售收入×100\%$$

$$主营业务利润率=（主营业务利润÷主营业务收入）×100\%$$

$$营业利润率=（营业利润÷营业收入）×100\%$$

企业从商品经营角度要追求利润最大化的直接目标，一要提高营业利润率，二要扩大销售规模与水平。另外，也要实现商品经营的利润最大化，增加产量，扩大销售规模的同时，降低生产成本是基础。此外，要注重产销平衡、提高商品销售价格、降低采购价格及相关费用。

2. 成本费用分析报告

降低生产成本是企业追求利润最大化的基础，包括降低材料成本、人工成本和制造费用。费用的节约是指期间费用的节约包括管理费用、销售费用、财务费用。成本费用分析报告包括产品成本报告、产品成本与产值成本率报告、原材料消耗报告、人工成本报告、车间费用报告、各项技术经济指标报告、期间费用报告等。

（1）产品成本报告主要反映商品产品的总成本和每一种产品的单位成本，与计划成本和上期成本或者历史成本相比较，进行差异原因的分析等。

（2）产品成本与产值成本率报告主要反映每一种产品的计划总成本与实际成本、单位产品成本、成本差异的分析；成本占产值的比率，并与上期和历史数据比较，进行差异原因的分析等。

（3）原材料消耗报告主要反映单位产品的主要原材料消耗定额与实际消耗的比较，以及差异的原因分析等。

（4）人工成本报告主要反映出勤人数、出勤率、单位产品工时定额与实际数、差异原因分析等。

（5）车间费用报告主要反映车间一级的工资等劳动报酬、劳动保护费用、低值易耗品摊销、设备维护费用、能源消耗费用和日常办公费用等，并与预算进行比较，分析完成的进度与差异的原因。

（6）各项技术经济指标报告主要反映设备利用率、厂房利用率、产品合格率和劳动少产率等。

(7) 期间费用报告主要反映商品经营责任主体的管理费用、销售费用、财务费用际发生数与预算数的比较,分析差异的原因等。

反映成本费用的主要指标是成本费用率,其计算公式为:

$$成本费用率 = \frac{利润总额}{成本费用总额} \times 100\% = \frac{利润总额}{主营业务成本+销售费用+管理费用+财务费用} \times 100\%$$

3. 资产经营分析报告

资产经营是指企业以资产为基础,通过合理配置与使用资产,以一定的资产投入,取得尽可能多的收益。资产经营报告主要包括资产结构报告、资产利用程度报告及不良资产损失报告和资产重组报告等。

(1) 资产结构报告主要反映各类资产的构成及其比例,分析资产结构的合理性,未使用、不需用资产与待报废资产的数量和金额,以及占全部资产的比例等。

(2) 资产利用程度报告主要以价值或者数量形式,反映各类资产的有效使用情况,包括资产的利用程度、完好程度,资产的投入产出率等。

(3) 不良资产损失报告主要反映已经形成的资产损失,如坏账损失、库存产品原材料跌价损失、固定资产报废损失等。

(4) 资产重组报告主要反映企业内部因产品结构或者管理结构调整,而进行的下属组织的合并或者分设,以及兼并或者出售分支公司等情况。

反映资产经营盈利能力核心目标的指标是总资产报酬率,其计算公式为:

$$总资产报酬率 = (利润总额 + 利息支出) \div 平均资产总额 \times 100\%$$

式中,利润总额是指企业实现的全部利润,包括企业当年营业利润和营业外收支净额的合计数,如为亏损,则用"−"号表示;利息支出是指企业在生产经营过程中实际支出的借款利息、债权利息等;利润总额与利息支出之和为息税前利润,是指企业当年实现的全部利润与利息支出的合计数;平均资产总额是指企业资产总额年初数与年末数的平均值。

反映资产经营营运能力的指包括总资产周转率、应收账款周转率、存货周转率、流动资产周转率、固定资产产值率等。

企业要搞好资产经营,一方面要提高销售利润率或商品的盈利能力,另一方面要搞好资产配置与重组,提高资产使用效率,加速全部资产周转。要加快总资产周转速度,关键在于优化资产结构,使全部资产都充分发挥作用,避免资产闲置及损失浪费。

4. 资本经营报告

资本经营的特点是追求资本的保值、增值,力求盈利的最大化。因此,资本经营的内涵是以资本为基础,通过资本的优化配置,来提高资本经营效益,包括资本的流动、收购、重组、参股与控股等,使企业以一定的资本投入,取得尽可能多的投资收益。资本经营报告主要有:资本结构报告、筹资及其成本报告、对外投资报告、资金分析报告等。

(1) 资本结构报告主要反映资本的构成,各种资本占资本总额的比例。

(2) 筹资及其成本报告主要反映各种筹资渠道与筹资方式筹集的资金数额,所需支付的成本,包括利息、股息、发行债券费用、各种中介费、手续费等,并对各种不同方式的筹资成本进行比较分析。

(3) 对外投资报告主要反映企业对外投资的安全性、效益性,包括投资的种类、投资期限、投资回报、应收未收的投资回报、投资回报率、被投资单位的经营情况和财务状况分析,以及公司投资占被投资企业净资产与股权的比例,投资采用的会计政策等。

(4) 资金分析报告包括资金日报、借款还款进度表、贷款担保抵押表、银行账户及印鉴管理表、资金调度表等。

反映资本经营核心目标的指标是净资产收益率,其计算公式为:

$$净资产收益率 = 净利润 \div 平均净资产 = 主营业务利润率 \times 总资产周转率 \times 权益乘数$$

要实现资本经营目标,一方面要提高净资产收益率,另一方面要搞好资本运作,降低资金成本,特别是降低负债成本,优化资本结构,利用税收政策合理避税。

(三) 内部报告的形成

企业应当充分利用信息技术,采集、汇总、生成内部报告信息,强化内部报告信息集成和共享,将内部报告纳入企业统一信息平台,构建科学的内部报告网络体系。此外,企业应当拓宽内部报告渠道,通过落实奖励措施等多种有效方式,广泛收集合理化建议。企业应当重视和加强反舞弊机制建设,通过设立员工信箱、投诉热线等方式,鼓励员工及企业利益相关方举报和投诉企业内部的违法违规、舞弊和其他有损企业形象的行为。

(四) 内部报告的传递

企业内部各管理层级均应当指定专人负责内部报告工作,重要信息应及时上报,并可以直接报告高级管理人员。同时,企业应当建立内部报告审核制度,确保内部报告信息质量。此外,企业应当关注市场环境、政策变化等外部信息对企业生产经营管理的影响,广泛收集、分析、整理外部信息,并通过内部报告传递到企业内部相关管理层级,以便采取应对策略。

企业各级管理人员所需的报告,在频率和详简程度上各有不同,企业内部各级次均应当指定专人负责内部报告工作,规定不同级次报告的时点,确保在同一时点上形成分级和汇总信息。

对低层即第一线人员,报告应详尽,时间之隔,通常以日报为多,也可每一班次或随时提供资料,以便争取时效,及时纠正偏差。对高层管理人员,应以汇总重要资料为限,在报告期上,月报甚至季报就能满足其需要。中层管理者的报告时间通常以周报或日报为主,报告内容虽然也属汇总性质,但其重点则为某一制造或作业过程,往往比低层报告内容简略,又比高层报告详细。

三、内部报告的使用

(一)内部报告的使用

内部报告作为提供企业经营管理完全信息的报告系统,对企业预测、决策、规划、控制、反映和评价都有重要的理论与应用价值。内部报告的使用者包括董事会、企业管理层、员工。

企业各级管理人员应当充分利用内部报告,管理和指导企业的生产经营活动,及时反映全面预算执行情况,协调企业内部相关部门和各单位的运营进度,严格绩效考核和责任追究制度,确保企业实现发展目标。企业应当有效利用内部报告进行风险评估,准确识别和系统分析企业生产经营活动中的内外部风险,确定风险应对策略,实现对风险的有效控制。企业对于内部报告反映出的问题应当及时解决,涉及突出问题和重大风险的,应当启动应急预案。

企业应当制定严格的内部报告保密制度,明确保密内容、保密措拖、密级程度和传递范围,防止泄露商业秘密。

(二)内部报告的评估

企业应当建立内部报告的评估制度,对内部报告的形成和使用进行全面评估,重点关注内部报告的及时性、安全性和有效性。对于内部报告中发现的问题,应当及时采取改进措施,充分发挥内部报告在经营管理中的重要作用。

沃尔玛：企业成功源于沟通

全球的零售巨头沃尔玛公司是财富500强中排名第一的跨国企业集团，其运营的企业包括：沃尔玛商店、大型的连锁超级购物中心、毗邻超市以及位于美国国内的山姆俱乐部。在全球范围内，沃尔玛还在阿根廷、巴西、加拿大、中国、德国、日本、墨西哥、波多黎各、韩国和英国经营着类似的零售业务。

沃尔玛公司总裁萨姆·沃尔顿曾说过："如果你必须将沃尔玛管理体制浓缩成一种思想，那可能就是沟通。因为它是我们成功的真正关键之一。"

沃尔玛公司总部设在美国阿肯色州本顿维尔市，公司的行政管理人员每周花费大部分时间飞往各地的商店，通报公司所有业务情况，让所有员工共同掌握沃尔玛公司的业务指标。在任何一个沃尔玛商店里，都定时公布该店的利润、进货、销售和减价的情况，并且不只是向经理及其助理们公布，也向每个员工、计时工和兼职雇员公布各种信息，鼓励他们争取更好的成绩。

萨姆·沃尔顿认为让员工们了解公司业务进展情况，与员工共享信息，是让员工最大限度地干好其本职工作的重要途径，是与员工沟通和联络感情的核心。而沃尔玛公司也正是借用共享信息和分担责任，适应了员工的沟通与交流需求，达到了自己的目的：使员工产生责任感和参与感，意识到自己的工作在公司的重要性，感觉自己得到了公司的尊重和信任，积极主动地努力争取更好的成绩。

沃尔玛公司的股东大会是全美最大的股东大会，每次大会公司都尽可能让更多的商店经理和员工参加，让他们看到公司全貌，做到心中有数。

沃尔玛公司还通过电话、网络以及分销渠道，在第一时间知道客户以及反映市场前景的关键数据，这有助于加速其他的商务过程，把握每一个销售的机会从而提高信息技术的投资回报率。

由上述案例可知，沟通的管理意义是显而易见的，沃尔玛公司确保信息在企业内部有效沟通，也注重企业与外部之间进行有效信息沟通。

沃尔玛公司就是通过信息共享、责任分担实现良好的沟通交流，沟通已成为员工潜意识的重要部分，是员工激励的重要源泉。可以说，没有沟通，企业管理者的领导就难以发挥积极作用，没有顺畅的沟通，企业就谈不上机敏的应变。沃尔玛公司不仅重视信息的沟通，还注重信息系统的建设，充分发挥信息技术的作用。

资料来源：沃尔玛：企业成功源于沟通，http＝//mypcera.com/2/a/11/40/17670_ 3.html。

第三节 财务报告

财务报告是指反映企业某一特定日期财务状况和某一会计期间经营成果、现金流量的文件。财务报告编制和披露控制旨在规范企业财务报告，保证财务报告的真实、完整。

一、财务报告控制概述

（一）财务报告的内容

财务报告包括会计报表及其附注和其他应当在财务报告中披露的相关信息和资料。会计报表至少应当包括资产负债表、利润表、现金流量表和所有者权益变动表等报表。

附注是对在资产负债表、利润表、现金流量表和所有者权益变动表等报表中列示项目的文字描述或明细资料，以及对未能在这些报表中列示项目的说明等。附注应当披露财务报表的编制基础、编制依据、编制原则和方法，相关信息应当与资产负债表、利润表、现金流量表和所有者权益变动表等报表中列示的项目相互参照。

（二）财务报告失控的风险

企业编制、对外提供和分析利用财务报告，至少应当关注下列风险：

（1）编制财务报告违反会计法律、法规和国家统一的会计准则制度，可能导致企业承担法律责任和声誉受损。

（2）提供虚假财务报告，误导财务报告使用者，造成决策失误，干扰市场秩序。

（3）不能有效利用财务报告，难以及时发现企业经营管理中存在的问题，可能导致企业财务和经营风险失控。

（三）财务报告的关键控制环节

企业在建立与实施财务报告编制与披露内部控制中，至少应当强化对下列关键方面或者关键环节的控制：

（1）职责分工、权限范围和审批程序应当明确规范，机构设置和人员配备应当科学合理。

（2）有关对账、调账、差错更正、结账等流程应当明确规范。

（3）起草财务报告、校验、编制财务情况说明书、审核批准等流程应当科学严密。

(4) 财务报告的报送与披露流程应当符合有关规定。

(5) 财务报告的分析方法应当科学、合理。

二、岗位分工与职责安排

企业应当建立财务报告编制与披露的岗位责任制,明确相关部门和岗位在财务报告编制与披露过程中的职责和权限,确保财务报告的编制与披露和审核相互分离、制约和监督。主要部门和岗位的职责和权限如下:

(1) 企业内部参与财务报告编制的各单位、各部门应当及时向财会部门提供编制财务报告所需的信息,并对所提供信息的真实性和完整性负责。

(2) 企业财会部门是财务报告编制的归口管理部门,其职责一般包括:收集并汇总有关会计信息;制订年度财务报告编制方案;编制年度、半年度、季度和月度财务报告等。

(3) 企业全体董事、监事和高级管理人员对财务报告的真实性和完整性承担责任。

此外,企业应当建立投诉举报制度,在确保维护举报人员权益的同时,及时向董事会及其审计委员会报告财务舞弊或造假行为。企业有关人员对授意、指使、强令编制虚假或者隐瞒重要事实的财务报告的情形,有权拒绝并及时向有关部门和人员报告。

三、财务报告的编制

(一) 财务报告编制准备及其控制

1. 财务报告编制方案的制定

企业财会部门应当制定年度财务报告编制方案,明确年度财务报告编制方法、年度财务报告会计调整政策、披露政策及报告的时间要求等。年度财务报告编制方案应当经企业总会计师或财务总监、分管财务会计工作的负责人(以下简称总会计师)核准后签发至各参与编制部门。此外,企业应参照年度财务报告编制方案编制半年度、季度和月度财务报告编制方案。

2. 财务报告编制前的操作规范

(1) 企业应当按照有关法律、法规以及业务需要设置和管理会计核算科目和账簿,会计科目进行调整、合并、拆分、新增时,必须经总会计师书面批准。

(2) 企业应当制定对会计报表可能产生重大影响的交易或事项的判断标准。对会计报表可能产生重大影响的交易或事项,应当将其会计处理方法及时提交董事会及其审计委员会审议。企业不得随意变更会计政策,调整会计估计

第八章 信息与沟通

事项。企业应当将涉及变更会计政策、调整会计估计的事项,及时提交董事会及其审计委员会审议。

（3）企业在编制年度财务报告前,应当全面进行资产清查、减值测试和核实债务查明财产物资的实存数量与账面数量是否一致、各项结算款项的拖欠情况及其原因、材料物资的实际储备情况、各项投资是否达到预期目的、固定资产的使用情况及其完好程度等,并将清查、核实结果及其处理方法向董事会及其审计委员会报告。此外,企业应当在年度中间根据具体情况,对各项财产物资和结算款项进行重点抽查、轮流清查或者定期清查。

全面清查资产、核实债务的具体要求是：① 结算款项,包括应收款项、应付款项、应交税费等是否存在,与债务、债权单位的相应债务、债权金额是否一致。② 原材料、在产品、自制半成品、库存商品等各项存货的实存数量与账面数量是否一致,是否有报废损失和积压物资等。③ 各项投资是否存在,投资收益是否按照国家统一的会计制度规定进行确认和计量。④ 房屋建筑物、机器设备、运输工具等各项固定资产的实存数量与账面数量是否一致。⑤ 在建工程的实际发生额与账面记录是否一致。⑥ 需要清查、核实的其他内容。

（4）企业应当对交易或事项所属的会计期间实施有效控制,避免出现漏记或多记、提前确认或推迟确认报告期内发生的交易或事项的情形。

（5）企业应当明确规范有关对账、调账、差错更正、结账等流程。① 对账。企业应当及时对账,将会计账簿记录与实物资产、会计凭证、往来单位或者个人等进行相互核对,保证账证相符、账账相符、账实相符。企业应当建立规范的账务调节制度和各项财产物资和结算款项的清查制度,明确相关责任人及相应的处理程序,避免发生账证不符、账账不符、账实不符的情形。② 调账。企业应当根据实际情况制定重大调账事项的标准,明确相应的报批程序。一是企业有关人员在审核已录入但未复核过账的凭证过程中,一经发现串户、记账科目使用错误、借贷方向错误等差错时应及时根据原始凭证实际情况进行调整,或向有关制证人员等询问后办理调账。二是企业有关人员在使用、审核已过账的会计记录时,一经发现串户、记账方向错误等问题,主管财务人员必须经过有相应授权的财会部门负责人和总会计师的书面批准后方可办理补充调账事宜。③ 结账。企业必须在会计期末进行结账,不得为赶编会计报表而提前结账,更不得预先编制会计报表后结账。

（二）财务报告编制及其控制

1. 完整性控制

企业应当按照国家统一的会计准则、制度规定的会计报表格式和内容,根据登记完整、核对无误的会计账簿记录和其他有关资料编制会计报表,不得漏报或者任意进行取舍。

企业财务报告列示的资产、负债、所有者权益金额应当真实可靠。各项资产计价方法不得随意变更,如有减值,应当合理计提减值准备,严禁虚增或虚减资产。各项负债应当反映企业的现时义务,不得提前、推迟或不确认负债,严禁虚增或虚减负债。所有者权益应当反映企业资产扣除负债后由所有者享有的剩余权益,由实收资本、资本公积、留存收益等构成。企业应当做好所有者权益保值、增值工作,严禁虚假出资、抽逃出资、资本不实。

企业财务报告应当如实列示当期收入、费用和利润。各项收入的确认应当遵循规定的标准,不得虚列或者隐瞒收入,推迟或提前确认收入。各项费用、成本的确认应当符合规定,不得随意改变费用、成本的确认标准或计量方法,虚列、多列、不列或者少列费用、成本。利润由收入减去费用后的净额、直接计入当期利润的利得和损失等构成,不得随意调整利润的计算、分配方法,编造虚假利润。

企业财务报告列示的各种现金流量由经营活动、投资活动和筹资活动的现金流量构成,应当按照规定划清各类交易或事项的现金流量的界限。

企业应当真实、完整地在会计报表附注和财务情况说明书中说明需要说明的事项。

2. 勾稽关系控制

财务报告之间的勾稽关系是指会计报告中有关数字之间存在的,可据以进行相互核对的关系。企业可以通过人工分析或利用计算机信息系统自动检查会计报表之间、会计报表各项目之间的勾稽关系是否正确,重点对下列项目进行校验。

(1) 会计报表内有关项目的对应关系。主要包括以下三个方面:

第一,资产负债表内部的各项勾稽关系:

$$资产 = 负债 + 所有者权益$$

第二,利润表的内部勾稽关系:

$$净利润 = 利润总额 - 所得税费用$$

其中: 利润总额 = 营业利润 + 营业外收入 - 营业外支出

$$营业利润 = (营业收入 - 营业成本 - 营业税金及附加) - 期间费用 - 资产减值损失 \pm 公允价值变动损益 \pm 投资收益$$

第三,现金流量表内部的勾稽关系:现金流量表内部的勾稽关系比较简单,由于企业总的现金流量是由三大部分所组成,所以勾稽关系便是三大部分的勾

第八章 信息与沟通

稽。现金流量表勾稽关系为：

$$\begin{array}{l}现金及现金等\\价物的净增加额\end{array} = \begin{array}{l}经营活动产生\\的现金流量净额\end{array} + \begin{array}{l}投资活动产生\\的现金流量净额\end{array} + \begin{array}{l}筹资活动产生\\的现金流量净额\end{array}$$

（2）本期会计报表与前期会计报表之间的关系。本期会计报表与前期会计报表的勾稽关系包括本期报表有关项目的期初数应等于前期报表的期末数，本期报表有关项目的累计数应等于前期报表的累计数加上本期发生数等。

（3）会计报表之间平衡及勾稽关系。报表之间的勾稽关系是会计勾稽关系的重要部分。从会计所要表达的企业运作机理来看，企业通过融资活动获取资金，然后进行资产配置，资产是企业运营的基础，运营的成果连接期初和期末两个时点的财务状况。具体勾稽关系主要有以下五个方面：

第一，资产负债表中的"未分配利润"项目年末数应等于年初未分配利润加上利润表中本年净利润减去本年利润分配的金额。

第二，资产负债表中所有者权益各项目的年初数、年末数均应与所有者权益变动表中相应项目保持相等。

第三，资产负债表中"货币资金"项目的期末数减去期初数，一般应等于现金流量表中的"现金及现金等价物净流量"。

第四，现金流量表中的"销售商品、提供劳务收到的现金"项目应等于利润表中的"营业收入"项目加本期增值税销项税额，以及资产负债表中"应收账款"项目和"应收票据"项目的减少数和"预收账款"项目的增加数等项目。

第五，现金流量表中的"购买商品、接受劳务支付的现金"项目应等于利润表中的"营业成本"项目加上资产负债表中的"存货"项目增加数和本期增值税进项税额，以及资产负债表中"应付账款"项目和"应付票据"项目的减少数和"预付账款"项目的增加数等项目。

运用这种勾稽关系判断企业财务数据的真实性，以及对业绩预测都是十分重要的。资产负债表上项目出现或可能出现的变化，都会导致利润表项目的变化，而利润表项目的变化，也将引致资产负债表项目的变化。它们之间存在着互为因果的关系。如营业收入的增加将可能导致应收账款的增加，应收账款的增加将带来坏账准备的增加。

（4）会计报表主表与附表之间的勾稽关系。会计报表主表与附表之间的勾稽关系，有比较简单的明细与合计的关系，也有比较复杂涉及数张报表发生额和余额的关系。

（5）会计报表与会计报表附注之间的关系。将会计报表与其附注相对照，可以了解企业会计报表的披露政策是否充分合理、会计估计是否科学、会计差错处理是否恰当等方面的信息,为判断企业会计报表是否存在技术性错误提供有用的信息。

3. 企业合并、分立的财务报告

企业发生合并、分立情形的,应当按照国家统一的会计准则、制度的规定,作出恰当会计判断,选择合理的会计处理方法,编制相应的财务报告。财会部门应将会计处理方法及其对财务报告的影响及时提交董事会及其审计委员会审议。

需要编制合并会计报表的企业集团,应当按照国家统一的会计准则、制度的规定和对子公司控制中合并报表控制要求编制合并报表。

四、财务报告的对外提供

企业应当建立财务报告报送与披露的管理制度,确保在规定的时间,按照规定的方式,向内部相关负责人及其外部使用者及时报送财务报告,确保所有财务报告使用者同时、同质、公平地获取财务报告信息。财务报告报送与披露的程序如下。

(一)注册会计师审计财务报告

企业应当建立聘请会计师事务所的制度,明确选聘的标准和程序,严格执行相应的标准和程序,报董事会及其审计委员会审议,需经股东大会决议的还应报经股东大会批准。

企业根据国家法律、法规和有关监管规定,聘请会计师事务所对企业财务报告进行审计。通过注册会计师对财务会计报告的全面审计,客观、公正地评价财务会计报告的内容是否真实、完整,以向投资者、债权人等财务会计报告使用者提供鉴证服务,并承担相应的法律责任,保证财务报告质量。

(二)审计报告的审议

企业总会计师和经理应与负责审计的注册会计师就其所出具的初步审计意见进行沟通。沟通的情况及意见应经企业总会计师和经理签字确认后,及时提交审计委员会(或类似机构)及其董事会审议。

审计委员会应当审议会计师事务所正式出具的审计报告,评价本年度会计师事务所的审计工作情况,提出下一年度会计师事务所的选聘意见,审议、评价及选聘意见应及时报送董事会审批。

(三)财务报告的报送与披露

负有信息披露责任的企业应根据国家法律、法规和有关监管规定履行相关信息披露义务,确保信息披露的真实和完整。企业应当按照国家法律、法规和有关监管规定,将经过审计的财务报告装订成册,加盖公章,并由企业负责人、总会计师或分管会计工作的负责人、财会部门负责人签名并盖章。履行报备义务的企业,应及时将经审计的财务报告报送监管部门及有关部门备案。

五、财务报告的分析利用

企业应当重视财务报告分析工作,定期召开财务分析会议,充分利用财务报告反映的综合信息,全面分析企业的经营管理状况和存在的问题,不断提高经营管理水平。企业财务分析会议应吸收有关部门负责人参加,总会计师或分管会计工作的负责人应当在财务分析和利用工作中发挥主导作用。

企业定期的财务分析应当形成分析报告,构成内部报告的组成部分。财务分析报告结果应当及时传递给企业内部有关管理层级,充分发挥财务报告在企业生产经营管理中的重要作用。财务报告分析的主要内容如下。

(一) 资产质量和资本结构分析

企业应当分析企业的资产分布、负债水平和所有者权益结构,通过资产负债率、流动比率、资产周转率等指标分析企业的偿债能力和营运能力,分析企业净资产的增减变化,了解和掌握企业规模和净资产的不断变化过程。

(二) 盈利质量分析

企业应当分析各项收入、费用的构成及其增减变动情况,通过净资产收益率、每股收益等指标,分析企业的盈利能力和发展能力,了解和掌握当期利润增减变化的原因和未来发展趋势。

(三) 资金运作分析

企业应当分析经营活动、投资活动、筹资活动现金流量的运转情况,重点关注现金流量能否保证生产经营过程的正常运行,防止现金短缺或闲置。对现金流量表主表的分析主要包括基本业务量分析、结构分析、比率分析和变动趋势分析。

1. 基本业务量分析

基本业务量分析是通过对企业报告期内现金流量的绝对数的评价,来分析该企业现金流量的合理性。分析时可以从以下两方面入手:

(1) 现金及现金等价物净增加额的总体评价。它反映企业报告期内现金流量总结果,通常讲,一个企业该指标应以正数为宜,表明这个企业的现金在以收抵支后还有节余,节余越多,效果越好,但同时需要看详细的形成情况;反之,则不好。

(2) 现金及现金等价物净增加额的形成原因分析。现金及现金等价物净增加额是由经营活动、投资活动、筹资活动等引起的。净增加额的形成原因不同,其效果也不一致,因为经营活动才是企业的主要业务活动,它所引起的现金流量才是至关重要;其次是投资活动引起的现金流量;最后是筹资活动引起的现金流量。例如,当经营活动现金流入量小于流出量,投资活动现金流入量大于流出量,筹资活动现金流入量大于流出量时,说明企业经营活动现金流入不足,主要靠借贷维持经营;如果投资活动现金流入量净额是依靠收回投资或处置长期资产所得,财务状况较为严峻。

(3) 对经营活动、投资活动、筹资活动中现金流量形成原因进行具体分析。

2. 结构分析

现金流量表结构分析是指企业各项业务,包括经营活动、投资活动、筹资活动等引起的现金收支额占全部现金的百分比分析。包括现金余额结构分析、现金收入结构分析、现金支出结构分析。现金余额结构分析是将各项现金净额与全部现金余额进行比较,通过分析各项目所占比重来评价企业现金流量的好坏。现金收入结构分析包括综合结构与具体结构分析。其中,综合结构是指将经营活动、投资活动、筹资活动中形成的现金收入与全部现金流入进行比较,可以看出各主要项目的形成情况;具体结构分析是指将其中某一项经济活动中的现金流量的具体内容加以计算,分析各项目所占比重情况。现金支出结构分析也应从综合结构与具体结构两方面分析,分析方法与现金收入结构分析一致。

3. 比率分析

现金流量比率是将报表中具有相互关系的项目加以比较,计算出一系列财务指标的分析方法,包括偿债能力、支付能力、营运能力、收入实现能力等方面的比率。

(1) 偿债能力比率分析。主要指标如下:

现金比率=现金余额÷流动负债。通过该比率分析企业总现金节余用于归还流动负债的能力。

现金流量比率=经营活动的净现金流量÷流动负债。该比率反映经营活动产生的净现金流量有多大的能力归还流动负债,这个比率越大,说明企业的短期偿债能力越强。

企业偿还全部债务能力的比率=经营活动的净现金流量÷债务总额。该比率反映经营活动产生的净现金流量有多大的能力归还全部负债,这个比率越大,说明企业的综合偿债能力越强。

(2) 支付能力比率分析。主要指标如下:

普通股每股经营活动净现金流量=经营活动的净现金流量÷流通在外的普通股股数。它反映了企业支付股利的能力,该比率越大,说明支付股利能力越强。

支付现金股利的现金比率＝经营活动的净现金流量÷现金股利。该比率可以分析被投资公司宣告的现金股利的真实与保障程度,这个比率越大,则现金股利的保障制度也越大。

(3) 营运能力。主要指标如下:

净收益营运指数＝经营净收益÷全部净收益。该比率接近1,说明企业可以用经营获取的现金与其应获现金相当,收益质量高;若小于1,则说明企业的收益质量不够好。

(4) 收入实现能力比率。主要指标如下:

营业收入净现金比率＝营业活动的净现金流量÷营业收入净额。分析该指标时,其参照数应以营业利润对比,越接近营业利润,说明企业销售业务中的现款销售比重越大,营业利润越真实。

营业收入现金流入比率＝经营活动产生的现金收入÷营业收入净额。该指标以1作为上限,越接近于1,说明销售中收到的货款越多,销售质量越高;反之,则销售质量低。该指标实质上是一个销售质量系数。

4. 变动趋势分析

现金流量表的变动趋势分析是通过观察连续数期的会计报表,比较各期的有关项目金额,分析某些指标的增减变动情况,并在此基础上判断其变化趋势的分析方法。运用趋势分析法通常应计算趋势百分比,趋势百分比有两种,即定基百分比和环比百分比。所谓定基,是将某一年的数据作为基数,在此基础之上,用以后各年的数据同该年数据进行比较;所谓环比,是将各年数据,后面一年均以上一年作基数进行比较。

案例 8-3

由蓝田股份到 ST 生态:"蓝田神话"的破灭

蓝田股份有限公司(以下简称"蓝田股份")1996 年 6 月在上交所上市,蓝田股份上市后一直保持着绩优股的形象,1996 年、1997 年的每股收益连续 2 年保持在 0.60 元以上,1998 年更是上升到 0.81 元,1999 年中期已经取得每股收益 0.516 元的成绩。就利润分配而言,蓝田股份也得到了市场的首肯,1996 年、1997 年 2 个年度的分配都是每 10 股送转 10 股。它创造了中国农业

(续上)

企业罕见的"蓝田神话",被称做是"中国农业第一股"。但是,这样一家所谓的绩优公司,却是一家靠欺骗上市的公司。1999年10月28日,蓝田股份发布公告披露了因伪造政府文件等行为而受到中国证监会处罚的重大事项。2001年11月,刘姝威在《金融内参》发表600字短文,此后蓝田股份资金链开始断裂。2002年1月,涉嫌提供虚假财务信息,董事长瞿兆玉等10名中高层管理人员被拘传接受调查。

2002年3月,蓝田股份实行特别处理,股票简称变更为"ST生态"。2002年5月,因连续3年亏损,暂停上市。2003年5月,蓝田股份因失去上市条件而被终止上市。其违规事实包括:伪造政府主管部门文件及相关法律文书;伪造银行对账单,虚增巨额银行存款;隐瞒缩减公司股本的重大事项;隐瞒内部职工股托管后柜台交易的重大事实。

从本案例的情况看,蓝田股份在股票发行上市过程中的弄虚作假行为是十分严重的,伪造政府主管部门文件及相关法律文书,伪造银行对账单,虚增巨额银行存款,从原始凭证到报表的整个过程都作假,财务报告不按相关规定披露,披露的是虚假信息并未披露重大信息。蓝田股份造假事件已经不仅仅是财务报告内部控制环节失控,而是内部控制整体目标没有得以实现。该公司竟敢伪造一个地级市政府的文件与中华人民共和国的土地证以及银行存款!伪造政府文件、伪造银行存单,可以说是一种严重的犯罪行为,由此可见管理层违规已经偏离了内部控制目标合法、合规的要求,可想而知其具体环节的内部控制更是形同虚设。显然,管理层违规是对内部控制的一个主要威胁。

当然,要彻底解决会计造假这一问题不单单是内部控制的问题,但从内部控制的角度而言,也是可以通过改善内部控制而尽量化解这一问题。

资料来源:张育军,肖立见,隆武华,汤劲松.转轨时期中国证券市场改革与发展[M].四川:西南财经大学出版社,2004。

第九章　内部控制评价

内部控制评价是内部控制体系的重要组成部分，它是内部控制持续改进过程中重要的信息反馈渠道，对于完善企业内部控制制度、保证内部控制有效实施具有重要意义。

第一节　内部控制评价概述

一、内容控制评价的含义和目的

内部控制评价既是内部控制中的一个重要而且必要的系统性活动，又是评价、反馈和不断再评价的动态过程，能够促进内部控制的有效实施和持续改善，它同时也是一种制度性安排，能够促使企业及其员工经常性地审视自身的内部控制系统，以提高企业的控制能力和管理水平。

内部控制评价是指企业董事会或类似决策机构对内部控制有效性进行全面评价、形成评价结论、出具评价报告的过程。为了促进企业全面评价内部控制的设计与运行情况，规范内部控制评价程序和评价报告，揭示和防范风险，根据有关法律、法规和《企业内部控制基本规范》（以下简称《基本规范》，财政部等部委制定了《企业内部控制评价指引》（以下简称《评价指引》），《评价指引》是为企业管理层对本企业进行内部控制评价提供的指引和要求，包括评价内容和标准、评价程序和方法，评价报告的出具和披露等。

二、内部控制评价的意义

（一）内部控制评价有利于进一步完善企业内部控制体系

内部控制评价是内部控制体系持续改进过程中的一个重要信息反馈渠道，

其可以对内部控制设计和运行的完整性、合理性及有效性作出合理判断,能够进一步认清内部控制的局限性,进而针对内部控制评价过程中发现的缺陷提出完善内部控制的建议。

(二) 内部控制评价有利于企业目标的实现

通过内部控制评价,可以发现内部控制的趋势。由于该趋势对企业管理工作的成效起着长期的制约作用,因此,企业可以通过内部控制评价发现内部控制不合理的地方,而且为了提高企业管理工作的成效,企业有动力提高自我控制。内部控制评价可使董事会、管理层和其他各级人员提高其实现自身目标的能力,也使企业整体在实现目标时具备更有利的条件。通过企业内部控制评价,可以使企业内的相关人员更好地认识风险的本质、风险是如何确认和评价以及企业应对不可预料的风险准备的程度,从而使企业更好地应对风险,实现企业目标。

(三) 内部控制评价有利于社会资源的有效配置

每个企业都是整个社会经济的有机组成部分,企业的内部控制制度直接影响着企业的经营风险,通过评价企业内部控制制度,了解企业经营风险的大小,从而依据风险的大小优化企业经济资源的配置。而企业作为整个社会经济的组成部分,每一个企业经济资源的优化配置都会直接影响到整个社会经济资源的配置。

企业应当根据《评价指引》,结合内部控制设计与运行的实际情况,制定具体的内部控制评价办法,规定评价的原则、内容、程序、方法和报告形式等,明确相关机构或岗位的职责权限,落实责任制,按照规定的办法、程序和要求,有序开展内部控制评价工作。

三、内部控制评价的责任界定和原则

(一) 责任界定

企业董事会应当对内部控制评价报告的真实性负责。

(二) 企业实施内部控制评价应遵循的原则

企业实施内部控制评价,至少应当遵循全面性、重要性和客观性的原则,确保评价工作标准统一、客观公正。

第一,全面性原则。评价工作应当包括内部控制的设计与运行,涵盖企业及其所属单位的各种业务和事项。

第二,重要性原则。评价工作应当在全面评价的基础上,关注重要业务单位、重大业务事项和高风险领域。

第三,客观性原则。评价工作应当准确地揭示经营管理的风险状况,如实反映内部控制设计与运行的有效性。

第二节 内部控制评价的内容和程序

一、内部控制评价的内容

(一) 全面内部控制评价

企业应当根据《基本规范》、《应用指引》以及本企业的内部控制制度,围绕内部环境、风险评估、控制活动、信息与沟通、内部监督等要素,确定内部控制评价的具体内容,对内部控制设计与运行情况进行全面评价。

1. 开展内部环境评价

企业组织开展内部环境评价,应当以组织架构、发展战略、人力资源、企业文化、社会责任等应用指引为依据,结合本企业的内部控制制度,对内部环境的设计及实际运行情况进行认定和评价。

2. 开展风险评估机制评价

企业组织开展风险评估机制评价,应以《基本规范》有关风险评估的要求、各项应用指引中所列主要风险为依据,结合本企业的内部控制制度,对日常经营管理过程中的风险识别、风险分析、应对策略等进行认定和评价。

3. 开展控制活动评价

企业组织开展控制活动评价,应当以《基本规范》和各项应用指引中的控制措施为依据,结合本企业的内部控制制度,对相关控制措施的设计和运行情况进行认定和评价。

4. 开展信息与沟通评价

企业组织开展信息与沟通评价,应当以内部信息传递、财务报告、信息系统等相关应用指引为依据,结合本企业的内部控制制度,对信息收集、处理和传递的及时性、反舞弊机制的健全性、财务报告的真实性、信息系统的安全性,以及利用信息系统实施内部控制的有效性等进行认定和评价。

5. 开展内部监督评价

企业组织开展内部监督评价,应当以《基本规范》有关内部监督的要求,以及各项应用指引中有关日常管控的规定为依据,结合本企业的内部控制制度,对内部监督机制的有效性进行认定和评价,重点关注监事会、审计委员会、内部审计机构等是否在内部控制设计和运行中有效发挥监督作用。

（二）形成内部控制评价工作底稿

内部控制评价工作应当形成工作底稿，详细记录企业执行评价工作的内容，包括评价要素、主要风险点、采取的控制措施、有关证据资料以及认定结果等。评价工作底稿应当设计合理、证据充分、简便易行、便于操作。

二、内部控制评价的程序

企业应当按照内部控制评价办法规定的程序，有序开展内部控制评价工作。

（一）内部控制评价程序环节

内部控制评价程序一般包括：制订评价工作方案、组成评价工作组、实施现场测试、认定控制缺陷、汇总评价结果、编报评价报告等环节。

（二）内部控制评价实施主体

企业可以授权内部审计部门或专门机构（以下简称内部控制评价部门）负责内部控制评价的具体组织实施工作。企业也可以委托中介机构实施内部控制评价。为企业提供内部控制审计服务的会计师事务所，不得同时为同一企业提供内部控制评价服务。

（三）评价工作方案报批和实施

企业内部控制评价部门应当拟订评价工作方案，明确评价范围、工作任务、人员组织、进度安排和费用预算等相关内容，报经董事会或其授权机构审批后实施。

企业内部控制评价部门应当根据经批准的评价方案，组成内部控制评价工作组，具体实施内部控制评价工作。评价工作组应当吸收企业内部相关机构熟悉情况的业务骨干参加。评价工作组成员对本部门的内部控制评价工作应当实行回避制度。

（四）内部控制评价方法

内部控制评价工作组应当对被评价单位进行现场测试，综合运用个别访谈、调查问卷、专题讨论、穿行测试、实地查验、抽样和比较分析等方法，充分收集被评价单位内部控制设计和运行是否有效的证据，按照评价的具体内容，如实填写评价工作底稿，研究分析内部控制缺陷。

第三节　内部控制缺陷的认定

内部控制缺陷包括设计缺陷和运行缺陷。企业对内部控制缺陷的认定，应当以日常监督和专项监督为基础，结合年度内部控制评价，由内部控制评价部门进行综合分析后提出认定意见,按照规定的权限和程序进行审核后予以最终认定。

一、内容控制缺陷的初步认定

企业在日常监督、专项监督和年度评价工作中,应当充分发挥内部控制评价工作组的作用。内部控制评价工作组应当根据现场测试获取的证据,对内部控制缺陷进行初步认定,并按其影响程度分为重大缺陷、重要缺陷和一般缺陷。

重大缺陷是指一个或多个控制缺陷的组合,可能导致企业严重偏离控制目标。重要缺陷是指一个或多个控制缺陷的组合,其严重程序和经济后果低于重大缺陷,但仍有可能导致企业偏离控制目标。一般缺陷是指除重大缺陷、重要缺陷之外的其他缺陷。重大缺陷、重要缺陷和一般缺陷的具体认定标准,由企业根据上述要求自行确定。

二、评价质量交叉复核

企业内部控制评价工作组应当建立评价质量交叉复核制度,评价工作负责人应当对评价工作底稿进行严格审核,并对所认定的评价结果签字确认后,提交企业内部控制评价部门。

三、内部控制缺陷的全面复核及最终认定

企业内部控制评价部门应当编制内部控制缺陷认定汇总表,结合日常监督和专项监督发现的内部控制缺陷及其持续改进情况,对内部控制缺陷及其成因、表现形式和影响程度进行综合分析和全面复核,提出认定意见,并以适当的形式向董事会、监事会或者经理层报告。重大缺陷应当由董事会予以最终认定。

四、对重大缺陷采取应对策略

企业对于认定的重大缺陷,应当及时采取应对策略,切实将风险控制在可承受度之内,并追究有关部门或相关人员的责任。

第四节 内部控制评价报告

企业应当根据《基本规范》、《应用指引》和《评价指引》,设计内部控制评价报

告的种类、格式和内容,明确内部控制评价报告编制程序和要求,按照规定的权限报经批准后对外报出。

一、内部控制评价报告的设计及披露内容

内部控制评价报告应当分别内部环境、风险评估、控制活动、信息与沟通、内部监督等要素进行设计,对内部控制评价过程、内部控制缺陷认定及整改情况、内部控制有效性的结论等相关内容作出披露。

内部控制评价报告至少应当披露下列内容:董事会对内部控制报告真实性的声明;内部控制评价工作的总体情况;内部控制评价的依据;内部控制评价的范围;内部控制评价的程序和方法;内部控制缺陷及其认定情况;内部控制缺陷的整改情况及重大缺陷拟采取的整改措施;内部控制有效性的结论。

二、内部控制评价报告的编制和批准

企业应当根据年度内部控制评价结果,结合内部控制评价工作底稿和内部控制缺陷汇总表等资料,按照规定的程序和要求,及时编制内部控制评价报告。

内部控制评价报告应当报经董事会或类似权力机构批准后对外披露或报送相关部门。

三、内部控制评价结论的相应调整

企业内部控制评价部门应当关注自内部控制评价报告基准日至内部控制评价报告发出日之间是否发生影响内部控制有效性的因素,并根据其性质和影响程度对评价结论进行相应调整。

四、内部控制评价报告的报送

企业内部控制审计报告应当与内部控制评价同时对外披露或报送。

企业应当以12月31日作为年度内部控制评价报告的基准日。内部控制评价报告应于基准日后4个月内报出。

五、建立内部控制评价工作档案管理制度

企业应当建立内部控制评价工作档案管理制度。内部控制评价的有关文件资料、工作底稿和证明材料等应当妥善保管。

案例 9-1

大庆油田的内部控制测试

2004年,中国石油以COSO内部控制框架为标准,对原有内部控制体系进行了梳理和完善,建立了一套全面、系统、科学和规范的内部控制测试体系,为内部控制测试规范、有序和顺利地通过内外部测试奠定了坚实的基础。2006年是中国石油内部控制正式测试的第一年,大庆油田审计部投入很大的力量积极参与内部控制测试工作。测试工作质量得到了普华永道审计专家Gary Prasher先生的肯定,他认为中国石油有能力通过外部审计测试。大庆油田内部控制测试实践也总结了一些经验:

第一,测试方案周密。中国石油内部控制的测试由一套全面、系统、科学、规范的内部控制测试体系做支持,每次测试前都制订统一、周详的测试方案,对测试单位、内容、测试使用工具、人员及时间安排等都有明确规定,并非常重视对测试人员的培训,确保所有参加测试的人员了解、熟悉测试要求及相关工具的使用。这样测试人员只要严格按方案的要求执行,就能保证测试工作规范有序,基本做到不同人员对同一内部控制进行测试时,履行相同的测试程序,采用相同的测试方法,得出大致相同的测试结果,不产生大的差异,保证了测试质量和汇总分析以及总体评价的客观性。

第二,测试工具实用。测试工具是在外部审计师指导下,借鉴国际先进的测试实践设计制作的,包括各种表单和模板等。测试表单是一个前后衔接紧密的系统,如关键控制测试工具包括测试计划表、测试表、抽样测试表和问题汇总表以及访谈表等辅助表单。测试模板确定每个测试点测试的内容、样本总体、样本量、测试方法和步骤等。

第三,测试重点突出。每个管理流程都设计了许多控制,审计关注的是针对主要风险设立的关键控制,而不是全部控制,体现了现代管理抓重点、工作效率和效果有机结合的管理理念。

第四,抽样方法科学。利用统计学原理,采用随机抽样的原理,根据控制频率确定样本量,不同的控制频率,抽取的样本量不同。这样的测试结果要比靠判断确定样本量的方法更具有代表性,能提高测试结果的可靠程度;同时,根据控制的内容和发生的频率,对样本总体和抽样数量也做了明确规定。

资料来源:姜小兵.大庆油田的内部控制测试[J].中国内部审计,2007(9)。

第十章 内部控制审计

内部控制审计是对内部控制的健全性和有效性进行独立的评价和监督活动。它是企业内部控制规范体系实施中引入的强制性要求,既有利于促进企业健全内部控制体系,又能增强企业财务报告的可靠性。

第一节 内部控制审计概述

一、内部控制审计的含义和目的

内部控制审计是指会计师事务所接受委托,对特定基准日内部控制设计与运行的有效性进行审计。建立健全和有效实施内部控制,评估内部控制的有效性是企业董事会的责任。

为了规范注册会计师执行企业内部控制审计业务,财政部等部委特别制定了《企业内部控制审计指引》(以下简称《审计指引》),着重从审计责任划分、审计范围、整合审计、利用被审计单位人员的工作、审计方法、评价控制缺陷、审计报告出具等方面就如何做好内部控制审计业务提出明确要求或强调说明。《审计指引》界定了内部控制审计的定义、明确了内部控制审计计划、实施、评价、完成和报告工作的要求,具有权威、实用和专业的特点,对规范注册会计师执行企业内部控制审计业务,明确工作要求,保证执业质量具有重要的指导意义。按照《审计指引》的需求,在实施审计工作的基础上对内部控制的有效性发表审计意见,是注册会计师的责任。

《审计指引》明确指出,注册会计师不仅应当对企业财务报告内部控制有效性发表审计意见,同时还应当对内部控制审计过程中注意到的非财务报告内部控制的重大缺陷,在内部控制审计报告中增加描述段予以说明。这确实既适应了国际金融危机后社会对内部控制审计提出的新要求,又切实考虑了注册会计师风险责任的可承担性,是基本规范和配套指引实施安排中的重要制度创新。

《基本规范》规定,接受企业委托从事内部控制审计的会计师事务所,应当根据《基本规范》及其配套办法和相关执业准则,对企业内部控制的有效性进行审计,出具审计报告。会计师事务所及其签字的从业人员应当对发表的内部控制审计意见负责。

二、注册会计师的责任

(一)审计意见的合理性

注册会计师执行内部控制审计工作,应当获取充分、适当的证据,为发表内部控制审计意见提供合理保证。

(二)对内部控制有效性发表审计意见

注册会计师应当对财务报告内部控制的有效性发表审计意见,并对内部控制审计过程中注意到的非财务报告内部控制的重大缺陷,在内部控制审计报告中增加"非财务报告内部控制重大缺陷描述段"予以披露。

(三)单独内部控制审计和整合审计的相关要求

注册会计师可以单独进行内部控制审计,也可将内部控制审计与财务报表审计整合进行(以下简称整合审计)。在整合审计中,注册会计师应当对内部控制设计与运行的有效性进行测试,以同时实现下列目标:

第一,获取充分、适当的证据,支持其在内部控制审计中对内部控制有效性发表的意见。

第二,获取充分、适当的证据,支持其在财务报表审计中对控制风险的评估结果。

(四)责任承担的独立性

注册会计师应当对发表的审计意见独立承担责任,其责任不因为利用企业内部审计人员、内部控制评价人员和其他相关人员的工作而减轻。

第二节 计划和实施审计工作

一、计划审计工作

注册会计师应当恰当地计划内部控制审计工作,配备具有专业胜任能力的项目组,并对助理人员进行适当的督导。

(一)计划审计工作时应关注的事项

在计划审计工作时,注册会计师应当评价下列事项对内部控制、财务报表以及审计工作的影响:与企业相关的风险;相关法律、法规和行业概况;企业组织结构、经营特点和资本结构等相关重要事项;企业内部控制最近发生变化的程度;与企业沟通过的内部控制缺陷;重要性、风险等与确定内部控制重大缺陷相关的因素;对内部控制有效性的初步判断;可获取的、与内部控制有效性相关的证据的类型和范围。

(二)内部控制审计要点

内部控制审计要点包括如下方面:

(1)注册会计师应当以风险评估为基础,选择拟测试的控制,确定测试所需收集的证据。

(2)内部控制的特定领域存在重大缺陷的风险越高,给予该领域的审计关注就越多。

(3)注册会计师应当对企业内部控制自我评价工作进行评估,判断是否利用企业内部审计人员、内部控制评价人员和其他相关人员的工作以及可利用的程度,相应减少可能本应由注册会计师执行的工作。

(4)注册会计师利用企业内部审计人员、内部控制评价人员和其他相关人员的工作,应当对其专业胜任能力和客观性进行充分评价。

(5)与某项控制相关的风险越高,可利用程度就越低,注册会计师应当更多地对该项控制亲自进行测试。

二、实施审计工作

(一)按照自上而下的方法进行审计

注册会计师应当按照自上而下的方法实施审计工作。自上而下的方法是注册会计师识别风险、选择拟测试控制的基本思路。

(二)企业层面控制和业务层面控制的测试相结合

注册会计师在实施审计工作时,可以将企业层面控制和业务层面控制的测试结合进行。

1. 企业层面控制测试

注册会计师测试企业层面控制,应当把握重要性原则,至少应当关注:

第一,与内部环境相关的控制。

第二,针对董事会、经理层凌驾于控制之上的风险而设计的控制。

第三,企业的风险评估过程。
第四,对内部信息传递和财务报告流程的控制。
第五,对控制有效性的内部监督和自我评价。

2. 业务层面控制测试

注册会计师测试业务层面控制,应当把握重要性原则,结合企业实际、企业内部控制各项应用指引的要求和企业层面控制的测试情况,重点对企业生产经营活动中的重要业务和事项的控制进行测试。

注册会计师应当关注信息系统对内部控制及风险评估的影响。注册会计师在测试企业层面控制和业务层面控制时,应当评价内部控制是否足以应对舞弊风险。

(三)测试内部控制设计与运行的有效性

注册会计师应当测试内部控制设计与运行的有效性。

如果某项控制由拥有必要授权和专业胜任能力的人员按照规定的程序与要求执行,能够实现控制目标,表明该项控制的设计是有效的。如果某项控制正在按照设计运行,执行人员拥有必要授权和专业胜任能力,能够实现控制目标,表明该项控制的运行是有效的。

(四)确定测试的性质、时间安排和范围,获取充分、恰当的证据

注册会计师应当根据与内部控制相关的风险,确定拟实施审计程序的性质、时间安排和范围,获取充分、适当的证据。与内部控制相关的风险越高,注册会计师需要获取的证据应越多。

1. 综合运用测试方法

注册会计师在测试控制设计与运行的有效性时,应当综合运用询问适当人员、观察经营活动、检查相关文件、穿行测试和重新执行等方法。询问本身并不足以提供充分、适当的证据。

2. 确定测试的时间安排

注册会计师在确定测试的时间安排时,应当在下列两个因素之间作出平衡,以获取充分、适当的证据:

(1) 尽量在接近企业内部控制自我评价基准日实施测试。
(2) 实施的测试需要涵盖足够长的期间。

3. 控制偏差及连续审计的相关要求

注册会计师对于内部控制运行偏离设计的情况(即控制偏差),应当确定该偏差对相关风险评估、需要获取的证据以及控制运行有效性结论的影响。

在连续审计中,注册会计师在确定测试的性质、时间安排和范围时,应当考

虑以前年度执行内部控制审计时了解的情况。

第三节　评价控制缺陷

一、内部控制缺陷的分类

内部控制缺陷按其成因分为设计缺陷和运行缺陷，按其影响程度分为重大缺陷、重要缺陷和一般缺陷。

二、重大缺陷的认定

注册会计师应当评价其识别的各项内部控制缺陷的严重程度，以确定这些缺陷单独或组合起来，是否构成重大缺陷。在确定一项内部控制缺陷或多项内部控制缺陷的组合是否构成重大缺陷时，注册会计师应当评价补偿性控制（替代性控制）的影响。企业执行的补偿性控制应当具有同样的效果。

表明内部控制可能存在重大缺陷的迹象，主要包括：

（1）注册会计师发现董事、监事和高级管理人员舞弊。

（2）企业更正已经公布的财务报表。

（3）注册会计师发现当期财务报表存在重大错报，而内部控制在运行过程中未能发现该错报。

（4）企业审计委员会和内部审计机构对内部控制的监督无效。

第四节　完成审计工作并出具审计报告、记录审计工作

一、完成审计工作

(一) 取得企业签署的书面声明

注册会计师完成审计工作后，应当取得经企业签署的书面声明。

书面声明应当包括下列内容：企业董事会认可其对建立健全和有效实施内部控制负责；企业已对内部控制的有效性作出自我评价，并说明评价时采用的标准以及得出的结论；企业没有利用注册会计师执行的审计程序及其结果作为自我评价的基础；企业已向注册会计师披露识别出的所有内部控制缺陷，并单独披露其中的重大缺陷和重要缺陷；企业对于注册会计师在以前年度审计中识别的

重大缺陷和重要缺陷,是否已经采取措施予以解决;企业在内部控制自我评价基准日后,内部控制是否发生重大变化,或者存在对内部控制具有重要影响的其他因素。

(二)无法取得企业书面声明的情况

企业如果拒绝提供或以其他不当理由回避书面声明,注册会计师应当将其视为审计范围受到限制,解除业务约定或出具无法表示意见的内部控制审计报告。

(三)书面沟通

书面沟通具体包括以下方面:

(1)注册会计师应当与企业沟通审计过程中识别的所有控制缺陷。对于其中的重大缺陷和重要缺陷,应当以书面形式与董事会和经理层沟通。

(2)注册会计师认为审计委员会和内部审计机构对内部控制的监督无效的,应当就此以书面形式直接与董事会和经理层沟通。

(3)书面沟通应当在注册会计师出具内部控制审计报告之前进行。

(四)形成审计意见

注册会计师应当对获取的证据进行评价,形成对内部控制有效性的意见。

二、出具审计报告

注册会计师在完成内部控制审计工作后,应当出具内部控制审计报告。具体内容如下:

(一)标准内部控制审计报告的基本要素

标准内部控制审计报告应当包括下列要素:标题、收件人、引言段、企业对内部控制的责任段、注册会计师的责任段、内部控制固有局限性的说明段、财务报告内部控制审计意见段、非财务报告内部控制重大缺陷描述段、注册会计师的签名和盖章、会计师事务所的名称、地址及盖章、报告日期。

(二)无保留意见的内部控制审计报告

符合下列所有条件的,注册会计师应当对财务报告内部控制出具无保留意见的内部控制审计报告:

(1)企业按照《基本规范》、《应用指引》、《评价指引》以及企业自身内部控制制度的要求,在所有重大方面保持了有效的内部控制。

(2)注册会计师已经按照《审计指引》的要求计划和实施审计工作,在审计过程中未受到限制。

(三)增加强调事项段的内部控制审计报告

注册会计师认为财务报告内部控制虽不存在重大缺陷,但仍有一项或者多项重大事项需要提请内部控制审计报告使用者注意的,应当在内部控制审计报告中增加强调事项段给予以说明。注册会计师应当在强调事项段中指明,该段内容仅用于提醒内部控制审计报告使用者关注,并不影响对财务报告内部控制发表的审计意见。

(四)否定意见的内部控制审计报告

注册会计师认为财务报告内部控制存在一项或多项重大缺陷的,除非审计范围受到限制,应当对财务报告内部控制发表否定意见。

注册会计师出具否定意见的内部控制审计报告,还应当包括下列内容:

(1)重大缺陷的定义。

(2)重大缺陷的性质及其对财务报告内部控制的影响程度。

(五)无法表示意见的内部控制审计报告

注册会计师审计范围受到限制的,应当解除业务约定或出具无法表示意见的内部控制审计报告,并就审计范围受到限制的情况,以书面形式与董事会进行沟通。注册会计师在出具无法表示意见的内部控制审计报告时,应当在内部控制审计报告中指明审计范围受到限制,无法对内部控制的有效性发表意见。

(六)内部控制缺陷的处理

注册会计师在已执行的有限程序中发现财务报告内部控制存在重大缺陷的,应当在内部控制审计报告中对重大缺陷作出详细说明。

注册会计师对在审计过程中注意到的非财务报告内部控制缺陷,应当区别具体情况予以处理:

(1)注册会计师认为非财务报告内部控制缺陷为一般缺陷的,应当与企业进行沟通,提醒企业加以改进,但无需在内部控制审计报告中说明。

(2)注册会计师认为非财务报告内部控制缺陷为重要缺陷的,应当以书面形式与企业董事会和经理层沟通,提醒企业加以改进,但无需在内部控制审计报告中说明。

(3)注册会计师认为非财务报告内部控制缺陷为重大缺陷的,应当以书面形式与企业董事会和经理层沟通,提醒企业加以改进;同时,应当在内部控制审计报告中增加非财务报告内部控制重大缺陷描述段,对重大缺陷的性质及其对实现相关控制目标的影响程度进行披露,提示内部控制审计报告使用者注意相关风险。

(七)期后事项的处理

在企业内部控制自我评价基准日并不存在、但在该基准日之后至审计报告日之前(以下简称期后期间)内部控制可能发生变化,或出现其他可能对内部控制产生重要影响的因素。注册会计师应当询问是否存在这类变化或影响因素,并获取企业关于这些情况的书面声明。

注册会计师知悉对企业内部控制自我评价基准日内部控制有效性有重大负面影响的期后事项的,应当对财务报告内部控制发表否定意见。

注册会计师不能确定期后事项对内部控制有效性的影响程度的,应当出具无法表示意见的内部控制审计报告。

三、记录审计工作

注册会计师应当按照《中国注册会计师审计准则第1131号——审计工作底稿》的规定,编制内部控制审计工作底稿,完整记录审计工作情况。

注册会计师应当在审计工作底稿中记录下列内容:内部控制审计计划及重大修改情况;相关风险评估和选择拟测试的内容控制的主要过程及结果;测试内部控制设计与运行有效性的程序及结果;对识别的控制缺陷的评价;形成的审计结论和意见;其他重要事项。

案例 10-1

中石油内部控制审核报告

普华永道中天特审字(2009)第 372 号

中国石油天然气股份有限公司董事会:

我们接受委托,审核了中国石油天然气股份有限公司及其合并子公司(以下简称贵集团)于 2008 年 12 月 31 日与财务报表相关的内部控制。贵集团管理层的责任是按照《企业内部控制基本规范》建立、健全内部控制并保持其有效性,我们的责任是对贵集团与财务报表相关的内部控制的有效性发表意见。

我们的审核是依据《内部控制审核指导意见》进行的。在审核过程中,我们实施了包括了解、测试和评价与财务报表相关的内部控制设计的合理性和

（续上）

执行的有效性，以及我们认为必要的其他程序。我们相信，我们的审核为发表意见提供了合理的基础。

内部控制具有固有限制，存在由于错误或舞弊而导致错报发生和未被发现的可能性。此外，由于情况的变化可能导致内部控制变得不恰当，或降低对控制政策、程序遵循的程度，根据内部控制评价结果推测未来内部控制有效性具有一定的风险。

我们认为，贵集团于2008年12月31日在所有重大方面保持了按照《企业内部控制基本规范》建立的与财务报表相关的有效的内部控制。

普华永道中天会计师事务所　　　　注册会计师：×××（签名并盖章）
有限公司（盖章）
中国·上海市　　　　　　　　　　注册会计师：×××（签名并盖章）
　　　　　　　　　　　　　　　　　　　　　2009年3月26日

资料来源：中国石油天然气股份有限公司2008年年度报告——内部控制审核报告。

附录1　企业内部控制基本规范

第一章　总　则

第一条　为了加强和规范企业内部控制,提高企业经营管理水平和风险防范能力,促进企业可持续发展,维护社会主义市场经济秩序和社会公众利益,根据《中华人民共和国公司法》、《中华人民共和国证券法》、《中华人民共和国会计法》和其他有关法律法规,制订本规范。

第二条　本规范适用于中华人民共和国境内设立的大中型企业。

小企业和其他单位可以参照本规范建立与实施内部控制。

大中型企业和小企业的划分标准根据国家有关规定执行。

第三条　本规范所称内部控制,是由企业董事会、监事会、经理层和全体员工实施的、旨在实现控制目标的过程。

内部控制的目标是合理保证企业经营管理合法合规、资产安全、财务报告及相关信息真实完整,提高经营效率和效果,促进企业实现发展战略。

第四条　企业建立与实施内部控制,应当遵循下列原则:

(一)全面性原则。内部控制应当贯穿决策、执行和监督全过程,覆盖企业及其所属单位的各种业务和事项。

(二)重要性原则。内部控制应当在全面控制的基础上,关注重要业务事项和高风险领域。

(三)制衡性原则。内部控制应当在治理结构、机构设置及权责分配、业务流程等方面形成相互制约、相互监督,同时兼顾运营效率。

(四)适应性原则。内部控制应当与企业经营规模、业务范围、竞争状况和风险水平等相适应,并随着情况的变化及时加以调整。

(五)成本效益原则。内部控制应当权衡实施成本与预期效益,以适当的成本实现有效控制。

第五条 企业建立与实施有效的内部控制，应当包括下列要素：

（一）内部环境。内部环境是企业实施内部控制的基础，一般包括治理结构、机构设置及权责分配、内部审计、人力资源政策、企业文化等。

（二）风险评估。风险评估是企业及时识别、系统分析经营活动中与实现内部控制目标相关的风险，合理确定风险应对策略。

（三）控制活动。控制活动是企业根据风险评估结果，采用相应的控制措施，将风险控制在可承受度之内。

（四）信息与沟通。信息与沟通是企业及时、准确地收集、传递与内部控制相关的信息，确保信息在企业内部、企业与外部之间进行有效沟通。

（五）内部监督。内部监督是企业对内部控制建立与实施情况进行监督检查，评价内部控制的有效性，发现内部控制缺陷，应当及时加以改进。

第六条 企业应当根据有关法律法规、本规范及其配套办法，制订本企业的内部控制制度并组织实施。

第七条 企业应当运用信息技术加强内部控制，建立与经营管理相适应的信息系统，促进内部控制流程与信息系统的有机结合，实现对业务和事项的自动控制，减少或消除人为操纵因素。

第八条 企业应当建立内部控制实施的激励约束机制，将各责任单位和全体员工实施内部控制的情况纳入绩效考评体系，促进内部控制的有效实施。

第九条 国务院有关部门可以根据法律法规、本规范及其配套办法，明确贯彻实施本规范的具体要求，对企业建立与实施内部控制的情况进行监督检查。

第十条 接受企业委托从事内部控制审计的会计师事务所，应当根据本规范及其配套办法和相关执业准则，对企业内部控制的有效性进行审计，出具审计报告。会计师事务所及其签字的从业人员应当对发表的内部控制审计意见负责。

为企业内部控制提供咨询的会计师事务所，不得同时为同一企业提供内部控制审计服务。

第二章 内部环境

第十一条 企业应当根据国家有关法律法规和企业章程，建立规范的公司治理结构和议事规则，明确决策、执行、监督等方面的职权权限，形成科学有效的职责分工和制衡机制。

股东（大）会享有法律法规和企业章程规定的合法权利，依法行使企业经营方针、筹资、投资、利润分配等重大事项的表决权。

董事会对股东(大)会负责,依法行使企业的经营决策权。

监事会对股东(大)会负责,监督企业董事、经理和其他高级管理人员依法履行职责。

经理层负责组织实施股东(大)会、董事会决议事项,主持企业的生产经营管理工作。

第十二条　董事会负责内部控制的建立健全和有效实施。监事会对董事会建立与实施内部控制进行监督。经理层负责组织领导企业内部控制的日常运行。

企业应当成立专门机构或者指定适当的机构具体负责组织协调内部控制的建立实施及日常工作。

第十三条　企业应当在董事会下设立审计委员会。审计委员会负责审查企业内部控制,监督内部控制的有效实施和内部控制自我评价情况,协调内部控制审计及其他相关事宜等。

审计委员会负责人应当具备相应的独立性、良好的职业操守和专业胜任能力。

第十四条　企业应当结合业务特点和内部控制要求设置内部机构,明确职责权限,将权利与责任落实到各责任单位。

企业应当通过编制内部管理手册,使全体员工掌握内部机构设置、岗位职责、业务流程等情况,明确权责分配,正确行使职权。

第十五条　企业应当加强内部审计工作,保证内审计机构设置、人员配备和工作的独立性。

内部审计机构应当结合内部审计监督,对内部控制的有效性进行监督检查。内部审计机构对监督检查中发现的内部控制缺陷,应当按照企业内部审计工作程序进行报告;对监督检查中发现的内部控制重大缺陷,有权直接向董事会及其审计委员会、监事会报告。

第十六条　企业应当制定和实施有利于企业可持续发展的人力资源政策。人力资源政策应当包括下列内容:

(一)员工的聘用、培训、辞退与辞职。

(二)员工的薪酬、考核、晋升与奖惩。

(三)关键岗位员工的强制休假制度和定期岗位轮换制度。

(四)掌握国家秘密或重要商业秘密的员工离岗的限制性规定。

(五)有关人力资源管理的其他政策。

第十七条 企业应当将职业道德修养和专业胜任能力作为选拔和聘用员工的重要标准,切实加强员工培训和继续教育,不断提升员工素质。

第十八条 企业应当加强文化建设,培育积极向上的价值观和社会责任感,倡导诚实守信、爱岗敬业、开拓创新和团队协作精神,树立现代管理理念,强化风险意识。

董事、监事、经理及其他高级管理人员应当在企业文化建设中发挥主导作用。

企业员工应当遵守员工行为守则,认真履行岗位职责。

第十九条 企业应当加强法制教育,增强董事、监事、经理及其他高级管理人员和员工的法制观念,严格依法决策、依法办事、依法监督,建立健全法律顾问制度和重大法律纠纷案件备案制度。

第三章 风险评估

第二十条 企业应当根据设定的控制目标,全面系统持续地收集相关信息,结合实际情况,及时进行风险评估。

第二十一条 企业开展风险评估,应当准确识别与实现控制目标相关的内部风险和外部风险,确定相应的风险承受度。

风险承受度是企业能够承担的风险限度,包括整体风险承受能力和业务层面的可接受风险水平。

第二十二条 企业识别内部风险,应当关注下列因素:

(一)董事、监事、经理及其他高级管理人员的职业操守、员工专业胜任能力等人力资源因素。

(二)组织机构、经营方式、资产管理、业务流程等管理因素。

(三)研究开发、技术投入、信息技术运用等自主创新因素。

(四)财务状况、经营成果、现金流量等财务因素。

(五)营运安全、员工健康、环境保护等安全环保因素。

(六)其他有关内部风险因素。

第二十三条 企业识别外部风险,应当关注下列因素:

(一)经济形势、产业政策、融资环境、市场竞争、资源供给等经济因素。

(二)法律法规、监管要求等法律因素。

(三)安全稳定、文化传统、社会信用、教育水平、消费者行为等社会因素。

(四)技术进步、工艺改进等科学技术因素。

(五)自然灾害、环境状况等自然环境因素。

（六）其他有关外部风险因素。

第二十四条 企业应当采用定性与定量相结合的方法，按照风险发生的可能性及其影响程度等，对识别的风险进行分析和排序，确定关注重点和优先控制的风险。

企业进行风险分析，应当充分吸收专业人员，组成风险分析团队，按照严格规范的程序开展工作，确保风险分析结果的准确性。

第二十五条 企业应当根据风险分析的结果，结合风险承受度，权衡风险与收益，确定风险应对策略。

企业应当合理分析、准确掌握董事、经理及其他高级管理人员、关键岗位员工的风险偏好，采取适当的控制措施，避免因个人风险偏好给企业经营带来重大损失。

第二十六条 企业应当综合运用风险规避、风险降低、风险分担和风险承受等风险应对策略，实现对风险的有效控制。

风险规避是企业对超出风险承受度的风险，通过放弃或者停止与该风险相关的业务活动以避免和减轻损失的策略。

风险降低是企业在权衡成本效益之后，准备采取适当的控制措施降低风险或者减轻损失，将风险控制在风险承受度之内的策略。

风险分担是企业准备借助他人力量，采取业务分包、购买保险等方式和适当的控制措施，将风险控制在风险承受度之内的策略。

风险承受是企业对风险承受度之内的风险，在权衡成本效益之后，不准备采取控制措施降低风险或者减轻损失的策略。

第二十七条 企业应当结合不同发展阶段和业务拓展情况，持续收集与风险变化相关的信息，进行风险识别和风险分析，及时调整风险应对策略。

第四章 控制活动

第二十八条 企业应当结合风险评估结果，通过手工控制与自动控制、预防性控制与发现性控制相结合的方法，运用相应的控制措施，将风险控制在可承受度之内。

控制措施一般包括：不相容职务分离控制、授权审批控制、会计系统控制、财产保护控制、预算控制、运营分析控制和绩效考评控制等。

第二十九条 不相容职务分离控制要求企业全面系统地分析、梳理业务流程中所涉及的不相容职务，实施相应的分离措施，形成各司其职、各负其责、相互制约的工作机制。

第三十条 授权审批控制要求企业根据常规授权和特别授权的规定,明确各岗位办理业务和事项的权限范围、审批程序和相应责任。

企业应当编制常规授权的权限指引,规范特别授权的范围、权限、程序和责任,严格控制特别授权。常规授权是指企业在日常经营管理活动中按照既定的职责和程序进行的授权。特别授权是指企业在特殊情况、特定条件下进行的授权。

企业各级管理人员应当在授权范围内行使职权和承担责任。

企业对于重大的业务和事项,应当实行集体决策审批或者联签制度,任何个人不得单独进行决策或者擅自改变集体决策。

第三十一条 会计系统控制要求企业严格执行国家统一的会计准则制度,加强会计基础工作,明确会计凭证、会计账簿和财务会计报告的处理程序,保证会计资料真实完整。

企业应当依法设置会计机构,配备会计从业人员。从事会计工作的人员,必须取得会计从业资格证书。会计机构负责人应当具备会计师以上专业技术职务资格。

大中型企业应当设置总会计师。设置总会计师的企业,不得设置与其职权重叠的副职。

第三十二条 财产保护控制要求企业建立财产日常管理制度和定期清查制度,采取财产记录、实物保管、定期盘点、账实核对等措施,确保财产安全。

企业应当严格限制未经授权的人员接触和处置财产。

第三十三条 预算控制要求企业实施全面预算管理制度,明确各责任单位在预算管理中的职责权限,规范预算的编制、审定、下达和执行程序,强化预算约束。

第三十四条 运营分析控制要求企业建立运营情况分析制度,经理层应当综合运用生产、购销、投资、筹资、财务等方面的信息,通过因素分析、对比分析、趋势分析等方法,定期开展运营情况分析,发现存在的问题,及时查明原因并加以改进。

第三十五条 绩效考评控制要求企业建立和实施绩效考评制度,科学设置考核指标体系,对企业内部各责任单位和全体员工的业绩进行定期考核和客观评价,将考评结果作为确定员工薪酬以及职务晋升、评优、降级、调岗、辞退等的依据。

第三十六条 企业应当根据内部控制目标,结合风险应对策略,综合运用控制措施,对各种业务和事项实施有效控制。

第三十七条　企业应当建立重大风险预警机制和突发事件应急处理机制,明确风险预警标准,对可能发生的重大风险或突发事件,制订应急预案、明确责任人员、规范处置程序,确保突发事件得到及时妥善处理。

第五章　信息与沟通

第三十八条　企业应当建立信息与沟通制度,明确内部控制相关信息的收集、处理和传递程序,确保信息及时沟通,促进内部控制有效运行。

第三十九条　企业应当对收集的各种内部信息和外部信息进行合理筛选、核对、整合,提高信息的有用性。

企业可以通过财务会计资料、经营管理资料、调研报告、专项信息、内部刊物、办公网络等渠道,获取内部信息。

企业可以通过行业协会组织、社会中介机构、业务往来单位、市场调查、来信来访、网络媒体以及有关监管部门等渠道,获取外部信息。

第四十条　企业应当将内部控制相关信息在企业内部各管理级次、责任单位、业务环节之间,以及企业与外部投资者、债权人、客户、供应商、中介机构和监管部门等有关方面之间进行沟通和反馈。信息沟通过程中发现的问题,应当及时报告并加以解决。

重要信息应当及时传递给董事会、监事会和经理层。

第四十一条　企业应当利用信息技术促进信息的集成与共享,充分发挥信息技术在信息与沟通中的作用。

企业应当加强对信息系统开发与维护、访问与变更、数据输入与输出、文件储存与保管、网络安全等方面的控制,保证信息系统安全稳定运行。

第四十二条　企业应当建立反舞弊机制,坚持惩防并举、重在预防的原则,明确反舞弊工作的重点领域、关键环节和有关机构在反舞弊工作中的职责权限,规范舞弊案件的举报、调查、处理、报告和补救程序。

企业至少应当将下列情形作为反舞弊工作的重点:

(一)未经授权或者采取其他不法方式侵占、挪用企业资产,牟取不当利益。

(二)在财务会计报告和信息披露等方面存在的虚假记载、误导性陈述或者重大遗漏等。

(三)董事、监事、经理及其他高级管理人员滥用职权。

(四)相关机构或人员串通舞弊。

第四十三条　企业应当建立举报投诉制度和举报人保护制度,设置举报专线,明确举报投诉处理程序、办理时限和办结要求,确保举报、投诉成为企业有效掌握信息的重要途径。

举报投诉制度和举报人保护制度应当及时传达至全体员工。

第六章 内 部 监 督

第四十四条 企业应当根据本规范及其配套办法,制订内部控制监督制度,明确内部审计机构(或经授权的其他监督机构)和其他内部机构在内部监督中的职责权限,规范内部监督的程序、方法和要求。

内部监督分为日常监督和专项监督。日常监督是指企业对建立与实施内部控制的情况进行常规、持续的监督检查;专项监督是指在企业发展战略、组织结构、经营活动、业务流程、关键岗位员工等发生较大调整或变化的情况下,对内部控制的某一或者某些方面进行有针对性的监督检查。

专项监督的范围和频率应当根据风险评估结果以及日常监督的有效性等予以确定。

第四十五条 企业应当制订内部控制缺陷认定标准,对监督过程中发现的内部控制缺陷,应当分析缺陷的性质和产生的原因,提出整改方案,采取适当的形式及时向董事会、监事会或者经理层报告。

内部控制缺陷包括设计缺陷和运行缺陷。企业应当跟踪内部控制缺陷整改情况,并就内部监督中发现的重大缺陷,追究相关责任单位或者责任人的责任。

第四十六条 企业应当结合内部监督情况,定期对内部控制的有效性进行自我评价,出具内部控制自我评价报告。

内部控制自我评价的方式、范围、程序和频率,由企业根据经营业务调整、经营环境变化、业务发展状况、实际风险水平等自行确定。

国家有关法律法规另有规定的,从其规定。

第四十七条 企业应当以书面或者其他适当的形式,妥善保存内部控制建立与实施过程中的相关记录或者资料,确保内部控制建立与实施过程的可验证性。

第七章 附 则

第四十八条 本规范由财政部会同国务院其他有关部门解释。

第四十九条 本规范的配套办法由财政部会同国务院其他有关部门另行制订。

第五十条 本规范自2009年7月1日起实施。

附录 2　企业内部控制应用指引

企业内部控制应用指引第 1 号——组织架构

第一章 总　　则

第一条　为了促进企业实现发展战略,优化治理结构、管理体制和运行机制,建立现代企业制度,根据《中华人民共和国公司法》等有关法律法规和《企业内部控制基本规范》,制定本指引。

第二条　本指引所称组织架构,是指企业按照国家有关法律法规、股东(大)会决议和企业章程,结合本企业实际,明确股东(大)会、董事会、监事会、经理层和企业内部各层级机构设置、职责权限、人员编制、工作程序和相关要求的制度安排。

第三条　企业至少应当关注组织架构设计与运行中的下列风险:

(一)治理结构形同虚设,缺乏科学决策、良性运行机制和执行力,可能导致企业经营失败,难以实现发展战略。

(二)内部机构设计不科学,权责分配不合理,可能导致机构重叠、职能交叉或缺失、推诿扯皮,运行效率低下。

第二章　组织架构的设计

第四条　企业应当根据国家有关法律法规的规定,明确董事会、监事会和经理层的职责权限、任职条件、议事规则和工作程序,确保决策、执行和监督相互分离,形成制衡。

董事会对股东(大)会负责,依法行使企业的经营决策权。可按照股东(大)

会的有关决议,设立战略、审计、提名、薪酬与考核等专门委员会,明确各专门委员会的职责权限、任职资格、议事规则和工作程序,为董事会科学决策提供支持。

监事会对股东(大)会负责,监督企业董事、经理和其他高级管理人员依法履行职责。

经理层对董事会负责,主持企业的生产经营管理工作。经理和其他高级管理人员的职责分工应当明确。

董事会、监事会和经理层的产生程序应当合法合规,其人员构成、知识结构、能力素质应当满足履行职责的要求。

第五条 企业的重大决策、重大事项、重要人事任免及大额资金支付业务等,应当按照规定的权限和程序实行集体决策审批或者联签制度。任何个人不得单独进行决策或者擅自改变集体决策意见。

重大决策、重大事项、重要人事任免及大额资金支付业务的具体标准由企业自行确定。

第六条 企业应当按照科学、精简、高效、透明、制衡的原则,综合考虑企业性质、发展战略、文化理念和管理要求等因素,合理设置内部职能机构,明确各机构的职责权限,避免职能交叉、缺失或权责过于集中,形成各司其职、各负其责、相互制约、相互协调的工作机制。

第七条 企业应当对各机构的职能进行科学合理的分解,确定具体岗位的名称、职责和工作要求等,明确各个岗位的权限和相互关系。

企业在确定职权和岗位分工过程中,应当体现不相容职务相互分离的要求。不相容职务通常包括:可行性研究与决策审批;决策审批与执行;执行与监督检查等。

第八条 企业应当制定组织结构图、业务流程图、岗(职)位说明书和权限指引等内部管理制度或相关文件,使员工了解和掌握组织架构设计及权责分配情况,正确履行职责。

第三章 组织架构的运行

第九条 企业应当根据组织架构的设计规范,对现有治理结构和内部机构设置进行全面梳理,确保本企业治理结构、内部机构设置和运行机制等符合现代企业制度要求。

企业梳理治理结构,应当重点关注董事、监事、经理及其他高级管理人员的任职资格和履职情况,以及董事会、监事会和经理层的运行效果。治理结构存在问题的,应当采取有效措施加以改进。

企业梳理内部机构设置,应当重点关注内部机构设置的合理性和运行的高效性等。内部机构设置和运行中存在职能交叉、缺失或运行效率低下的,应当及时解决。

第十条 企业拥有子公司的,应当建立科学的投资管控制度,通过合法有效的形式履行出资人职责、维护出资人权益,重点关注子公司特别是异地、境外子公司的发展战略、年度财务预决算、重大投融资、重大担保、大额资金使用、主要资产处置、重要人事任免、内部控制体系建设等重要事项。

第十一条 企业应当定期对组织架构设计与运行的效率和效果进行全面评估,发现组织架构设计与运行中存在缺陷的,应当进行优化调整。

企业组织架构调整应当充分听取董事、监事、高级管理人员和其他员工的意见,按照规定的权限和程序进行决策审批。

企业内部控制应用指引第2号——发展战略

第一章 总 则

第一条 为了促进企业增强核心竞争力和可持续发展能力,根据有关法律法规和《企业内部控制基本规范》,制定本指引。

第二条 本指引所称发展战略,是指企业在对现实状况和未来趋势进行综合分析和科学预测的基础上,制定并实施的长远发展目标与战略规划。

第三条 企业制定与实施发展战略至少应当关注下列风险:

(一)缺乏明确的发展战略或发展战略实施不到位,可能导致企业盲目发展,难以形成竞争优势,丧失发展机遇和动力。

(二)发展战略过于激进,脱离企业实际能力或偏离主业,可能导致企业过度扩张,甚至经营失败。

(三)发展战略因主观原因频繁变动,可能导致资源浪费,甚至危及企业的生存和持续发展。

第二章 发展战略的制定

第四条 企业应当在充分调查研究、科学分析预测和广泛征求意见的基础上制定发展目标。

企业在制定发展目标过程中,应当综合考虑宏观经济政策、国内外市场需求变化、技术发展趋势、行业及竞争对手状况、可利用资源水平和自身优势与劣势等影响因素。

第五条 企业应当根据发展目标制定战略规划。战略规划应当明确发展的阶段性和发展程度,确定每个发展阶段的具体目标、工作任务和实施路径。

第六条 企业应当在董事会下设立战略委员会,或指定相关机构负责发展战略管理工作,履行相应职责。

企业应当明确战略委员会的职责和议事规则,对战略委员会会议的召开程序、表决方式、提案审议、保密要求和会议记录等作出规定,确保议事过程规范透明、决策程序科学民主。

战略委员会应当组织有关部门对发展目标和战略规划进行可行性研究和科学论证,形成发展战略建议方案;必要时,可借助中介机构和外部专家的力量为其履行职责提供专业咨询意见。

战略委员会成员应当具有较强的综合素质和实践经验,其任职资格和选任程序应当符合有关法律法规和企业章程的规定。

第七条 董事会应当严格审议战略委员会提交的发展战略方案,重点关注其全局性、长期性和可行性。董事会在审议方案中如果发现重大问题,应当责成战略委员会对方案作出调整。

企业的发展战略方案经董事会审议通过后,报经股东(大)会批准实施。

第三章 发展战略的实施

第八条 企业应当根据发展战略,制定年度工作计划,编制全面预算,将年度目标分解、落实;同时完善发展战略管理制度,确保发展战略有效实施。

第九条 企业应当重视发展战略的宣传工作,通过内部各层级会议和教育培训等有效方式,将发展战略及其分解落实情况传递到内部各管理层级和全体员工。

第十条 战略委员会应当加强对发展战略实施情况的监控,定期收集和分析相关信息,对于明显偏离发展战略的情况,应当及时报告。

第十一条 由于经济形势、产业政策、技术进步、行业状况以及不可抗力等因素发生重大变化,确需对发展战略作出调整的,应当按照规定权限和程序调整发展战略。

企业内部控制应用指引第3号——人力资源

第一章 总　则

第一条 为了促进企业加强人力资源建设,充分发挥人力资源对实现企业发展战略的重要作用,根据有关法律法规和《企业内部控制基本规范》,制定本指引。

第二条 本指引所称人力资源,是指企业组织生产经营活动而录(任)用的各种人员,包括董事、监事、高级管理人员和全体员工。

第三条 企业人力资源管理至少应当关注下列风险:

(一)人力资源缺乏或过剩、结构不合理、开发机制不健全,可能导致企业发展战略难以实现。

(二)人力资源激励约束制度不合理、关键岗位人员管理不完善,可能导致人才流失、经营效率低下或关键技术、商业秘密和国家机密泄露。

(三)人力资源退出机制不当,可能导致法律诉讼或企业声誉受损。

第四条 企业应当重视人力资源建设,根据发展战略,结合人力资源现状和未来需求预测,建立人力资源发展目标,制定人力资源总体规划和能力框架体系,优化人力资源整体布局,明确人力资源的引进、开发、使用、培养、考核、激励、退出等管理要求,实现人力资源的合理配置,全面提升企业核心竞争力。

第二章 人力资源的引进与开发

第五条 企业应当根据人力资源总体规划,结合生产经营实际需要,制定年度人力资源需求计划,完善人力资源引进制度,规范工作流程,按照计划、制度和程序组织人力资源引进工作。

第六条 企业应当根据人力资源能力框架要求,明确各岗位的职责权限、任职条件和工作要求,遵循德才兼备、以德为先和公开、公平、公正的原则,通过公开招聘、竞争上岗等多种方式选聘优秀人才,重点关注选聘对象的价值取向和责任意识。

企业选拔高级管理人员和聘用中层及以下员工,应当切实做到因事设岗、以岗选人,避免因人设事或设岗,确保选聘人员能够胜任岗位职责要求。

企业选聘人员应当实行岗位回避制度。

第七条 企业确定选聘人员后,应当依法签订劳动合同,建立劳动用工关系。

企业对于在产品技术、市场、管理等方面掌握或涉及关键技术、知识产权、商业秘密或国家机密的工作岗位,应当与该岗位员工签订有关岗位保密协议,明确保密义务。

第八条 企业应当建立选聘人员试用期和岗前培训制度,对试用人员进行严格考察,促进选聘员工全面了解岗位职责,掌握岗位基本技能,适应工作要求。试用期满考核合格后,方可正式上岗;试用期满考核不合格者,应当及时解除劳动关系。

第九条 企业应当重视人力资源开发工作,建立员工培训长效机制,营造尊重知识、尊重人才和关心员工职业发展的文化氛围,加强后备人才队伍建设,促进全体员工的知识、技能持续更新,不断提升员工的服务效能。

第三章 人力资源的使用与退出

第十条 企业应当建立和完善人力资源的激励约束机制,设置科学的业绩考核指标体系,对各级管理人员和全体员工进行严格考核与评价,以此作为确定员工薪酬、职级调整和解除劳动合同等的重要依据,确保员工队伍处于持续优化状态。

第十一条 企业应当制定与业绩考核挂钩的薪酬制度,切实做到薪酬安排与员工贡献相协调,体现效率优先,兼顾公平。

第十二条 企业应当制定各级管理人员和关键岗位员工定期轮岗制度,明确轮岗范围、轮岗周期、轮岗方式等,形成相关岗位员工的有序持续流动,全面提升员工素质。

第十三条 企业应当按照有关法律法规规定,结合企业实际,建立健全员工退出(辞职、解除劳动合同、退休等)机制,明确退出的条件和程序,确保员工退出机制得到有效实施。

企业对考核不能胜任岗位要求的员工,应当及时暂停其工作,安排再培训,或调整工作岗位,安排转岗培训;仍不能满足岗位职责要求的,应当按照规定的权限和程序解除劳动合同。

企业应当与退出员工依法约定保守关键技术、商业秘密、国家机密和竞业限制的期限,确保知识产权、商业秘密和国家机密的安全。

企业关键岗位人员离职前,应当根据有关法律法规的规定进行工作交接或离任审计。

第十四条 企业应当定期对年度人力资源计划执行情况进行评估,总结人力资源管理经验,分析存在的主要缺陷和不足,完善人力资源政策,促进企业整体团队充满生机和活力。

企业内部控制应用指引第4号——社会责任

第一章 总 则

第一条 为了促进企业履行社会责任,实现企业与社会的协调发展,根据国家有关法律法规和《企业内部控制基本规范》,制定本指引。

第二条 本指引所称社会责任,是指企业在经营发展过程中应当履行的社会职责和义务,主要包括安全生产、产品质量(含服务,下同)、环境保护、资源节约、促进就业、员工权益保护等。

第三条 企业至少应当关注在履行社会责任方面的下列风险:

(一)安全生产措施不到位,责任不落实,可能导致企业发生安全事故。

(二)产品质量低劣,侵害消费者利益,可能导致企业巨额赔偿、形象受损,甚至破产。

(三)环境保护投入不足,资源耗费大,造成环境污染或资源枯竭,可能导致企业巨额赔偿、缺乏发展后劲,甚至停业。

(四)促进就业和员工权益保护不够,可能导致员工积极性受挫,影响企业发展和社会稳定。

第四条 企业应当重视履行社会责任,切实做到经济效益与社会效益、短期利益与长远利益、自身发展与社会发展相互协调,实现企业与员工、企业与社会、企业与环境的健康和谐发展。

第二章 安 全 生 产

第五条 企业应当根据国家有关安全生产的规定,结合本企业实际情况,建立严格的安全生产管理体系、操作规范和应急预案,强化安全生产责任追究制度,切实做到安全生产。

企业应当设立安全管理部门和安全监督机构,负责企业安全生产的日常监督管理工作。

第六条 企业应当重视安全生产投入,在人力、物力、资金、技术等方面提供必要的保障,健全检查监督机制,确保各项安全措施落实到位,不得随意降低保障标准和要求。

第七条 企业应当贯彻预防为主的原则,采用多种形式增强员工安全意识,重视岗位培训,对于特殊岗位实行资格认证制度。

企业应当加强生产设备的经常性维护管理,及时排除安全隐患。

第八条 企业如果发生生产安全事故,应当按照安全生产管理制度妥善处理,排除故障,减轻损失,追究责任。

重大生产安全事故应当启动应急预案,同时按照国家有关规定及时报告,严禁迟报、谎报和瞒报。

第三章 产品质量

第九条 企业应当根据国家和行业相关产品质量的要求,从事生产经营活动,切实提高产品质量和服务水平,努力为社会提供优质安全健康的产品和服务,最大限度地满足消费者的需求,对社会和公众负责,接受社会监督,承担社会责任。

第十条 企业应当规范生产流程,建立严格的产品质量控制和检验制度,严把质量关,禁止缺乏质量保障、危害人民生命健康的产品流向社会。

第十一条 企业应当加强产品的售后服务。售后发现存在严重质量缺陷、隐患的产品,应当及时召回或采取其他有效措施,最大限度地降低或消除缺陷、隐患产品的社会危害。

企业应当妥善处理消费者提出的投诉和建议,切实保护消费者权益。

第四章 环境保护与资源节约

第十二条 企业应当按照国家有关环境保护与资源节约的规定,结合本企业实际情况,建立环境保护与资源节约制度,认真落实节能减排责任,积极开发和使用节能产品,发展循环经济,降低污染物排放,提高资源综合利用效率。

企业应当通过宣传教育等有效形式,不断提高员工的环境保护和资源节约意识。

第十三条 企业应当重视生态保护,加大对环保工作的人力、物力、财力的投入和技术支持,不断改进工艺流程,降低能耗和污染物排放水平,实现清洁生产。

企业应当加强对废气、废水、废渣的综合治理,建立废料回收和循环利用制度。

第十四条 企业应当重视资源节约和资源保护,着力开发利用可再生资源,防止对不可再生资源进行掠夺性或毁灭性开发。

企业应当重视国家产业结构相关政策,特别关注产业结构调整的发展要求,加快高新技术开发和传统产业改造,切实转变发展方式,实现低投入、低消耗、低排放和高效率。

第十五条 企业应当建立环境保护和资源节约的监控制度,定期开展监督检查,发现问题,及时采取措施予以纠正。污染物排放超过国家有关规定的,企业应当承担治理或相关法律责任。

发生紧急、重大环境污染事件时,应当启动应急机制,及时报告和处理,并依法追究相关责任人的责任。

第五章 促进就业与员工权益保护

第十六条 企业应当依法保护员工的合法权益,贯彻人力资源政策,保护员工依法享有劳动权利和履行劳动义务,保持工作岗位相对稳定,积极促进充分就业,切实履行社会责任。

企业应当避免在正常经营情况下批量辞退员工,增加社会负担。

第十七条 企业应当与员工签订并履行劳动合同,遵循按劳分配、同工同酬的原则,建立科学的员工薪酬制度和激励机制,不得克扣或无故拖欠员工薪酬。

企业应当建立高级管理人员与员工薪酬的正常增长机制,切实保持合理水平,维护社会公平。

第十八条 企业应当及时办理员工社会保险,足额缴纳社会保险费,保障员工依法享受社会保险待遇。

企业应当按照有关规定做好健康管理工作,预防、控制和消除职业危害;按期对员工进行非职业性健康监护,对从事有职业危害作业的员工进行职业性健康监护。

企业应当遵守法定的劳动时间和休息休假制度,确保员工的休息休假权利。

第十九条 企业应当加强职工代表大会和工会组织建设,维护员工合法权益,积极开展员工职业教育培训,创造平等发展机会。

企业应当尊重员工人格,维护员工尊严,杜绝性别、民族、宗教、年龄等各种歧视,保障员工身心健康。

第二十条 企业应当按照产学研用相结合的社会需求,积极创建实习基地,大力支持社会有关方面培养、锻炼社会需要的应用型人才。

第二十一条 企业应当积极履行社会公益方面的责任和义务,关心帮助社会弱势群体,支持慈善事业。

企业内部控制应用指引第5号——企业文化

第一章 总 则

第一条 为了加强企业文化建设,发挥企业文化在企业发展中的重要作用,根据《企业内部控制基本规范》,制定本指引。

第二条 本指引所称企业文化,是指企业在生产经营实践中逐步形成的、为整体团队所认同并遵守的价值观、经营理念和企业精神,以及在此基础上形成的行为规范的总称。

第三条 加强企业文化建设至少应当关注下列风险:

(一)缺乏积极向上的企业文化,可能导致员工丧失对企业的信心和认同感,企业缺乏凝聚力和竞争力。

(二)缺乏开拓创新、团队协作和风险意识,可能导致企业发展目标难以实现,影响可持续发展。

(三)缺乏诚实守信的经营理念,可能导致舞弊事件的发生,造成企业损失,影响企业信誉。

(四)忽视企业间的文化差异和理念冲突,可能导致并购重组失败。

第二章 企业文化的建设

第四条 企业应当采取切实有效的措施,积极培育具有自身特色的企业文化,引导和规范员工行为,打造以主业为核心的企业品牌,形成整体团队的向心力,促进企业长远发展。

第五条 企业应当培育体现企业特色的发展愿景、积极向上的价值观、诚实守信的经营理念、履行社会责任和开拓创新的企业精神,以及团队协作和风险防范意识。

企业应当重视并购重组后的企业文化建设,平等对待被并购方的员工,促进并购双方的文化融合。

第六条 企业应当根据发展战略和实际情况,总结优良传统,挖掘文化底蕴,提炼核心价值,确定文化建设的目标和内容,形成企业文化规范,使其构成员工行为守则的重要组成部分。

第七条 董事、监事、经理和其他高级管理人员应当在企业文化建设中发挥主导和垂范作用,以自身的优秀品格和脚踏实地的工作作风,带动影响整个团队,共同营造积极向上的企业文化环境。

企业应当促进文化建设在内部各层级的有效沟通,加强企业文化的宣传贯彻,确保全体员工共同遵守。

第八条 企业文化建设应当融入生产经营全过程,切实做到文化建设与发展战略的有机结合,增强员工的责任感和使命感,规范员工行为方式,使员工自身价值在企业发展中得到充分体现。

企业应当加强对员工的文化教育和熏陶,全面提升员工的文化修养和内在素质。

第三章 企业文化的评估

第九条 企业应当建立企业文化评估制度,明确评估的内容、程序和方法,落实评估责任制,避免企业文化建设流于形式。

第十条 企业文化评估,应当重点关注董事、监事、经理和其他高级管理人员在企业文化建设中的责任履行情况、全体员工对企业核心价值观的认同感、企业经营管理行为与企业文化的一致性、企业品牌的社会影响力、参与企业并购重组各方文化的融合度,以及员工对企业未来发展的信心。

第十一条 企业应当重视企业文化的评估结果,巩固和发扬文化建设成果,针对评估过程中发现的问题,研究影响企业文化建设的不利因素,分析深层次的原因,及时采取措施加以改进。

企业内部控制应用指引第6号——资金活动

第一章 总 则

第一条 为了促进企业正常组织资金活动,防范和控制资金风险,保证资金安全,提高资金使用效益,根据有关法律法规和《企业内部控制基本规范》,制定本指引。

第二条 本指引所称资金活动,是指企业筹资、投资和资金营运等活动的总称。

第三条 企业资金活动至少应当关注下列风险:

(一)筹资决策不当,引发资本结构不合理或无效融资,可能导致企业筹资成本过高或债务危机。

(二)投资决策失误,引发盲目扩张或丧失发展机遇,可能导致资金链断裂或资金使用效益低下。

（三）资金调度不合理、营运不畅，可能导致企业陷入财务困境或资金冗余。

（四）资金活动管控不严，可能导致资金被挪用、侵占、抽逃或遭受欺诈。

第四条 企业应当根据自身发展战略，科学确定投融资目标和规划，完善严格的资金授权、批准、审验等相关管理制度，加强资金活动的集中归口管理，明确筹资、投资、营运等各环节的职责权限和岗位分离要求，定期或不定期检查和评价资金活动情况，落实责任追究制度，确保资金安全和有效运行。

企业财会部门负责资金活动的日常管理，参与投融资方案等可行性研究。总会计师或分管会计工作的负责人应当参与投融资决策过程。

企业有子公司的，应当采取合法有效措施，强化对子公司资金业务的统一监控。有条件的企业集团，应当探索财务公司、资金结算中心等资金集中管控模式。

第二章 筹 资

第五条 企业应当根据筹资目标和规划，结合年度全面预算，拟订筹资方案，明确筹资用途、规模、结构和方式等相关内容，对筹资成本和潜在风险作出充分估计。

境外筹资还应考虑所在地的政治、经济、法律、市场等因素。

第六条 企业应当对筹资方案进行科学论证，不得依据未经论证的方案开展筹资活动。重大筹资方案应当形成可行性研究报告，全面反映风险评估情况。

企业可以根据实际需要，聘请具有相应资质的专业机构进行可行性研究。

第七条 企业应当对筹资方案进行严格审批，重点关注筹资用途的可行性和相应的偿债能力。重大筹资方案，应当按照规定的权限和程序实行集体决策或者联签制度。

筹资方案需经有关部门批准的，应当履行相应的报批程序。筹资方案发生重大变更的，应当重新进行可行性研究并履行相应审批程序。

第八条 企业应当根据批准的筹资方案，严格按照规定权限和程序筹集资金。银行借款或发行债券，应当重点关注利率风险、筹资成本、偿还能力以及流动性风险等；发行股票应当重点关注发行风险、市场风险、政策风险以及公司控制权风险等。

企业通过银行借款方式筹资的，应当与有关金融机构进行洽谈，明确借款规模、利率、期限、担保、还款安排、相关的权利义务和违约责任等内容。双方达成一致意见后签署借款合同，据此办理相关借款业务。

企业通过发行债券方式筹资的,应当合理选择债券种类,对还本付息方案作出系统安排,确保按期、足额偿还到期本金和利息。

企业通过发行股票方式筹资的,应当依照《中华人民共和国证券法》等有关法律法规和证券监管部门的规定,优化企业组织架构,进行业务整合,并选择具备相应资质的中介机构协助企业做好相关工作,确保符合股票发行条件和要求。

第九条 企业应当严格按照筹资方案确定的用途使用资金。筹资用于投资的,应当分别按照本指引第三章和《企业内部控制应用指引第11号——工程项目》规定,防范和控制资金使用的风险。

由于市场环境变化等确需改变资金用途的,应当履行相应的审批程序。严禁擅自改变资金用途。

第十条 企业应当加强债务偿还和股利支付环节的管理,对偿还本息和支付股利等作出适当安排。

企业应当按照筹资方案或合同约定的本金、利率、期限、汇率及币种,准确计算应付利息,与债权人核对无误后按期支付。

企业应当选择合理的股利分配政策,兼顾投资者近期和长远利益,避免分配过度或不足。股利分配方案应当经过股东(大)会批准,并按规定履行披露义务。

第十一条 企业应当加强筹资业务的会计系统控制,建立筹资业务的记录、凭证和账簿,按照国家统一会计准则制度,正确核算和监督资金筹集、本息偿还、股利支付等相关业务,妥善保管筹资合同或协议、收款凭证、入库凭证等资料,定期与资金提供方进行账务核对,确保筹资活动符合筹资方案的要求。

第三章 投 资

第十二条 企业应当根据投资目标和规划,合理安排资金投放结构,科学确定投资项目,拟订投资方案,重点关注投资项目的收益和风险。企业选择投资项目应当突出主业,谨慎从事股票投资或衍生金融产品等高风险投资。

境外投资还应考虑政治、经济、法律、市场等因素的影响。

企业采用并购方式进行投资的,应当严格控制并购风险,重点关注并购对象的隐性债务、承诺事项、可持续发展能力、员工状况及其与本企业治理层及管理层的关联关系,合理确定支付对价,确保实现并购目标。

第十三条 企业应当加强对投资方案的可行性研究,重点对投资目标、规模、方式、资金来源、风险与收益等作出客观评价。

企业根据实际需要,可以委托具备相应资质的专业机构进行可行性研究,提供独立的可行性研究报告。

第十四条 企业应当按照规定的权限和程序对投资项目进行决策审批,重点审查投资方案是否可行、投资项目是否符合国家产业政策及相关法律法规的规定,是否符合企业投资战略目标和规划、是否具有相应的资金能力、投入资金能否按时收回、预期收益能否实现,以及投资和并购风险是否可控等。重大投资项目,应当按照规定的权限和程序实行集体决策或者联签制度。

投资方案需经有关管理部门批准的,应当履行相应的报批程序。投资方案发生重大变更的,应当重新进行可行性研究并履行相应审批程序。

第十五条 企业应当根据批准的投资方案,与被投资方签订投资合同或协议,明确出资时间、金额、方式、双方权利义务和违约责任等内容,按规定的权限和程序审批后履行投资合同或协议。

企业应当指定专门机构或人员对投资项目进行跟踪管理,及时收集被投资方经审计的财务报告等相关资料,定期组织投资效益分析,关注被投资方的财务状况、经营成果、现金流量以及投资合同履行情况,发现异常情况,应当及时报告并妥善处理。

第十六条 企业应当加强对投资项目的会计系统控制,根据对被投资方的影响程度,合理确定投资会计政策,建立投资管理台账,详细记录投资对象、金额、持股比例、期限、收益等事项,妥善保管投资合同或协议、出资证明等资料。

企业财会部门对于被投资方出现财务状况恶化、市价当期大幅下跌等情形的,应当根据国家统一的会计准则制度规定,合理计提减值准备、确认减值损失。

第十七条 企业应当加强投资收回和处置环节的控制,对投资收回、转让、核销等决策和审批程序作出明确规定。

企业应当重视投资到期本金的回收。转让投资应当由相关机构或人员合理确定转让价格,报授权批准部门批准,必要时可委托具有相应资质的专门机构进行评估。核销投资应当取得不能收回投资的法律文书和相关证明文件。

企业对于到期无法收回的投资,应当建立责任追究制度。

第四章 营 运

第十八条 企业应当加强资金营运全过程的管理,统筹协调内部各机构在生产经营过程中的资金需求,切实做好资金在采购、生产、销售等各环节的综合平衡,全面提升资金营运效率。

第十九条 企业应当充分发挥全面预算管理在资金综合平衡中的作用,严格按照预算要求组织协调资金调度,确保资金及时收付,实现资金的合理占用和营运良性循环。

企业应当严禁资金的体外循环,切实防范资金营运中的风险。

第二十条 企业应当定期组织召开资金调度会或资金安全检查,对资金预算执行情况进行综合分析,发现异常情况,及时采取措施妥善处理,避免资金冗余或资金链断裂。

企业在营运过程中出现临时性资金短缺的,可以通过短期融资等方式获取资金。资金出现短期闲置的,在保证安全性和流动性的前提下,可以通过购买国债等多种方式,提高资金效益。

第二十一条 企业应当加强对营运资金的会计系统控制,严格规范资金的收支条件、程序和审批权限。

企业在生产经营及其他业务活动中取得的资金收入应当及时入账,不得账外设账,严禁收款不入账、设立"小金库"。

企业办理资金支付业务,应当明确支出款项的用途、金额、预算、限额、支付方式等内容,并附原始单据或相关证明,履行严格的授权审批程序后,方可安排资金支出。

企业办理资金收付业务,应当遵守现金和银行存款管理的有关规定,不得由一人办理货币资金全过程业务,严禁将办理资金支付业务的相关印章和票据集中一人保管。

企业内部控制应用指引第7号——采购业务

第一章 总 则

第一条 为了促进企业合理采购,满足生产经营需要,规范采购行为,防范采购风险,根据有关法律法规和《企业内部控制基本规范》,制定本指引。

第二条 本指引所称采购,是指购买物资(或接受劳务)及支付款项等相关活动。

第三条 企业采购业务至少应当关注下列风险:

(一)采购计划安排不合理,市场变化趋势预测不准确,造成库存短缺或积压,可能导致企业生产停滞或资源浪费。

(二)供应商选择不当,采购方式不合理,招投标或定价机制不科学,授权审批不规范,可能导致采购物资质次价高,出现舞弊或遭受欺诈。

(三)采购验收不规范,付款审核不严,可能导致采购物资、资金损失或信用受损。

第四条 企业应当结合实际情况,全面梳理采购业务流程,完善采购业务相关管理制度,统筹安排采购计划,明确请购、审批、购买、验收、付款、采购后评估等环节的职责和审批权限,按照规定的审批权限和程序办理采购业务,建立价格监督机制,定期检查和评价采购过程中的薄弱环节,采取有效控制措施,确保物资采购满足企业生产经营需要。

第二章 购 买

第五条 企业的采购业务应当集中,避免多头采购或分散采购,以提高采购业务效率,降低采购成本,堵塞管理漏洞。企业应当对办理采购业务的人员定期进行岗位轮换。重要和技术性较强的采购业务,应当组织相关专家进行论证,实行集体决策和审批。

企业除小额零星物资或服务外,不得安排同一机构办理采购业务全过程。

第六条 企业应当建立采购申请制度,依据购买物资或接受劳务的类型,确定归口管理部门,授予相应的请购权,明确相关部门或人员的职责权限及相应的请购和审批程序。

企业可以根据实际需要设置专门的请购部门,对需求部门提出的采购需求进行审核,并进行归类汇总,统筹安排企业的采购计划。

具有请购权的部门对于预算内采购项目,应当严格按照预算执行进度办理请购手续,并根据市场变化提出合理采购申请。对于超预算和预算外采购项目,应先履行预算调整程序,由具备相应审批权限的部门或人员审批后,再行办理请购手续。

第七条 企业应当建立科学的供应商评估和准入制度,确定合格供应商清单,与选定的供应商签订质量保证协议,建立供应商管理信息系统,对供应商提供物资或劳务的质量、价格、交货及时性、供货条件及其资信、经营状况等进行实时管理和综合评价,根据评价结果对供应商进行合理选择和调整。

企业可委托具有相应资质的中介机构对供应商进行资信调查。

第八条 企业应当根据市场情况和采购计划合理选择采购方式。大宗采购应当采用招标方式,合理确定招投标的范围、标准、实施程序和评标规则;一般物资或劳务等的采购可以采用询价或定向采购的方式并签订合同协议;小额零星物资或劳务等的采购可以采用直接购买等方式。

第九条 企业应当建立采购物资定价机制,采取协议采购、招标采购、谈判采购、询比价采购等多种方式合理确定采购价格,最大限度地减小市场变化对企业采购价格的影响。

大宗采购等应当采用招投标方式确定采购价格,其他商品或劳务的采购,应当根据市场行情制定最高采购限价,并对最高采购限价适时调整。

第十条 企业应当根据确定的供应商、采购方式、采购价格等情况拟订采购合同,准确描述合同条款,明确双方权利、义务和违约责任,按照规定权限签订采购合同。

企业应当根据生产建设进度和采购物资特性,选择合理的运输工具和运输方式,办理运输、投保等事宜。

第十一条 企业应当建立严格的采购验收制度,确定检验方式,由专门的验收机构或验收人员对采购项目的品种、规格、数量、质量等相关内容进行验收,出具验收证明。涉及大宗和新、特物资采购的,还应进行专业测试。

验收过程中发现的异常情况,负责验收的机构或人员应当立即向企业有权管理的相关机构报告,相关机构应当查明原因并及时处理。

第十二条 企业应当加强物资采购供应过程的管理,依据采购合同中确定的主要条款跟踪合同履行情况,对有可能影响生产或工程进度的异常情况,应出具书面报告并及时提出解决方案。

企业应当做好采购业务各环节的记录,实行全过程的采购登记制度或信息化管理,确保采购过程的可追溯性。

第三章 付 款

第十三条 企业应当加强采购付款的管理,完善付款流程,明确付款审核人的责任和权力,严格审核采购预算、合同、相关单据凭证、审批程序等相关内容,审核无误后按照合同规定及时办理付款。

企业在付款过程中,应当严格审查采购发票的真实性、合法性和有效性。发现虚假发票的,应查明原因,及时报告处理。

企业应当重视采购付款的过程控制和跟踪管理,发现异常情况的,应当拒绝付款,避免出现资金损失和信用受损。

企业应当合理选择付款方式,并严格遵循合同规定,防范付款方式不当带来的法律风险,保证资金安全。

第十四条 企业应当加强预付账款和定金的管理。涉及大额或长期的预付款项,应当定期进行追踪核查,综合分析预付账款的期限、占用款项的合理性、不可收回风险等情况,发现有疑问的预付款项,应当及时采取措施。

第十五条 企业应当加强对购买、验收、付款业务的会计系统控制,详细记录供应商情况、请购申请、采购合同、采购通知、验收证明、入库凭证、商业票据、款项支付等情况,确保会计记录、采购记录与仓储记录核对一致。

企业应当指定专人通过函证等方式,定期与供应商核对应付账款、应付票据、预付账款等往来款项。

第十六条 企业应当建立退货管理制度,对退货条件、退货手续、货物出库、退货货款回收等作出明确规定,并在与供应商的合同中明确退货事宜,及时收回退货货款。涉及符合索赔条件的退货,应在索赔期内及时办理索赔。

企业内部控制应用指引第8号——资产管理

第一章 总 则

第一条 为了提高资产使用效能,保证资产安全,根据有关法律法规和《企业内部控制基本规范》,制定本指引。

第二条 本指引所称资产,是指企业拥有或控制的存货、固定资产和无形资产。

第三条 企业资产管理至少应当关注下列风险:

(一)存货积压或短缺,可能导致流动资金占用过量、存货价值贬损或生产中断。

(二)固定资产更新改造不够、使用效能低下、维护不当、产能过剩,可能导致企业缺乏竞争力、资产价值贬损、安全事故频发或资源浪费。

(三)无形资产缺乏核心技术、权属不清、技术落后、存在重大技术安全隐患,可能导致企业法律纠纷、缺乏可持续发展能力。

第四条 企业应当加强各项资产管理,全面梳理资产管理流程,及时发现资产管理中的薄弱环节,切实采取有效措施加以改进,并关注资产减值迹象,合理确认资产减值损失,不断提高企业资产管理水平。

企业应当重视和加强各项资产的投保工作,采用招标等方式确定保险人,降低资产损失风险,防范资产投保舞弊。

第二章 存 货

第五条 企业应当采用先进的存货管理技术和方法,规范存货管理流程,明确存货取得、验收入库、原料加工、仓储保管、领用发出、盘点处置等环节的管理要求,充分利用信息系统,强化会计、出入库等相关记录,确保存货管理全过程的风险得到有效控制。

第六条 企业应当建立存货管理岗位责任制,明确内部相关部门和岗位的职责权限,切实做到不相容岗位相互分离、制约和监督。

企业内部除存货管理、监督部门及仓储人员外,其他部门和人员接触存货,应当经过相关部门特别授权。

第七条 企业应当重视存货验收工作,规范存货验收程序和方法,对入库存货的数量、质量、技术规格等方面进行查验,验收无误方可入库。

外购存货的验收,应当重点关注合同、发票等原始单据与存货的数量、质量、规格等核对一致。涉及技术含量较高的货物,必要时可委托具有检验资质的机构或聘请外部专家协助验收。

自制存货的验收,应当重点关注产品质量,通过检验合格的半成品、产成品才能办理入库手续,不合格品应及时查明原因、落实责任、报告处理。

其他方式取得存货的验收,应当重点关注存货来源、质量状况、实际价值是否符合有关合同或协议的约定。

第八条 企业应当建立存货保管制度,定期对存货进行检查,重点关注下列事项:

(一)存货在不同仓库之间流动时应当办理出入库手续。

(二)应当按仓储物资所要求的储存条件贮存,并健全防火、防洪、防盗、防潮、防病虫害和防变质等管理规范。

(三)加强生产现场的材料、周转材料、半成品等物资的管理,防止浪费、被盗和流失。

(四)对代管、代销、暂存、受托加工的存货,应单独存放和记录,避免与本单位存货混淆。

(五)结合企业实际情况,加强存货的保险投保,保证存货安全,合理降低存货意外损失风险。

第九条 企业应当明确存货发出和领用的审批权限,大批存货、贵重商品或危险品的发出应当实行特别授权。仓储部门应当根据经审批的销售(出库)通知单发出货物。

第十条 企业仓储部门应当详细记录存货入库、出库及库存情况,做到存货记录与实际库存相符,并定期与财会部门、存货管理部门进行核对。

第十一条 企业应当根据各种存货采购间隔期和当前库存,综合考虑企业生产经营计划、市场供求等因素,充分利用信息系统,合理确定存货采购日期和数量,确保存货处于最佳库存状态。

第十二条 企业应当建立存货盘点清查制度,结合本企业实际情况确定盘点周期、盘点流程等相关内容,核查存货数量,及时发现存货减值迹象。企业至少应当于每年年度终了开展全面盘点清查,盘点清查结果应当形成书面报告。

盘点清查中发现的存货盘盈、盘亏、毁损、闲置以及需要报废的存货,应当查明原因、落实并追究责任,按照规定权限批准后处置。

第三章 固定资产

第十三条 企业应当加强房屋建筑物、机器设备等各类固定资产的管理,重视固定资产维护和更新改造,不断提升固定资产的使用效能,积极促进固定资产处于良好运行状态。

第十四条 企业应当制定固定资产目录,对每项固定资产进行编号,按照单项资产建立固定资产卡片,详细记录各项固定资产的来源、验收、使用地点、责任单位和责任人、运转、维修、改造、折旧、盘点等相关内容。

企业应当严格执行固定资产日常维修和大修理计划,定期对固定资产进行维护保养,切实消除安全隐患。

企业应当强化对生产线等关键设备运转的监控,严格操作流程,实行岗前培训和岗位许可制度,确保设备安全运转。

第十五条 企业应当根据发展战略,充分利用国家有关自主创新政策,加大技改投入,不断促进固定资产技术升级,淘汰落后设备,切实做到保持本企业固定资产技术的先进性和企业发展的可持续性。

第十六条 企业应当严格执行固定资产投保政策,对应投保的固定资产项目按规定程序进行审批,及时办理投保手续。

第十七条 企业应当规范固定资产抵押管理,确定固定资产抵押程序和审批权限等。

企业将固定资产用作抵押的,应由相关部门提出申请,经企业授权部门或人员批准后,由资产管理部门办理抵押手续。

企业应当加强对接收的抵押资产的管理,编制专门的资产目录,合理评估抵押资产的价值。

第十八条 企业应当建立固定资产清查制度,至少每年进行全面清查。对固定资产清查中发现的问题,应当查明原因,追究责任,妥善处理。

企业应当加强固定资产处置的控制,关注固定资产处置中的关联交易和处置定价,防范资产流失。

第四章 无 形 资 产

第十九条 企业应当加强对品牌、商标、专利、专有技术、土地使用权等无形资产的管理,分类制定无形资产管理办法,落实无形资产管理责任制,促进无形资产有效利用,充分发挥无形资产对提升企业核心竞争力的作用。

第二十条 企业应当全面梳理外购、自行开发以及其他方式取得的各类无形资产的权属关系,加强无形资产权益保护,防范侵权行为和法律风险。无形资产具有保密性质的,应当采取严格保密措施,严防泄露商业秘密。

企业购入或者以支付土地出让金等方式取得的土地使用权,应当取得土地使用权有效证明文件。

第二十一条 企业应当定期对专利、专有技术等无形资产的先进性进行评估,淘汰落后技术,加大研发投入,促进技术更新换代,不断提升自主创新能力,努力做到核心技术处于同行业领先水平。

第二十二条 企业应当重视品牌建设,加强商誉管理,通过提供高质量产品和优质服务等多种方式,不断打造和培育主业品牌,切实维护和提升企业品牌的社会认可度。

企业内部控制应用指引第9号——销售业务

第一章 总 则

第一条 为了促进企业销售稳定增长,扩大市场份额,规范销售行为,防范销售风险,根据有关法律法规和《企业内部控制基本规范》,制定本指引。

第二条 本指引所称销售,是指企业出售商品(或提供劳务)及收取款项等相关活动。

第三条 企业销售业务至少应当关注下列风险:

(一)销售政策和策略不当,市场预测不准确,销售渠道管理不当等,可能导致销售不畅、库存积压、经营难以为继。

(二)客户信用管理不到位,结算方式选择不当,账款回收不力等,可能导致销售款项不能收回或遭受欺诈。

(三)销售过程存在舞弊行为,可能导致企业利益受损。

第四条 企业应当结合实际情况,全面梳理销售业务流程,完善销售业务相关管理制度,确定适当的销售政策和策略,明确销售、发货、收款等环节的职责和审批权限,按照规定的权限和程序办理销售业务,定期检查分析销售过程中的薄弱环节,采取有效控制措施,确保实现销售目标。

第二章 销 售

第五条 企业应当加强市场调查,合理确定定价机制和信用方式,根据市场变化及时调整销售策略,灵活运用销售折扣、销售折让、信用销售、代销和广告宣传等多种策略和营销方式,促进销售目标实现,不断提高市场占有率。

企业应当健全客户信用档案,关注重要客户资信变动情况,采取有效措施,防范信用风险。

企业对于境外客户和新开发客户,应当建立严格的信用保证制度。

第六条 企业在销售合同订立前,应当与客户进行业务洽谈、磋商或谈判,关注客户信用状况、销售定价、结算方式等相关内容。

重大的销售业务谈判应当吸收财会、法律等专业人员参加,并形成完整的书面记录。

销售合同应当明确双方的权利和义务,审批人员应当对销售合同草案进行严格审核。重要的销售合同,应当征询法律顾问或专家的意见。

第七条 企业销售部门应当按照经批准的销售合同开具相关销售通知。发货和仓储部门应当对销售通知进行审核,严格按照所列项目组织发货,确保货物的安全发运。企业应当加强销售退回管理,分析销售退回原因,及时妥善处理。

企业应当严格按照发票管理规定开具销售发票。严禁开具虚假发票。

第八条 企业应当做好销售业务各环节的记录,填制相应的凭证,设置销售台账,实行全过程的销售登记制度。

第九条 企业应当完善客户服务制度,加强客户服务和跟踪,提升客户满意度和忠诚度,不断改进产品质量和服务水平。

第三章 收 款

第十条 企业应当完善应收款项管理制度,严格考核,实行奖惩。销售部门负责应收款项的催收,催收记录(包括往来函电)应妥善保存;财会部门负责办理资金结算并监督款项回收。

第十一条 企业应当加强商业票据管理,明确商业票据的受理范围,严格审查商业票据的真实性和合法性,防止票据欺诈。

企业应当关注商业票据的取得、贴现和背书,对已贴现但仍承担收款风险的票据以及逾期票据,应当进行追索监控和跟踪管理。

第十二条　企业应当加强对销售、发货、收款业务的会计系统控制,详细记录销售客户、销售合同、销售通知、发运凭证、商业票据、款项收回等情况,确保会计记录、销售记录与仓储记录核对一致。

企业应当指定专人通过函证等方式,定期与客户核对应收账款、应收票据、预收账款等往来款项。

企业应当加强应收款项坏账的管理。应收款项全部或部分无法收回的,应当查明原因,明确责任,并严格履行审批程序,按照国家统一的会计准则制度进行处理。

企业内部控制应用指引第10号——研究与开发

第一章　总　则

第一条　为了促进企业自主创新,增强核心竞争力,有效控制研发风险,实现发展战略,根据有关法律法规和《企业内部控制基本规范》,制定本指引。

第二条　本指引所称研究与开发,是指企业为获取新产品、新技术、新工艺等所开展的各种研发活动。

第三条　企业开展研发活动至少应当关注下列风险:

(一)研究项目未经科学论证或论证不充分,可能导致创新不足或资源浪费。

(二)研发人员配备不合理或研发过程管理不善,可能导致研发成本过高、舞弊或研发失败。

(三)研究成果转化应用不足、保护措施不力,可能导致企业利益受损。

第四条　企业应当重视研发工作,根据发展战略,结合市场开拓和技术进步要求,科学制定研发计划,强化研发全过程管理,规范研发行为,促进研发成果的转化和有效利用,不断提升企业自主创新能力。

第二章　立项与研究

第五条　企业应当根据实际需要,结合研发计划,提出研究项目立项申请,开展可行性研究,编制可行性研究报告。

企业可以组织独立于申请及立项审批之外的专业机构和人员进行评估论证,出具评估意见。

第六条　研究项目应当按照规定的权限和程序进行审批,重大研究项目应当报经董事会或类似权力机构集体审议决策。审批过程中,应当重点关注研究项目促进企业发展的必要性、技术的先进性以及成果转化的可行性。

第七条 企业应当加强对研究过程的管理,合理配备专业人员,严格落实岗位责任制,确保研究过程高效、可控。

企业应当跟踪检查研究项目进展情况,评估各阶段研究成果,提供足够的经费支持,确保项目按期、保质完成,有效避免研究失败风险。

企业研究项目委托外单位承担的,应当采用招标、协议等适当方式确定受托单位,签订外包合同,约定研究成果的产权归属、研究进度和质量标准等相关内容。

第八条 企业与其他单位合作进行研究的,应当对合作单位进行尽职调查,签订书面合作研究合同,明确双方投资、分工、权利义务、研究成果产权归属等。

第九条 企业应当建立和完善研究成果验收制度,组织专业人员对研究成果进行独立评审和验收。

企业对于通过验收的研究成果,可以委托相关机构进行审查,确认是否申请专利或作为非专利技术、商业秘密等进行管理。企业对于需要申请专利的研究成果,应当及时办理有关专利申请手续。

第十条 企业应当建立严格的核心研究人员管理制度,明确界定核心研究人员范围和名册清单,签署符合国家有关法律法规要求的保密协议。

企业与核心研究人员签订劳动合同时,应当特别约定研究成果归属、离职条件、离职移交程序、离职后保密义务、离职后竞业限制年限及违约责任等内容。

第三章 开 发 与 保 护

第十一条 企业应当加强研究成果的开发,形成科研、生产、市场一体化的自主创新机制,促进研究成果转化。

研究成果的开发应当分步推进,通过试生产充分验证产品性能,在获得市场认可后方可进行批量生产。

第十二条 企业应当建立研究成果保护制度,加强对专利权、非专利技术、商业秘密及研发过程中形成的各类涉密图纸、程序、资料的管理,严格按照制度规定借阅和使用。禁止无关人员接触研究成果。

第十三条 企业应当建立研发活动评估制度,加强对立项与研究、开发与保护等过程的全面评估,认真总结研发管理经验,分析存在的薄弱环节,完善相关制度和办法,不断改进和提升研发活动的管理水平。

企业内部控制应用指引第 11 号——工程项目

第一章 总 则

第一条 为了加强工程项目管理，提高工程质量，保证工程进度，控制工程成本，防范商业贿赂等舞弊行为，根据有关法律法规和《企业内部控制基本规范》，制定本指引。

第二条 本指引所称工程项目，是指企业自行或者委托其他单位所进行的建造、安装工程。

第三条 企业工程项目至少应当关注下列风险：

（一）立项缺乏可行性研究或者可行性研究流于形式，决策不当，盲目上马，可能导致难以实现预期效益或项目失败。

（二）项目招标暗箱操作，存在商业贿赂，可能导致中标人实质上难以承担工程项目、中标价格失实及相关人员涉案。

（三）工程造价信息不对称，技术方案不落实，概预算脱离实际，可能导致项目投资失控。

（四）工程物资次品高价，工程监理不到位，项目资金不落实，可能导致工程质量低劣，进度延迟或中断。

（五）竣工验收不规范，最终把关不严，可能导致工程交付使用后存在重大隐患。

第四条 企业应当建立和完善工程项目各项管理制度，全面梳理各个环节可能存在的风险点，规范工程立项、招标、造价、建设、验收等环节的工作流程，明确相关部门和岗位的职责权限，做到可行性研究与决策、概预算编制与审核、项目实施与价款支付、竣工决算与审计等不相容职务相互分离，强化工程建设全过程的监控，确保工程项目的质量、进度和资金安全。

第二章 工 程 立 项

第五条 企业应当指定专门机构归口管理工程项目，根据发展战略和年度投资计划，提出项目建议书，开展可行性研究，编制可行性研究报告。

项目建议书的主要内容包括：项目的必要性和依据、产品方案、拟建规模、建设地点、投资估算、资金筹措、项目进度安排、经济效果和社会效益的估计、环境影响的初步评价等。

可行性研究报告的内容主要包括：项目概况，项目建设的必要性，市场预测，项目建设选址及建设条件论证，建设规模和建设内容，项目外部配套建设，环境保护，劳动保护与卫生防疫，消防、节能、节水，总投资及资金来源，经济、社会效益，项目建设周期及进度安排，招投标法规定的相关内容等。

企业可以委托具有相应资质的专业机构开展可行性研究，并按照有关要求形成可行性研究报告。

第六条 企业应当组织规划、工程、技术、财会、法律等部门的专家对项目建议书和可行性研究报告进行充分论证和评审，出具评审意见，作为项目决策的重要依据。

在项目评审过程中，应当重点关注项目投资方案、投资规模、资金筹措、生产规模、投资效益、布局选址、技术、安全、设备、环境保护等方面，核实相关资料的来源和取得途径是否真实、可靠和完整。

企业可以委托具有相应资质的专业机构对可行性研究报告进行评审，出具评审意见。从事项目可行性研究的专业机构不得再从事可行性研究报告的评审。

第七条 企业应当按照规定的权限和程序对工程项目进行决策，决策过程应有完整的书面记录。重大工程项目的立项，应当报经董事会或类似权力机构集体审议批准。总会计师或分管会计工作的负责人应当参与项目决策。

任何个人不得单独决策或者擅自改变集体决策意见。工程项目决策失误应当实行责任追究制度。

第八条 企业应当在工程项目立项后、正式施工前，依法取得建设用地、城市规划、环境保护、安全、施工等方面的许可。

第三章 工程招标

第九条 企业的工程项目一般应当采用公开招标的方式，择优选择具有相应资质的承包单位和监理单位。

在选择承包单位时，企业可以将工程的勘察、设计、施工、设备采购一并发包给一个项目总承包单位，也可以将其中的一项或者多项发包给一个工程总承包单位，但不得违背工程施工组织设计和招标设计计划，将应由一个承包单位完成的工程肢解为若干部分发包给几个承包单位。

企业应当依照国家招投标法的规定，遵循公开、公正、平等竞争的原则，发布招标公告，提供载有招标工程的主要技术要求、主要合同条款、评标的标准和方法，以及开标、评标、定标的程序等内容的招标文件。

企业可以根据项目特点决定是否编制标底。需要编制标底的,标底编制过程和标底应当严格保密。

在确定中标人前,企业不得与投标人就投标价格、投标方案等实质性内容进行谈判。

第十条 企业应当依法组织工程招标的开标、评标和定标,并接受有关部门的监督。

第十一条 企业应当依法组建评标委员会。评标委员会由企业的代表和有关技术、经济方面的专家组成。评标委员会应当客观、公正地履行职务、遵守职业道德,对所提出的评审意见承担责任。

企业应当采取必要的措施,保证评标在严格保密的情况下进行。

评标委员会应当按照招标文件确定的标准和方法,对投标文件进行评审和比较,择优选择中标候选人。

第十二条 评标委员会成员和参与评标的有关工作人员不得透露对投标文件的评审和比较、中标候选人的推荐情况以及与评标有关的其他情况,不得私下接触投标人,不得收受投标人的财物或者其他好处。

第十三条 企业应当按照规定的权限和程序从中标候选人中确定中标人,及时向中标人发出中标通知书,在规定的期限内与中标人订立书面合同,明确双方的权利、义务和违约责任。

企业和中标人不得再行订立背离合同实质性内容的其他协议。

第四章 工 程 造 价

第十四条 企业应当加强工程造价管理,明确初步设计概算和施工图预算的编制方法,按照规定的权限和程序进行审核批准,确保概预算科学合理。

企业可以委托具备相应资质的中介机构开展工程造价咨询工作。

第十五条 企业应当向招标确定的设计单位提供详细的设计要求和基础资料,进行有效的技术、经济交流。

初步设计应当在技术、经济交流的基础上,采用先进的设计管理实务技术,进行多方案比选。

施工图设计深度及图纸交付进度应当符合项目要求,防止因设计深度不足、设计缺陷,造成施工组织、工期、工程质量、投资失控以及生产运行成本过高等问题。

第十六条 企业应当建立设计变更管理制度。设计单位应当提供全面、及时的现场服务。因过失造成设计变更的,应当实行责任追究制度。

第十七条　企业应当组织工程、技术、财会等部门的相关专业人员或委托具有相应资质的中介机构对编制的概预算进行审核,重点审查编制依据、项目内容、工程量的计算、定额套用等是否真实、完整和准确。

工程项目概预算按照规定的权限和程序审核批准后执行。

第五章　工 程 建 设

第十八条　企业应当加强对工程建设过程的监控,实行严格的概预算管理,切实做到及时备料,科学施工,保障资金,落实责任,确保工程项目达到设计要求。

第十九条　按照合同约定,企业自行采购工程物资的,应当按照《企业内部控制应用指引第7号——采购业务》等相关指引的规定,组织工程物资采购、验收和付款;由承包单位采购工程物资的,企业应当加强监督,确保工程物资采购符合设计标准和合同要求。严禁不合格工程物资投入工程项目建设。

重大设备和大宗材料的采购应当根据有关招标采购的规定执行。

第二十条　企业应当实行严格的工程监理制度,委托经过招标确定的监理单位进行监理。工程监理单位应当依照国家法律法规及相关技术标准、设计文件和工程承包合同,对承包单位在施工质量、工期、进度、安全和资金使用等方面实施监督。

工程监理人员应当具备良好的职业操守,客观公正地执行监理任务,发现工程施工不符合设计要求、施工技术标准和合同约定的,应当要求承包单位改正;发现工程设计不符合建筑工程质量标准或者合同约定的质量要求的,应当报告企业要求设计单位改正。

未经工程监理人员签字,工程物资不得在工程上使用或者安装,不得进行下一道工序施工,不得拨付工程价款,不得进行竣工验收。

第二十一条　企业财会部门应当加强与承包单位的沟通,准确掌握工程进度,根据合同约定,按照规定的审批权限和程序办理工程价款结算,不得无故拖欠。

第二十二条　企业应当严格控制工程变更,确需变更的,应当按照规定的权限和程序进行审批。

重大的项目变更应当按照项目决策和概预算控制的有关程序和要求重新履行审批手续。

因工程变更等原因造成价款支付方式及金额发生变动的,应当提供完整的书面文件和其他相关资料,并对工程变更价款的支付进行严格审核。

第六章 工程验收

第二十三条 企业收到承包单位的工程竣工报告后,应当及时编制竣工决算,开展竣工决算审计,组织设计、施工、监理等有关单位进行竣工验收。

第二十四条 企业应当组织审核竣工决算,重点审查决算依据是否完备,相关文件资料是否齐全,竣工清理是否完成,决算编制是否正确。

企业应当加强竣工决算审计,未实施竣工决算审计的工程项目,不得办理竣工验收手续。

第二十五条 企业应当及时组织工程项目竣工验收。交付竣工验收的工程项目,应当符合规定的质量标准,有完整的工程技术经济资料,并具备国家规定的其他竣工条件。

验收合格的工程项目,应当编制交付使用财产清单,及时办理交付使用手续。

第二十六条 企业应当按照国家有关档案管理的规定,及时收集、整理工程建设各环节的文件资料,建立完整的工程项目档案。

第二十七条 企业应当建立完工项目后评估制度,重点评价工程项目预期目标的实现情况和项目投资效益等,并以此作为绩效考核和责任追究的依据。

企业内部控制应用指引第12号——担保业务

第一章 总 则

第一条 为了加强企业担保业务管理,防范担保业务风险,根据《中华人民共和国担保法》等有关法律法规和《企业内部控制基本规范》,制定本指引。

第二条 本指引所称担保,是指企业作为担保人按照公平、自愿、互利的原则与债权人约定,当债务人不履行债务时,依照法律规定和合同协议承担相应法律责任的行为。

第三条 企业办理担保业务至少应当关注下列风险:

(一)对担保申请人的资信状况调查不深,审批不严或越权审批,可能导致企业担保决策失误或遭受欺诈。

(二)对被担保人出现财务困难或经营陷入困境等状况监控不力,应对措施不当,可能导致企业承担法律责任。

(三)担保过程中存在舞弊行为,可能导致经办审批等相关人员涉案或企业利益受损。

第四条 企业应当依法制定和完善担保业务政策及相关管理制度,明确担保的对象、范围、方式、条件、程序、担保限额和禁止担保等事项,规范调查评估、审核批准、担保执行等环节的工作流程,按照政策、制度、流程办理担保业务,定期检查担保政策的执行情况及效果,切实防范担保业务风险。

第二章 调查评估与审批

第五条 企业应当指定相关部门负责办理担保业务,对担保申请人进行资信调查和风险评估,评估结果应出具书面报告。企业也可委托中介机构对担保业务进行资信调查和风险评估工作。

企业在对担保申请人进行资信调查和风险评估时,应当重点关注以下事项:

(一)担保业务是否符合国家法律法规和本企业担保政策等相关要求。

(二)担保申请人的资信状况,一般包括:基本情况、资产质量、经营情况、偿债能力、盈利水平、信用程度、行业前景等。

(三)担保申请人用于担保和第三方担保的资产状况及其权利归属。

(四)企业要求担保申请人提供反担保的,还应当对与反担保有关的资产状况进行评估。

第六条 企业对担保申请人出现以下情形之一的,不得提供担保:

(一)担保项目不符合国家法律法规和本企业担保政策的。

(二)已进入重组、托管、兼并或破产清算程序的。

(三)财务状况恶化、资不抵债、管理混乱、经营风险较大的。

(四)与其他企业存在较大经济纠纷,面临法律诉讼且可能承担较大赔偿责任的。

(五)与本企业已经发生过担保纠纷且仍未妥善解决的,或不能及时足额交纳担保费用的。

第七条 企业应当建立担保授权和审批制度,规定担保业务的授权批准方式、权限、程序、责任和相关控制措施,在授权范围内进行审批,不得超越权限审批。重大担保业务,应当报经董事会或类似权力机构批准。

经办人员应当在职责范围内,按照审批人员的批准意见办理担保业务。对于审批人超越权限审批的担保业务,经办人员应当拒绝办理。

第八条 企业应当采取合法有效的措施加强对子公司担保业务的统一监控。企业内设机构未经授权不得办理担保业务。

企业为关联方提供担保的,与关联方存在经济利益或近亲属关系的有关人员在评估与审批环节应当回避。

对境外企业进行担保的,应当遵守外汇管理规定,并关注被担保人所在国家的政治、经济、法律等因素。

第九条 被担保人要求变更担保事项的,企业应当重新履行调查评估与审批程序。

第三章 执行与监控

第十条 企业应当根据审核批准的担保业务订立担保合同。担保合同应明确被担保人的权利、义务、违约责任等相关内容,并要求被担保人定期提供财务报告与有关资料,及时通报担保事项的实施情况。

担保申请人同时向多方申请担保的,企业应当在担保合同中明确约定本企业的担保份额和相应的责任。

第十一条 企业担保经办部门应当加强担保合同的日常管理,定期监测被担保人的经营情况和财务状况,对被担保人进行跟踪和监督,了解担保项目的执行、资金的使用、贷款的归还、财务运行及风险等情况,确保担保合同有效履行。

担保合同履行过程中,如果被担保人出现异常情况,应当及时报告,妥善处理。

对于被担保人未按有法律效力的合同条款偿付债务或履行相关合同项下的义务的,企业应当按照担保合同履行义务,同时主张对被担保人的追索权。

第十二条 企业应当加强对担保业务的会计系统控制,及时足额收取担保费用,建立担保事项台账,详细记录担保对象、金额、期限、用于抵押和质押的物品或权利以及其他有关事项。

企业财会部门应当及时收集、分析被担保人担保期内经审计的财务报告等相关资料,持续关注被担保人的财务状况、经营成果、现金流量以及担保合同的履行情况,积极配合担保经办部门防范担保业务风险。

对于被担保人出现财务状况恶化、资不抵债、破产清算等情形的,企业应当根据国家统一的会计准则制度规定,合理确认预计负债和损失。

第十三条 企业应当加强对反担保财产的管理,妥善保管被担保人用于反担保的权利凭证,定期核实财产的存续状况和价值,发现问题及时处理,确保反担保财产安全完整。

第十四条 企业应当建立担保业务责任追究制度,对在担保中出现重大决策失误、未履行集体审批程序或不按规定管理担保业务的部门及人员,应当严格追究相应的责任。

第十五条 企业应当在担保合同到期时,全面清查用于担保的财产、权利凭证,按照合同约定及时终止担保关系。

企业应当妥善保管担保合同、与担保合同相关的主合同、反担保函或反担保合同,以及抵押、质押的权利凭证和有关原始资料,切实做到担保业务档案完整无缺。

企业内部控制应用指引第13号——业务外包

第一章 总 则

第一条 为了加强业务外包管理,规范业务外包行为,防范业务外包风险,根据有关法律法规和《企业内部控制基本规范》,制定本指引。

第二条 本指引所称业务外包,是指企业利用专业化分工优势,将日常经营中的部分业务委托给本企业以外的专业服务机构或其他经济组织(以下简称承包方)完成的经营行为。

本指引不涉及工程项目外包。

第三条 企业应当对外包业务实施分类管理,通常划分为重大外包业务和一般外包业务。重大外包业务是指对企业生产经营有重大影响的外包业务。

外包业务通常包括:研发、资信调查、可行性研究、委托加工、物业管理、客户服务、IT服务等。

第四条 企业的业务外包至少应当关注下列风险:

(一)外包范围和价格确定不合理,承包方选择不当,可能导致企业遭受损失。

(二)业务外包监控不严、服务质量低劣,可能导致企业难以发挥业务外包的优势。

(三)业务外包存在商业贿赂等舞弊行为,可能导致企业相关人员涉案。

第五条 企业应当建立和完善业务外包管理制度,规定业务外包的范围、方式、条件、程序和实施等相关内容,明确相关部门和岗位的职责权限,强化业务外包全过程的监控,防范外包风险,充分发挥业务外包的优势。

企业应当权衡利弊,避免核心业务外包。

第二章 承包方选择

第六条 企业应当根据年度生产经营计划和业务外包管理制度,结合确定的业务外包范围,拟定实施方案,按照规定的权限和程序审核批准。

总会计师或分管会计工作的负责人应当参与重大业务外包的决策。

重大业务外包方案应当提交董事会或类似权力机构审批。

第七条 企业应当按照批准的业务外包实施方案选择承包方。承包方至少应当具备下列条件:

(一)承包方是依法成立和合法经营的专业服务机构或其他经济组织,具有相应的经营范围和固定的办公场所。

(二)承包方应当具备相应的专业资质,其从业人员符合岗位要求和任职条件,并具有相应的专业技术资格。

(三)承包方的技术及经验水平符合本企业业务外包的要求。

第八条 企业应当综合考虑内外部因素,合理确定外包价格,严格控制业务外包成本,切实做到符合成本效益原则。

第九条 企业应当引入竞争机制,遵循公开、公平、公正的原则,采用适当方式,择优选择外包业务的承包方。采用招标方式选择承包方的,应当符合招投标法的相关规定。

企业及相关人员在选择承包方的过程中,不得收受贿赂、回扣或者索取其他好处。承包方及其工作人员不得利用向企业及其工作人员行贿、提供回扣或者给予其他好处等不正当手段承揽业务。

第十条 企业应当按照规定的权限和程序从候选承包方中确定最终承包方,并签订业务外包合同。业务外包合同内容主要包括:外包业务的内容和范围,双方权利和义务,服务和质量标准,保密事项,费用结算标准和违约责任等事项。

第十一条 企业外包业务需要保密的,应当在业务外包合同或者另行签订的保密协议中明确规定承包方的保密义务和责任,要求承包方向其从业人员提示保密要求和应承担的责任。

第三章 业务外包实施

第十二条 企业应当加强业务外包实施的管理,严格按照业务外包制度、工作流程和相关要求,组织开展业务外包,并采取有效的控制措施,确保承包方严格履行业务外包合同。

第十三条 企业应当做好与承包方的对接工作,加强与承包方的沟通与协调,及时搜集相关信息,发现和解决外包业务日常管理中存在的问题。

对于重大业务外包,企业应当密切关注承包方的履约能力,建立相应的应急机制,避免业务外包失败造成本企业生产经营活动中断。

第十四条 企业应当根据国家统一的会计准则制度,加强对外包业务的核算与监督,做好业务外包费用结算工作。

第十五条 企业应当对承包方的履约能力进行持续评估,有确凿证据表明承包方存在重大违约行为,导致业务外包合同无法履行的,应当及时终止合同。

承包方违约并造成企业损失的,企业应当按照合同对承包方进行索赔,并追究责任人责任。

第十六条 业务外包合同执行完成后需要验收的,企业应当组织相关部门或人员对完成的业务外包合同进行验收,出具验收证明。

验收过程中发现异常情况,应当立即报告,查明原因,及时处理。

企业内部控制应用指引第14号——财务报告

第一章 总 则

第一条 为了规范企业财务报告,保证财务报告的真实、完整,根据《中华人民共和国会计法》等有关法律法规和《企业内部控制基本规范》,制定本指引。

第二条 本指引所称财务报告,是指反映企业某一特定日期财务状况和某一会计期间经营成果、现金流量的文件。

第三条 企业编制、对外提供和分析利用财务报告,至少应当关注下列风险:

(一)编制财务报告违反会计法律法规和国家统一的会计准则制度,可能导致企业承担法律责任和声誉受损。

(二)提供虚假财务报告,误导财务报告使用者,造成决策失误,干扰市场秩序。

(三)不能有效利用财务报告,难以及时发现企业经营管理中存在的问题,可能导致企业财务和经营风险失控。

第四条 企业应当严格执行会计法律法规和国家统一的会计准则制度,加强对财务报告编制、对外提供和分析利用全过程的管理,明确相关工作流程和要求,落实责任制,确保财务报告合法合规、真实完整和有效利用。

总会计师或分管会计工作的负责人负责组织领导财务报告的编制、对外提供和分析利用等相关工作。

企业负责人对财务报告的真实性、完整性负责。

第二章 财务报告的编制

第五条 企业编制财务报告,应当重点关注会计政策和会计估计,对财务报告产生重大影响的交易和事项的处理应当按照规定的权限和程序进行审批。

企业在编制年度财务报告前,应当进行必要的资产清查、减值测试和债权债务核实。

第六条 企业应当按照国家统一的会计准则制度规定,根据登记完整、核对无误的会计账簿记录和其他有关资料编制财务报告,做到内容完整、数字真实、计算准确,不得漏报或者随意进行取舍。

第七条 企业财务报告列示的资产、负债、所有者权益金额应当真实可靠。

各项资产计价方法不得随意变更,如有减值,应当合理计提减值准备,严禁虚增或虚减资产。

各项负债应当反映企业的现时义务,不得提前、推迟或不确认负债,严禁虚增或虚减负债。

所有者权益应当反映企业资产扣除负债后由所有者享有的剩余权益,由实收资本、资本公积、留存收益等构成。企业应当做好所有者权益保值增值工作,严禁虚假出资、抽逃出资、资本不实。

第八条 企业财务报告应当如实列示当期收入、费用和利润。

各项收入的确认应当遵循规定的标准,不得虚列或者隐瞒收入,推迟或提前确认收入。

各项费用、成本的确认应当符合规定,不得随意改变费用、成本的确认标准或计量方法,虚列、多列、不列或者少列费用、成本。

利润由收入减去费用后的净额、直接计入当期利润的利得和损失等构成。不得随意调整利润的计算、分配方法,编造虚假利润。

第九条 企业财务报告列示的各种现金流量由经营活动、投资活动和筹资活动的现金流量构成,应当按照规定划清各类交易和事项的现金流量的界限。

第十条 附注是财务报告的重要组成部分,对反映企业财务状况、经营成果、现金流量的报表中需要说明的事项,作出真实、完整、清晰的说明。

企业应当按照国家统一的会计准则制度编制附注。

第十一条 企业集团应当编制合并财务报表,明确合并财务报表的合并范围和合并方法,如实反映企业集团的财务状况、经营成果和现金流量。

第十二条 企业编制财务报告,应当充分利用信息技术,提高工作效率和工作质量,减少或避免编制差错和人为调整因素。

第三章 财务报告的对外提供

第十三条 企业应当依照法律法规和国家统一的会计准则制度的规定,及时对外提供财务报告。

第十四条 企业财务报告编制完成后,应当装订成册,加盖公章,由企业负责人、总会计师或分管会计工作的负责人、财会部门负责人签名并盖章。

第十五条 财务报告须经注册会计师审计的,注册会计师及其所在的事务所出具的审计报告,应当随同财务报告一并提供。

企业对外提供的财务报告应当及时整理归档,并按有关规定妥善保存。

第四章 财务报告的分析利用

第十六条 企业应当重视财务报告分析工作,定期召开财务分析会议,充分利用财务报告反映的综合信息,全面分析企业的经营管理状况和存在的问题,不断提高经营管理水平。

企业财务分析会议应吸收有关部门负责人参加。总会计师或分管会计工作的负责人应当在财务分析和利用工作中发挥主导作用。

第十七条 企业应当分析企业的资产分布、负债水平和所有者权益结构,通过资产负债率、流动比率、资产周转率等指标分析企业的偿债能力和营运能力;分析企业净资产的增减变化,了解和掌握企业规模和净资产的不断变化过程。

第十八条 企业应当分析各项收入、费用的构成及其增减变动情况,通过净资产收益率、每股收益等指标,分析企业的盈利能力和发展能力,了解和掌握当期利润增减变化的原因和未来发展趋势。

第十九条 企业应当分析经营活动、投资活动、筹资活动现金流量的运转情况,重点关注现金流量能否保证生产经营过程的正常运行,防止现金短缺或闲置。

第二十条 企业定期的财务分析应当形成分析报告,构成内部报告的组成部分。

财务分析报告结果应当及时传递给企业内部有关管理层级,充分发挥财务报告在企业生产经营管理中的重要作用。

企业内部控制应用指引第 15 号——全面预算

第一章 总 则

第一条 为了促进企业实现发展战略,发挥全面预算管理作用,根据有关法律法规和《企业内部控制基本规范》,制定本指引。

第二条 本指引所称全面预算,是指企业对一定期间经营活动、投资活动、财务活动等作出的预算安排。

第三条 企业实行全面预算管理,至少应当关注下列风险:

(一)不编制预算或预算不健全,可能导致企业经营缺乏约束或盲目经营。

(二)预算目标不合理、编制不科学,可能导致企业资源浪费或发展战略难以实现。

(三)预算缺乏刚性、执行不力、考核不严,可能导致预算管理流于形式。

第四条 企业应当加强全面预算工作的组织领导,明确预算管理体制以及各预算执行单位的职责权限、授权批准程序和工作协调机制。

企业应当设立预算管理委员会履行全面预算管理职责,其成员由企业负责人及内部相关部门负责人组成。

预算管理委员会主要负责拟定预算目标和预算政策,制定预算管理的具体措施和办法,组织编制、平衡预算草案,下达经批准的预算,协调解决预算编制和执行中的问题,考核预算执行情况,督促完成预算目标。预算管理委员会下设预算管理工作机构,由其履行日常管理职责。预算管理工作机构一般设在财会部门。

总会计师或分管会计工作的负责人应当协助企业负责人负责企业全面预算管理工作的组织领导。

第二章 预算编制

第五条 企业应当建立和完善预算编制工作制度,明确编制依据、编制程序、编制方法等内容,确保预算编制依据合理、程序适当、方法科学,避免预算指标过高或过低。

企业应当在预算年度开始前完成全面预算草案的编制工作。

第六条 企业应当根据发展战略和年度生产经营计划,综合考虑预算期内经济政策、市场环境等因素,按照上下结合、分级编制、逐级汇总的程序,编制年度全面预算。

企业可以选择或综合运用固定预算、弹性预算、滚动预算等方法编制预算。

第七条 企业预算管理委员会应当对预算管理工作机构在综合平衡基础上提交的预算方案进行研究论证,从企业发展全局角度提出建议,形成全面预算草案,并提交董事会。

第八条 企业董事会审核全面预算草案,应当重点关注预算科学性和可行性,确保全面预算与企业发展战略、年度生产经营计划相协调。

企业全面预算应当按照相关法律法规及企业章程的规定报经审议批准。批准后,应当以文件形式下达执行。

第三章 预算执行

第九条 企业应当加强对预算执行的管理,明确预算指标分解方式、预算执行审批权限和要求、预算执行情况报告等,落实预算执行责任制,确保预算刚性,严格预算执行。

第十条 企业全面预算一经批准下达,各预算执行单位应当认真组织实施,将预算指标层层分解,从横向和纵向落实到内部各部门、各环节和各岗位,形成全方位的预算执行责任体系。

企业应当以年度预算作为组织、协调各项生产经营活动的基本依据,将年度预算细分为季度、月度预算,通过实施分期预算控制,实现年度预算目标。

第十一条 企业应当根据全面预算管理要求,组织各项生产经营活动和投融资活动,严格预算执行和控制。

企业应当加强资金收付业务的预算控制,及时组织资金收入,严格控制资金支付,调节资金收付平衡,防范支付风险。对于超预算或预算外的资金支付,应当实行严格的审批制度。

企业办理采购与付款、销售与收款、成本费用、工程项目、对外投融资、研究与开发、信息系统、人力资源、安全环保、资产购置与维护等业务和事项,均应符合预算要求。涉及生产过程和成本费用的,还应执行相关计划、定额、定率标准。

对于工程项目、对外投融资等重大预算项目,企业应当密切跟踪其实施进度和完成情况,实行严格监控。

第十二条 企业预算管理工作机构应当加强与各预算执行单位的沟通,运用财务信息和其他相关资料监控预算执行情况,采用恰当方式及时向决策机构和各预算执行单位报告,反馈预算执行进度、执行差异及其对预算目标的影响,促进企业全面预算目标的实现。

第十三条 企业预算管理工作机构和各预算执行单位应当建立预算执行情况分析制度,定期召开预算执行分析会议,通报预算执行情况,研究、解决预算执行中存在的问题,提出改进措施。

企业分析预算执行情况,应当充分收集有关财务、业务、市场、技术、政策、法律等方面的信息资料,根据不同情况分别采用比率分析、比较分析、因素分析等方法,从定量与定性两个层面充分反映预算执行单位的现状、发展趋势及其存在的潜力。

第十四条 企业批准下达的预算应当保持稳定,不得随意调整。

由于市场环境、国家政策或不可抗力等客观因素,导致预算执行发生重大差异确需调整预算的,应当履行严格的审批程序。

第四章 预算考核

第十五条 企业应当建立严格的预算执行考核制度,对各预算执行单位和个人进行考核,切实做到有奖有惩、奖惩分明。

第十六条 企业预算管理委员会应当定期组织预算执行情况考核,将各预算执行单位负责人签字上报的预算执行报告和已掌握的动态监控信息进行核对,确认各执行单位预算完成情况。必要时,实行预算执行情况内部审计制度。

第十七条 企业预算执行情况考核工作,应当坚持公开、公平、公正的原则,考核过程及结果应有完整的记录。

企业内部控制应用指引第16号——合同管理

第一章 总 则

第一条 为了促进企业加强合同管理,维护企业合法权益,根据《中华人民共和国合同法》等有关法律法规和《企业内部控制基本规范》,制定本指引。

第二条 本指引所称合同,是指企业与自然人、法人及其他组织等平等主体之间设立、变更、终止民事权利义务关系的协议。

企业与职工签订的劳动合同,不适用本指引。

第三条 企业合同管理至少应当关注下列风险:

(一)未订立合同、未经授权对外订立合同、合同对方主体资格未达要求、合同内容存在重大疏漏和欺诈,可能导致企业合法权益受到侵害。

(二)合同未全面履行或监控不当,可能导致企业诉讼失败、经济利益受损。

(三)合同纠纷处理不当,可能损害企业利益、信誉和形象。

第四条 企业应当加强合同管理,确定合同归口管理部门,明确合同拟定、审批、执行等环节的程序和要求,定期检查和评价合同管理中的薄弱环节,采取相应控制措施,促进合同有效履行,切实维护企业的合法权益。

第二章 合同的订立

第五条 企业对外发生经济行为,除即时结清方式外,应当订立书面合同。合同订立前,应当充分了解合同对方的主体资格、信用状况等有关内容,确保对方当事人具备履约能力。

对于影响重大、涉及较高专业技术或法律关系复杂的合同,应当组织法律、技术、财会等专业人员参与谈判,必要时可聘请外部专家参与相关工作。

谈判过程中的重要事项和参与谈判人员的主要意见,应当予以记录并妥善保存。

第六条 企业应当根据协商、谈判等的结果,拟订合同文本,按照自愿、公平原则,明确双方的权利义务和违约责任,做到条款内容完整,表述严谨准确,相关手续齐备,避免出现重大疏漏。

合同文本一般由业务承办部门起草、法律部门审核。重大合同或法律关系复杂的特殊合同应当由法律部门参与起草。国家或行业有合同示范文本的,可以优先选用,但对涉及权利义务关系的条款应当进行认真审查,并根据实际情况进行适当修改。

合同文本须报经国家有关主管部门审查或备案的,应当履行相应程序。

第七条 企业应当对合同文本进行严格审核,重点关注合同的主体、内容和形式是否合法,合同内容是否符合企业的经济利益,对方当事人是否具有履约能力,合同权利和义务、违约责任和争议解决条款是否明确等。

企业对影响重大或法律关系复杂的合同文本,应当组织内部相关部门进行审核。相关部门提出不同意见的,应当认真分析研究,慎重对待,并准确无误地加以记录;必要时应对合同条款作出修改。内部相关部门应当认真履行职责。

第八条 企业应当按照规定的权限和程序与对方当事人签署合同。正式对外订立的合同,应当由企业法定代表人或由其授权的代理人签名或加盖有关印章。授权签署合同的,应当签署授权委托书。

属于上级管理权限的合同,下级单位不得签署。下级单位认为确有需要签署涉及上级管理权限的合同,应当提出申请,并经上级合同管理机构批准后办理。上级单位应当加强对下级单位合同订立、履行情况的监督检查。

第九条 企业应当建立合同专用章保管制度。合同经编号、审批及企业法定代表人或由其授权的代理人签署后,方可加盖合同专用章。

第十条 企业应当加强合同信息安全保密工作,未经批准,不得以任何形式泄露合同订立与履行过程中涉及的商业秘密或国家机密。

第三章 合同的履行

第十一条 企业应当遵循诚实信用原则严格履行合同,对合同履行实施有效监控,强化对合同履行情况及效果的检查、分析和验收,确保合同全面有效履行。

合同生效后,企业就质量、价款、履行地点等内容与合同对方没有约定或者约定不明确的,可以协议补充;不能达成补充协议的,按照国家相关法律法规、合同有关条款或者交易习惯确定。

第十二条 在合同履行过程中发现有显失公平、条款有误或对方有欺诈行为等情形,或因政策调整、市场变化等客观因素,已经或可能导致企业利益受损,应当按规定程序及时报告,并经双方协商一致,按照规定权限和程序办理合同变更或解除事宜。

第十三条 企业应当加强合同纠纷管理,在履行合同过程中发生纠纷的,应当依据国家相关法律法规,在规定时效内与对方当事人协商并按规定权限和程序及时报告。

合同纠纷经协商一致的,双方应当签订书面协议。合同纠纷经协商无法解决的,应当根据合同约定选择仲裁或诉讼方式解决。

企业内部授权处理合同纠纷的,应当签署授权委托书。纠纷处理过程中,未经授权批准,相关经办人员不得向对方当事人作出实质性答复或承诺。

第十四条 企业财会部门应当根据合同条款审核后办理结算业务。未按合同条款履约的,或应签订书面合同而未签订的,财会部门有权拒绝付款,并及时向企业有关负责人报告。

第十五条 合同管理部门应当加强合同登记管理,充分利用信息化手段,定期对合同进行统计、分类和归档,详细登记合同的订立、履行和变更等情况,实行合同的全过程封闭管理。

第十六条 企业应当建立合同履行情况评估制度,至少于每年年末对合同履行的总体情况和重大合同履行的具体情况进行分析评估,对分析评估中发现合同履行中存在的不足,应当及时加以改进。

企业应当健全合同管理考核与责任追究制度。对合同订立、履行过程中出现的违法违规行为,应当追究有关机构或人员的责任。

企业内部控制应用指引第17号——内部信息传递

第一章 总 则

第一条 为了促进企业生产经营管理信息在内部各管理层级之间的有效沟通和充分利用,根据《企业内部控制基本规范》,制定本指引。

第二条 本指引所称内部信息传递,是指企业内部各管理层级之间通过内部报告形式传递生产经营管理信息的过程。

第三条 企业内部信息传递至少应当关注下列风险:

(一)内部报告系统缺失、功能不健全、内容不完整,可能影响生产经营有序运行。

(二)内部信息传递不通畅、不及时,可能导致决策失误、相关政策措施难以落实。

(三)内部信息传递中泄露商业秘密,可能削弱企业核心竞争力。

第四条 企业应当加强内部报告管理,全面梳理内部信息传递过程中的薄弱环节,建立科学的内部信息传递机制,明确内部信息传递的内容、保密要求及密级分类、传递方式、传递范围以及各管理层级的职责权限等,促进内部报告的有效利用,充分发挥内部报告的作用。

第二章 内部报告的形成

第五条 企业应当根据发展战略、风险控制和业绩考核要求,科学规范不同级次内部报告的指标体系,采用经营快报等多种形式,全面反映与企业生产经营管理相关的各种内外部信息。

内部报告指标体系的设计应当与全面预算管理相结合,并随着环境和业务的变化不断进行修订和完善。设计内部报告指标体系时,应当关注企业成本费用预算的执行情况。

内部报告应当简洁明了、通俗易懂、传递及时,便于企业各管理层级和全体员工掌握相关信息,正确履行职责。

第六条 企业应当制定严密的内部报告流程,充分利用信息技术,强化内部报告信息集成和共享,将内部报告纳入企业统一信息平台,构建科学的内部报告网络体系。

企业内部各管理层级均应当指定专人负责内部报告工作,重要信息应及时上报,并可以直接报告高级管理人员。

企业应当建立内部报告审核制度,确保内部报告信息质量。

第七条 企业应当关注市场环境、政策变化等外部信息对企业生产经营管理的影响,广泛收集、分析、整理外部信息,并通过内部报告传递到企业内部相关管理层级,以便采取应对策略。

第八条 企业应当拓宽内部报告渠道,通过落实奖励措施等多种有效方式,广泛收集合理化建议。

企业应当重视和加强反舞弊机制建设,通过设立员工信箱、投诉热线等方式,鼓励员工及企业利益相关方举报和投诉企业内部的违法违规、舞弊和其他有损企业形象的行为。

第三章 内部报告的使用

第九条 企业各级管理人员应当充分利用内部报告管理和指导企业的生产经营活动,及时反映全面预算执行情况,协调企业内部相关部门和各单位的运营进度,严格绩效考核和责任追究,确保企业实现发展目标。

第十条 企业应当有效利用内部报告进行风险评估,准确识别和系统分析企业生产经营活动中的内外部风险,确定风险应对策略,实现对风险的有效控制。

企业对于内部报告反映出的问题应当及时解决;涉及突出问题和重大风险的,应当启动应急预案。

第十一条 企业应当制定严格的内部报告保密制度,明确保密内容、保密措施、密级程度和传递范围,防止泄露商业秘密。

第十二条 企业应当建立内部报告的评估制度,定期对内部报告的形成和使用进行全面评估,重点关注内部报告的及时性、安全性和有效性。

企业内部控制应用指引第18号——信息系统

第一章 总 则

第一条 为了促进企业有效实施内部控制,提高企业现代化管理水平,减少人为因素,根据有关法律法规和《企业内部控制基本规范》,制定本指引。

第二条 本指引所称信息系统,是指企业利用计算机和通信技术,对内部控制进行集成、转化和提升所形成的信息化管理平台。

第三条 企业利用信息系统实施内部控制至少应当关注下列风险：

（一）信息系统缺乏或规划不合理，可能造成信息孤岛或重复建设，导致企业经营管理效率低下。

（二）系统开发不符合内部控制要求，授权管理不当，可能导致无法利用信息技术实施有效控制。

（三）系统运行维护和安全措施不到位，可能导致信息泄漏或毁损，系统无法正常运行。

第四条 企业应当重视信息系统在内部控制中的作用，根据内部控制要求，结合组织架构、业务范围、地域分布、技术能力等因素，制定信息系统建设整体规划，加大投入力度，有序组织信息系统开发、运行与维护，优化管理流程，防范经营风险，全面提升企业现代化管理水平。

企业应当指定专门机构对信息系统建设实施归口管理，明确相关单位的职责权限，建立有效工作机制。企业可委托专业机构从事信息系统的开发、运行和维护工作。

企业负责人对信息系统建设工作负责。

第二章　信息系统的开发

第五条 企业应当根据信息系统建设整体规划提出项目建设方案，明确建设目标、人员配备、职责分工、经费保障和进度安排等相关内容，按照规定的权限和程序审批后实施。

企业信息系统归口管理部门应当组织内部各单位提出开发需求和关键控制点，规范开发流程，明确系统设计、编程、安装调试、验收、上线等全过程的管理要求，严格按照建设方案、开发流程和相关要求组织开发工作。

企业开发信息系统，可以采取自行开发、外购调试、业务外包等方式。选定外购调试或业务外包方式的，应当采用公开招标等形式择优确定供应商或开发单位。

第六条 企业开发信息系统，应当将生产经营管理业务流程、关键控制点和处理规则嵌入系统程序，实现手工环境下难以实现的控制功能。

企业在系统开发过程中，应当按照不同业务的控制要求，通过信息系统中的权限管理功能控制用户的操作权限，避免将不相容职责的处理权限授予同一用户。

企业应当针对不同数据的输入方式，考虑对进入系统数据的检查和校验功能。对于必需的后台操作,应当加强管理,建立规范的流程制度,对操作情况进行监控或者审计。

企业应当在信息系统中设置操作日志功能,确保操作的可审计性。对异常的或者违背内部控制要求的交易和数据,应当设计由系统自动报告并设置跟踪处理机制。

第七条 企业信息系统归口管理部门应当加强信息系统开发全过程的跟踪管理,组织开发单位与内部各单位的日常沟通和协调,督促开发单位按照建设方案、计划进度和质量要求完成编程工作,对配备的硬件设备和系统软件进行检查验收,组织系统上线运行等。

第八条 企业应当组织独立于开发单位的专业机构对开发完成的信息系统进行验收测试,确保在功能、性能、控制要求和安全性等方面符合开发需求。

第九条 企业应当切实做好信息系统上线的各项准备工作,培训业务操作和系统管理人员,制定科学的上线计划和新旧系统转换方案,考虑应急预案,确保新旧系统顺利切换和平稳衔接。系统上线涉及数据迁移的,还应制定详细的数据迁移计划。

第三章 信息系统的运行与维护

第十条 企业应当加强信息系统运行与维护的管理,制定信息系统工作程序、信息管理制度以及各模块子系统的具体操作规范,及时跟踪、发现和解决系统运行中存在的问题,确保信息系统按照规定的程序、制度和操作规范持续稳定运行。

企业应当建立信息系统变更管理流程,信息系统变更应当严格遵照管理流程进行操作。信息系统操作人员不得擅自进行系统软件的删除、修改等操作;不得擅自升级、改变系统软件版本;不得擅自改变软件系统环境配置。

第十一条 企业应当根据业务性质、重要性程度、涉密情况等确定信息系统的安全等级,建立不同等级信息的授权使用制度,采用相应技术手段保证信息系统运行安全有序。

企业应当建立信息系统安全保密和泄密责任追究制度。委托专业机构进行系统运行与维护管理的,应当审查该机构的资质,并与其签订服务合同和保密协议。

企业应当采取安装安全软件等措施防范信息系统受到病毒等恶意软件的感染和破坏。

第十二条 企业应当建立用户管理制度,加强对重要业务系统的访问权限管理,定期审阅系统账号,避免授权不当或存在非授权账号,禁止不相容职务用户账号的交叉操作。

第十三条 企业应当综合利用防火墙、路由器等网络设备,漏洞扫描、入侵检测等软件技术以及远程访问安全策略等手段,加强网络安全,防范来自网络的攻击和非法侵入。

企业对于通过网络传输的涉密或关键数据,应当采取加密措施,确保信息传递的保密性、准确性和完整性。

第十四条 企业应当建立系统数据定期备份制度,明确备份范围、频度、方法、责任人、存放地点、有效性检查等内容。

第十五条 企业应当加强服务器等关键信息设备的管理,建立良好的物理环境,指定专人负责检查,及时处理异常情况。未经授权,任何人不得接触关键信息设备。

附录3　　企业内部控制评价指引

第一章　总　则

第一条　为了促进企业全面评价内部控制的设计与运行情况,规范内部控制评价程序和评价报告,揭示和防范风险,根据有关法律法规和《企业内部控制基本规范》,制定本指引。

第二条　本指引所称内部控制评价,是指企业董事会或类似权力机构对内部控制的有效性进行全面评价、形成评价结论、出具评价报告的过程。

第三条　企业实施内部控制评价至少应当遵循下列原则:

(一)全面性原则。评价工作应当包括内部控制的设计与运行,涵盖企业及其所属单位的各种业务和事项。

(二)重要性原则。评价工作应当在全面评价的基础上,关注重要业务单位、重大业务事项和高风险领域。

(三)客观性原则。评价工作应当准确地揭示经营管理的风险状况,如实反映内部控制设计与运行的有效性。

第四条　企业应当根据本评价指引,结合内部控制设计与运行的实际情况,制定具体的内部控制评价办法,规定评价的原则、内容、程序、方法和报告形式等,明确相关机构或岗位的职责权限,落实责任制,按照规定的办法、程序和要求,有序开展内部控制评价工作。

企业董事会应当对内部控制评价报告的真实性负责。

第二章　内部控制评价的内容

第五条　企业应当根据《企业内部控制基本规范》、应用指引以及本企业的内部控制制度,围绕内部环境、风险评估、控制活动、信息与沟通、内部监督等要素,确定内部控制评价的具体内容,对内部控制设计与运行情况进行全面评价。

第六条　企业组织开展内部环境评价,应当以组织架构、发展战略、人力资源、企业文化、社会责任等应用指引为依据,结合本企业的内部控制制度,对内部环境的设计及实际运行情况进行认定和评价。

第七条　企业组织开展风险评估机制评价,应当以《企业内部控制基本规范》有关风险评估的要求,以及各项应用指引中所列主要风险为依据,结合本企业的内部控制制度,对日常经营管理过程中的风险识别、风险分析、应对策略等进行认定和评价。

第八条　企业组织开展控制活动评价,应当以《企业内部控制基本规范》和各项应用指引中的控制措施为依据,结合本企业的内部控制制度,对相关控制措施的设计和运行情况进行认定和评价。

第九条　企业组织开展信息与沟通评价,应当以内部信息传递、财务报告、信息系统等相关应用指引为依据,结合本企业的内部控制制度,对信息收集、处理和传递的及时性、反舞弊机制的健全性、财务报告的真实性、信息系统的安全性,以及利用信息系统实施内部控制的有效性等进行认定和评价。

第十条　企业组织开展内部监督评价,应当以《企业内部控制基本规范》有关内部监督的要求,以及各项应用指引中有关日常管控的规定为依据,结合本企业的内部控制制度,对内部监督机制的有效性进行认定和评价,重点关注监事会、审计委员会、内部审计机构等是否在内部控制设计和运行中有效发挥监督作用。

第十一条　内部控制评价工作应当形成工作底稿,详细记录企业执行评价工作的内容,包括评价要素、主要风险点、采取的控制措施、有关证据资料以及认定结果等。

评价工作底稿应当设计合理、证据充分、简便易行、便于操作。

第三章　内部控制评价的程序

第十二条　企业应当按照内部控制评价办法规定的程序,有序开展内部控制评价工作。

内部控制评价程序一般包括:制定评价工作方案、组成评价工作组、实施现场测试、认定控制缺陷、汇总评价结果、编报评价报告等环节。

企业可以授权内部审计部门或专门机构(以下简称内部控制评价部门)负责内部控制评价的具体组织实施工作。

第十三条　企业内部控制评价部门应当拟订评价工作方案,明确评价范围、工作任务、人员组织、进度安排和费用预算等相关内容,报经董事会或其授权机构审批后实施。

第十四条 企业内部控制评价部门应当根据经批准的评价方案,组成内部控制评价工作组,具体实施内部控制评价工作。评价工作组应当吸收企业内部相关机构熟悉情况的业务骨干参加。评价工作组成员对本部门的内部控制评价工作应当实行回避制度。

企业可以委托中介机构实施内部控制评价。为企业提供内部控制审计服务的会计师事务所,不得同时为同一企业提供内部控制评价服务。

第十五条 内部控制评价工作组应当对被评价单位进行现场测试,综合运用个别访谈、调查问卷、专题讨论、穿行测试、实地查验、抽样和比较分析等方法,充分收集被评价单位内部控制设计和运行是否有效的证据,按照评价的具体内容,如实填写评价工作底稿,研究分析内部控制缺陷。

第四章 内部控制缺陷的认定

第十六条 内部控制缺陷包括设计缺陷和运行缺陷。企业对内部控制缺陷的认定,应当以日常监督和专项监督为基础,结合年度内部控制评价,由内部控制评价部门进行综合分析后提出认定意见,按照规定的权限和程序进行审核后予以最终认定。

第十七条 企业在日常监督、专项监督和年度评价工作中,应当充分发挥内部控制评价工作组的作用。内部控制评价工作组应当根据现场测试获取的证据,对内部控制缺陷进行初步认定,并按其影响程度分为重大缺陷、重要缺陷和一般缺陷。

重大缺陷,是指一个或多个控制缺陷的组合,可能导致企业严重偏离控制目标。

重要缺陷,是指一个或多个控制缺陷的组合,其严重程度和经济后果低于重大缺陷,但仍有可能导致企业偏离控制目标。

一般缺陷,是指除重大缺陷、重要缺陷之外的其他缺陷。

重大缺陷、重要缺陷和一般缺陷的具体认定标准,由企业根据上述要求自行确定。

第十八条 企业内部控制评价工作组应当建立评价质量交叉复核制度,评价工作组负责人应当对评价工作底稿进行严格审核,并对所认定的评价结果签字确认后,提交企业内部控制评价部门。

第十九条 企业内部控制评价部门应当编制内部控制缺陷认定汇总表,结合日常监督和专项监督发现的内部控制缺陷及其持续改进情况,对内部控制缺陷及其成因、表现形式和影响程度进行综合分析和全面复核,提出认定意见,并以适当的形式向董事会、监事会或者经理层报告。重大缺陷应当由董事会予以最终认定。

企业对于认定的重大缺陷,应当及时采取应对策略,切实将风险控制在可承受度之内,并追究有关部门或相关人员的责任。

第五章 内部控制评价报告

第二十条 企业应当根据《企业内部控制基本规范》、应用指引和本指引,设计内部控制评价报告的种类、格式和内容,明确内部控制评价报告编制程序和要求,按照规定的权限报经批准后对外报出。

第二十一条 内部控制评价报告应当分别内部环境、风险评估、控制活动、信息与沟通、内部监督等要素进行设计,对内部控制评价过程、内部控制缺陷认定及整改情况、内部控制有效性的结论等相关内容作出披露。

第二十二条 内部控制评价报告至少应当披露下列内容:

(一)董事会对内部控制报告真实性的声明。

(二)内部控制评价工作的总体情况。

(三)内部控制评价的依据。

(四)内部控制评价的范围。

(五)内部控制评价的程序和方法。

(六)内部控制缺陷及其认定情况。

(七)内部控制缺陷的整改情况及重大缺陷拟采取的整改措施。

(八)内部控制有效性的结论。

第二十三条 企业应当根据年度内部控制评价结果,结合内部控制评价工作底稿和内部控制缺陷汇总表等资料,按照规定的程序和要求,及时编制内部控制评价报告。

第二十四条 内部控制评价报告应当报经董事会或类似权力机构批准后对外披露或报送相关部门。

企业内部控制评价部门应当关注自内部控制评价报告基准日至内部控制评价报告发出日之间是否发生影响内部控制有效性的因素,并根据其性质和影响程度对评价结论进行相应调整。

第二十五条 企业内部控制审计报告应当与内部控制评价报告同时对外披露或报送。

第二十六条 企业应当以12月31日作为年度内部控制评价报告的基准日。

内部控制评价报告应于基准日后4个月内报出。

第二十七条 企业应当建立内部控制评价工作档案管理制度。内部控制评价的有关文件资料、工作底稿和证明材料等应当妥善保管。

附录4　　企业内部控制审计指引

第一章　总　　则

第一条　为了规范注册会计师执行企业内部控制审计业务,明确工作要求,保证执业质量,根据《企业内部控制基本规范》、《中国注册会计师鉴证业务基本准则》及相关执业准则,制定本指引。

第二条　本指引所称内部控制审计,是指会计师事务所接受委托,对特定基准日内部控制设计与运行的有效性进行审计。

第三条　建立健全和有效实施内部控制,评价内部控制的有效性是企业董事会的责任。按照本指引的要求,在实施审计工作的基础上对内部控制的有效性发表审计意见,是注册会计师的责任。

第四条　注册会计师执行内部控制审计工作,应当获取充分、适当的证据,为发表内部控制审计意见提供合理保证。

注册会计师应当对财务报告内部控制的有效性发表审计意见,并对内部控制审计过程中注意到的非财务报告内部控制的重大缺陷,在内部控制审计报告中增加"非财务报告内部控制重大缺陷描述段"予以披露。

第五条　注册会计师可以单独进行内部控制审计,也可将内部控制审计与财务报表审计整合进行(以下简称整合审计)。

在整合审计中,注册会计师应当对内部控制设计与运行的有效性进行测试,以同时实现下列目标:

(一)获取充分、适当的证据,支持其在内部控制审计中对内部控制有效性发表的意见。

(二)获取充分、适当的证据,支持其在财务报表审计中对控制风险的评估结果。

第二章 计划审计工作

第六条 注册会计师应当恰当地计划内部控制审计工作，配备具有专业胜任能力的项目组，并对助理人员进行适当的督导。

第七条 在计划审计工作时，注册会计师应当评价下列事项对内部控制、财务报表以及审计工作的影响：

（一）与企业相关的风险。

（二）相关法律法规和行业概况。

（三）企业组织结构、经营特点和资本结构等相关重要事项。

（四）企业内部控制最近发生变化的程度。

（五）与企业沟通过的内部控制缺陷。

（六）重要性、风险等与确定内部控制重大缺陷相关的因素。

（七）对内部控制有效性的初步判断。

（八）可获取的、与内部控制有效性相关的证据的类型和范围。

第八条 注册会计师应当以风险评估为基础，选择拟测试的控制，确定测试所需收集的证据。

内部控制的特定领域存在重大缺陷的风险越高，给予该领域的审计关注就越多。

第九条 注册会计师应当对企业内部控制自我评价工作进行评估，判断是否利用企业内部审计人员、内部控制评价人员和其他相关人员的工作以及可利用的程度，相应减少可能本应由注册会计师执行的工作。

注册会计师利用企业内部审计人员、内部控制评价人员和其他相关人员的工作，应当对其专业胜任能力和客观性进行充分评价。

与某项控制相关的风险越高，可利用程度就越低，注册会计师应当更多地对该项控制亲自进行测试。

注册会计师应当对发表的审计意见独立承担责任，其责任不因为利用企业内部审计人员、内部控制评价人员和其他相关人员的工作而减轻。

第三章 实施审计工作

第十条 注册会计师应当按照自上而下的方法实施审计工作。自上而下的方法是注册会计师识别风险、选择拟测试控制的基本思路。注册会计师在实施审计工作时，可以将企业层面控制和业务层面控制的测试结合进行。

第十一条 注册会计师测试企业层面控制，应当把握重要性原则，至少应当关注：

（一）与内部环境相关的控制。

（二）针对董事会、经理层凌驾于控制之上的风险而设计的控制。

（三）企业的风险评估过程。

（四）对内部信息传递和财务报告流程的控制。

（五）对控制有效性的内部监督和自我评价。

第十二条 注册会计师测试业务层面控制，应当把握重要性原则，结合企业实际、企业内部控制各项应用指引的要求和企业层面控制的测试情况，重点对企业生产经营活动中的重要业务与事项的控制进行测试。

注册会计师应当关注信息系统对内部控制及风险评估的影响。

第十三条 注册会计师在测试企业层面控制和业务层面控制时，应当评价内部控制是否足以应对舞弊风险。

第十四条 注册会计师应当测试内部控制设计与运行的有效性。

如果某项控制由拥有必要授权和专业胜任能力的人员按照规定的程序与要求执行，能够实现控制目标，表明该项控制的设计是有效的。

如果某项控制正在按照设计运行，执行人员拥有必要授权和专业胜任能力，能够实现控制目标，表明该项控制的运行是有效的。

第十五条 注册会计师应当根据与内部控制相关的风险，确定拟实施审计程序的性质、时间安排和范围，获取充分、适当的证据。与内部控制相关的风险越高，注册会计师需要获取的证据应越多。

第十六条 注册会计师在测试控制设计与运行的有效性时，应当综合运用询问适当人员、观察经营活动、检查相关文件、穿行测试和重新执行等方法。

询问本身并不足以提供充分、适当的证据。

第十七条 注册会计师在确定测试的时间安排时，应当在下列两个因素之间作出平衡，以获取充分、适当的证据：

（一）尽量在接近企业内部控制自我评价基准日实施测试。

（二）实施的测试需要涵盖足够长的期间。

第十八条 注册会计师对于内部控制运行偏离设计的情况（即控制偏差），应当确定该偏差对相关风险评估、需要获取的证据以及控制运行有效性结论的影响。

第十九条 在连续审计中，注册会计师在确定测试的性质、时间安排和范围时，应当考虑以前年度执行内部控制审计时了解的情况。

第四章 评价控制缺陷

第二十条 内部控制缺陷按其成因分为设计缺陷和运行缺陷,按其影响程度分为重大缺陷、重要缺陷和一般缺陷。

注册会计师应当评价其识别的各项内部控制缺陷的严重程度,以确定这些缺陷单独或组合起来,是否构成重大缺陷。

第二十一条 在确定一项内部控制缺陷或多项内部控制缺陷的组合是否构成重大缺陷时,注册会计师应当评价补偿性控制(替代性控制)的影响。企业执行的补偿性控制应当具有同样的效果。

第二十二条 表明内部控制可能存在重大缺陷的迹象,主要包括:

(一)注册会计师发现董事、监事和高级管理人员舞弊。

(二)企业更正已经公布的财务报表。

(三)注册会计师发现当期财务报表存在重大错报,而内部控制在运行过程中未能发现该错报。

(四)企业审计委员会和内部审计机构对内部控制的监督无效。

第五章 完成审计工作

第二十三条 注册会计师完成审计工作后,应当取得经企业签署的书面声明。书面声明应当包括下列内容:

(一)企业董事会认可其对建立健全和有效实施内部控制负责。

(二)企业已对内部控制的有效性作出自我评价,并说明评价时采用的标准以及得出的结论。

(三)企业没有利用注册会计师执行的审计程序及其结果作为自我评价的基础。

(四)企业已向注册会计师披露识别出的所有内部控制缺陷,并单独披露其中的重大缺陷和重要缺陷。

(五)企业对于注册会计师在以前年度审计中识别的重大缺陷和重要缺陷,是否已经采取措施予以解决。

(六)企业在内部控制自我评价基准日后,内部控制是否发生重大变化,或者存在对内部控制具有重要影响的其他因素。

第二十四条 企业如果拒绝提供或以其他不当理由回避书面声明,注册会计师应当将其视为审计范围受到限制,解除业务约定或出具无法表示意见的内部控制审计报告。

第二十五条 注册会计师应当与企业沟通审计过程中识别的所有控制缺陷。对于其中的重大缺陷和重要缺陷，应当以书面形式与董事会和经理层沟通。

注册会计师认为审计委员会和内部审计机构对内部控制的监督无效的，应当就此以书面形式直接与董事会和经理层沟通。

书面沟通应当在注册会计师出具内部控制审计报告之前进行。

第二十六条 注册会计师应当对获取的证据进行评价，形成对内部控制有效性的意见。

第六章 出具审计报告

第二十七条 注册会计师在完成内部控制审计工作后，应当出具内部控制审计报告。标准内部控制审计报告应当包括下列要素：

（一）标题。

（二）收件人。

（三）引言段。

（四）企业对内部控制的责任段。

（五）注册会计师的责任段。

（六）内部控制固有局限性的说明段。

（七）财务报告内部控制审计意见段。

（八）非财务报告内部控制重大缺陷描述段。

（九）注册会计师的签名和盖章。

（十）会计师事务所的名称、地址及盖章。

（十一）报告日期。

第二十八条 符合下列所有条件的，注册会计师应当对财务报告内部控制出具无保留意见的内部控制审计报告：

（一）企业按照《企业内部控制基本规范》、《企业内部控制应用指引》、《企业内部控制评价指引》以及企业自身内部控制制度的要求，在所有重大方面保持了有效的内部控制。

（二）注册会计师已经按照《企业内部控制审计指引》的要求计划和实施审计工作，在审计过程中未受到限制。

第二十九条 注册会计师认为财务报告内部控制虽不存在重大缺陷，但仍有一项或者多项重大事项需要提请内部控制审计报告使用者注意的，应当在内部控制审计报告中增加强调事项段予以说明。

注册会计师应当在强调事项段中指明，该段内容仅用于提醒内部控制审计报告使用者关注,并不影响对财务报告内部控制发表的审计意见。

第三十条 注册会计师认为财务报告内部控制存在一项或多项重大缺陷的,除非审计范围受到限制,应当对财务报告内部控制发表否定意见。

注册会计师出具否定意见的内部控制审计报告,还应当包括下列内容:

(一)重大缺陷的定义。

(二)重大缺陷的性质及其对财务报告内部控制的影响程度。

第三十一条 注册会计师审计范围受到限制的,应当解除业务约定或出具无法表示意见的内部控制审计报告,并就审计范围受到限制的情况,以书面形式与董事会进行沟通。

注册会计师在出具无法表示意见的内部控制审计报告时,应当在内部控制审计报告中指明审计范围受到限制,无法对内部控制的有效性发表意见。

注册会计师在已执行的有限程序中发现财务报告内部控制存在重大缺陷的,应当在内部控制审计报告中对重大缺陷作出详细说明。

第三十二条 注册会计师对在审计过程中注意到的非财务报告内部控制缺陷,应当区别具体情况予以处理:

(一)注册会计师认为非财务报告内部控制缺陷为一般缺陷的,应当与企业进行沟通,提醒企业加以改进,但无需在内部控制审计报告中说明。

(二)注册会计师认为非财务报告内部控制缺陷为重要缺陷的,应当以书面形式与企业董事会和经理层沟通,提醒企业加以改进,但无需在内部控制审计报告中说明。

(三)注册会计师认为非财务报告内部控制缺陷为重大缺陷的,应当以书面形式与企业董事会和经理层沟通,提醒企业加以改进;同时应当在内部控制审计报告中增加非财务报告内部控制重大缺陷描述段,对重大缺陷的性质及其对实现相关控制目标的影响程度进行披露,提示内部控制审计报告使用者注意相关风险。

第三十三条 在企业内部控制自我评价基准日并不存在、但在该基准日之后至审计报告日之前(以下简称期后期间)内部控制可能发生变化,或出现其他可能对内部控制产生重要影响的因素。注册会计师应当询问是否存在这类变化或影响因素,并获取企业关于这些情况的书面声明。

注册会计师知悉对企业内部控制自我评价基准日内部控制有效性有重大负面影响的期后事项的,应当对财务报告内部控制发表否定意见。

注册会计师不能确定期后事项对内部控制有效性的影响程度的,应当出具无法表示意见的内部控制审计报告。

第七章 记录审计工作

第三十四条 注册会计师应当按照《中国注册会计师审计准则第1131号——审计工作底稿》的规定,编制内部控制审计工作底稿,完整记录审计工作情况。

第三十五条 注册会计师应当在审计工作底稿中记录下列内容:

(一)内部控制审计计划及重大修改情况。

(二)相关风险评估和选择拟测试的内部控制的主要过程及结果。

(三)测试内部控制设计与运行有效性的程序及结果。

(四)对识别的控制缺陷的评价。

(五)形成的审计结论和意见。

(六)其他重要事项。

附录:内部控制审计报告的参考格式

1. 标准内部控制审计报告

内部控制审计报告

××股份有限公司全体股东:

按照《企业内部控制审计指引》及中国注册会计师执业准则的相关要求,我们审计了××股份有限公司(以下简称××公司)××××年×月×日的财务报告内部控制的有效性。

一、企业对内部控制的责任

按照《企业内部控制基本规范》、《企业内部控制应用指引》、《企业内部控制评价指引》的规定,建立健全和有效实施内部控制,并评价其有效性是企业董事会的责任。

二、注册会计师的责任

我们的责任是在实施审计工作的基础上,对财务报告内部控制的有效性发表审计意见,并对注意到的非财务报告内部控制的重大缺陷进行披露。

三、内部控制的固有局限性

内部控制具有固有局限性,存在不能防止和发现错报的可能性。此外,由于情况的变化可能导致内部控制变得不恰当,或对控制政策和程序遵循的程度降低,根据内部控制审计结果推测未来内部控制的有效性具有一定风险。

四、财务报告内部控制审计意见

我们认为,××公司按照《企业内部控制基本规范》和相关规定在所有重大方面保持了有效的财务报告内部控制。

五、非财务报告内部控制的重大缺陷

在内部控制审计过程中,我们注意到××公司的非财务报告内部控制存在重大缺陷(描述该缺陷的性质及其对实现相关控制目标的影响程度)。由于存在上述重大缺陷,我们提醒本报告使用者注意相关风险。需要指出的是,我们并不对××公司的非财务报告内部控制发表意见或提供保证。本段内容不影响对财务报告内部控制有效性发表的审计意见。

××会计师事务所(盖章)   中国注册会计师:×××(签名并盖章)

            中国注册会计师:×××(签名并盖章)

中国××市   ××××年×月×日

2. 带强调事项段的无保留意见内部控制审计报告

内部控制审计报告

××股份有限公司全体股东:

按照《企业内部控制审计指引》及中国注册会计师执业准则的相关要求,我们审计了××股份有限公司(以下简称××公司)××××年×月×日的财务报告内部控制的有效性。

["一、企业对内部控制的责任"至"五、非财务报告内部控制的重大缺陷"参见标准内部控制审计报告相关段落表述。]

六、强调事项

我们提醒内部控制审计报告使用者关注(描述强调事项的性质及其对内部控制的重大影响)。本段内容不影响已对财务报告内部控制发表的审计意见。

××会计师事务所(盖章)   中国注册会计师:×××(签名并盖章)

            中国注册会计师:×××(签名并盖章)

中国××市   ××××年×月×日

3. 否定意见内部控制审计报告

内部控制审计报告

××股份有限公司全体股东:

按照《企业内部控制审计指引》及中国注册会计师执业准则的相关要求,我们审计了××股份有限公司(以下简称××公司)××××年×月×日的财务报告内部控制的有效性。

["一、企业对内部控制的责任"至"三、内部控制的固有局限性"参见标准内部控制审计报告相关段落表述。]

四、导致否定意见的事项

重大缺陷,是指一个或多个控制缺陷的组合,可能导致企业严重偏离控制

目标。

[指出注册会计师已识别出的重大缺陷,并说明重大缺陷的性质及其对财务报告内部控制的影响程度。]

有效的内部控制能够为财务报告及相关信息的真实完整提供合理保证,而上述重大缺陷使××公司内部控制失去这一功能。

五、财务报告内部控制审计意见

我们认为,由于存在上述重大缺陷及其对实现控制目标的影响,××公司未能按照《企业内部控制基本规范》和相关规定在所有重大方面保持有效的财务报告内部控制。

六、非财务报告内部控制的重大缺陷

[参见标准内部控制审计报告相关段落表述。]

××会计师事务所(盖章)　　　中国注册会计师:×××(签名并盖章)
　　　　　　　　　　　　　　中国注册会计师:×××(签名并盖章)

中国××市　　　　　　　　　　　　　　　　××××年×月×日

4. 无法表示意见内部控制审计报告

内部控制审计报告

××股份有限公司全体股东:

我们接受委托,对××股份有限公司(以下简称××公司)××××年×月×日的财务报告内部控制进行审计。

[删除注册会计师的责任段,"一、企业对内部控制的责任"和"二、内部控制的固有局限性"参见标准内部控制审计报告相关段落表述。]

三、导致无法表示意见的事项

[描述审计范围受到限制的具体情况。]

四、财务报告内部控制审计意见

由于审计范围受到上述限制,我们未能实施必要的审计程序以获取发表意见所需的充分、适当证据,因此,我们无法对××公司财务报告内部控制的有效性发表意见。

五、识别的财务报告内部控制重大缺陷(如在审计范围受到限制前,执行有限程序未能识别出重大缺陷,则应删除本段)

重大缺陷,是指一个或多个控制缺陷的组合,可能导致企业严重偏离控制目标。

尽管我们无法对××公司财务报告内部控制的有效性发表意见,但在我们实施的有限程序的过程中,发现了以下重大缺陷:

［指出注册会计师已识别出的重大缺陷,并说明重大缺陷的性质及其对财务报告内部控制的影响程度。］

有效的内部控制能够为财务报告及相关信息的真实完整提供合理保证,而上述重大缺陷使××公司内部控制失去这一功能。

六、非财务报告内部控制的重大缺陷

［参见标准内部控制审计报告相关段落表述。］

××会计师事务所(盖章)　　中国注册会计师：×××(签名并盖章)

　　　　　　　　　　　　　中国注册会计师：×××(签名并盖章)

中国××市　　　　　　　　　　　　××××年×月×日

主要参考文献

1. 李敏.内部会计控制规范与监控技术[M].上海：上海财经大学出版社,2003.
2. 孟凡利.内部会计控制与全面预算管理[M].北京：经济科学出版社,2003.
3. 王化成,佟岩,李勇.全面预算管理[M].北京：中国人民大学出版社,2004.
4. 刘俊勇.全面预算管理：战略的观点[M].北京：中国税务出版社,2006.
5. 杨周南,赵纳晖,高宁.信息技术在会计和审计实务中的应用[M].北京：清华大学出版社,2003.
6. 奚淑琴,卢正武,周栋文.企业内部控制与预算管理专题——企业内部控制典型案例研究[M].北京：中国财政经济出版社,2005.
7. 郑石桥.现代企业内部控制系统[M].上海：立信会计出版社,2000.
8. 程新生.企业内部控制[M].北京：高等教育出版社,2008.
9. 楼德华,傅黎瑛.中小企业内部控制[M].上海：上海三联书店,2005.
10. 张国康,黄金曦,罗彬.内部控制制度[M].上海：立信会计出版社,2004.
11. 赵保卿.内部会计控制制度设计[M].上海：复旦大学出版社,2007.
12. 陈元芳.内部会计控制[M].武汉：华中科技大学出版社,2005.
13. 朱荣恩.内部控制案例[M].上海：复旦大学出版社,2005.
14. 王为人.采购案例精选[M].北京：电子工业出版社,2007.
15. 尹维劼.现代企业内部审计精要[M].北京：中信出版社,2007.
16. 孙永尧.内部控制案例分析[M].北京：中国时代经济出版社,2007.
17. 张福康,姚瑞.企业内部会计控制研究[M].北京：社会科学文献出版社,2007.

18. 辛茂旬.内部会计控制实务[M].北京:民主与建设出版社,2006.

19. 宋建波.企业内部控制[M].北京:中国人民大学出版社,2004.

20. 吴明华,于吉永.企业预算管理理论与案例分析[M].长春:吉林人民出版社,2005.

21. 史习民.全面预算管理[M].上海:立信会计出版社,2003.

22. 中国集团公司促进会,国家经贸委企业改革司.中国企业集团制度创新案例精选[M].北京:中国财政经济出版社,2001.

23. 江苏省电力公司,南京大学会计学系.企业内部控制评价[M].北京:中国财政经济出版社,2006.

24. 干胜道.创业财务规划[M].北京:清华大学出版社,2005.

25. 于富生,王俊生,黎文珠.成本会计学[M].北京:中国人民大学出版社,2006.

26. 秦荣生.财务报告内部控制相关问题研究[J].会计之友,2009(2).

27. 谢凤贤.SOX404条款对G公司财务报告内部控制系统的影响[D].复旦大学优秀学士学位论文,2008.

28. 高晓玲.上市公司对外担保内部会计控制制度建设[J].南京农业大学学报,2007(4).

29. 曹邦英,刘军,金希萍.企业负债筹资风险分析及控制[J].四川大学学报(哲学社会科学版),2006(6).

30. 许斌.基于信息不对称的企业资金安全性控制研究[D].四川大学MBA学位论文,1999.

31. 潘东,彭小兵.控股集团框架内子公司控制权配置研究[J].金融研究,2007(12).

32. 李明辉.论我国衍生工具内部控制机制的构建[J].会计研究,2008(1).

33. 涂忠武.金融衍生工具的内部控制研究——基于金融企业的案例分析[D].复旦大学优秀学士学位论文,2008.

34. 刘华.中航油新加坡公司内部控制案例分析[J].上海市经济管理干部学院学报,2008(5).

35. 王志永,高强,常国雄.企业社会责任与内部控制互动机制研究[J].企业活力,2008(12).

36. 耿建新,刘长翠.企业环境保护内部控制制度研究[J].审计与经济研究,2004(3).

37. 董美霞. 全面内部控制评价体系述评——兼议《企业内部控制基本规范》及相关征求意见稿[J]. 财会通讯,2008(12).

38. 罗勇. 内部控制基本理论研究[J]. 财务与会计导刊,2004(4).

39. 课题组. 现代企业内控制度:概念界定与设计思路[J]. 会计研究,2001(11).